国家社科基金资助项目（14BYY100）

波汉对音与汉语音韵研究

马君花 王博雅 著

中 华 书 局

图书在版编目(CIP)数据

波汉对音与汉语音韵研究/马君花,王博雅著. —北京:中华书局,2023.12

ISBN 978-7-101-16536-4

Ⅰ.波… Ⅱ.①马…②王… Ⅲ.①波斯语-研究②汉语-音韵学-研究 Ⅳ.①H733②H11

中国国家版本馆 CIP 数据核字(2024)第 029669 号

书　　名	波汉对音与汉语音韵研究	
著　　者	马君花　王博雅	
责任编辑	刘岁晗	
责任印制	管　斌	
出版发行	中华书局	
	(北京市丰台区太平桥西里38号　100073)	
	http://www.zhbc.com.cn	
	E-mail:zhbc@zhbc.com.cn	
印　　刷	三河市宏盛印务有限公司	
版　　次	2023 年 12 月第 1 版	
	2023 年 12 月第 1 次印刷	
规　　格	开本/710×1000 毫米　1/16	
	印张 17¼　插页 2　字数 240 千字	
印　　数	1-900 册	
国际书号	ISBN 978-7-101-16536-4	
定　　价	128.00 元	

目　录

前　言

　　明代汉语音韵资料极为丰富，除了传统韵书、韵图，还有四夷馆、会同馆编纂的《华夷译语》，以及用其他民族的文字标注汉字音的拼音资料。这些语音资料反映了明代汉语的语音特点。

　　本书通过对波汉对音的考察研究汉语音韵问题，重点研究明代永乐初年四夷馆编纂的《回回馆杂字》（1407）的音韵特点。初步研究了元代波汉对音和现代小儿锦阿汉对音。波斯学者拉施特《史集·中国史》（1304）中有很多汉语专有名词，研究这些用波斯字母拼写的汉语名词，可以窥探 14 世纪初汉语的语音特征。20 世纪 50 年代出现在我国西北地区的小儿锦字典，是用阿拉伯字母、波斯字母拼写汉字音的工具书，反映了这一时期汉语西北方言的一些语音特点。在研究永乐本《回回馆杂字》《史集·中国史》波汉对音以及小儿锦拼音的基础上，我们探索了波汉、阿汉对音的方法以及使用该方法的注意事项，初步厘清了以中原雅音口语音为语音基础的波汉对音方法及其传承关系。

　　本书所研究的都是已经刊布的对音资料。本文的拉丁转写主要参照刘迎胜《〈回回馆杂字〉与〈回回馆译语〉》（2008）与《小儿锦研究》（2013），以及王一丹《波斯拉施特〈史集·中国史〉研究与文本翻译》（2007）等著作。目前，由波斯（伊朗）语译介过来的著作，尤其是中古波斯文翻译的中国典籍很少，文献不足征，不能充分展开研究工作，这是波汉对音研究的局限性。随着古代中西文化交流史研究的深入发展，期待将会有更多更丰富的波汉对音材料呈现出来，为研究汉语音韵提供更为丰富的域外资料。

全书由马君花、王博雅合作完成。马君花承担了第三章至第九章等撰写工作。王博雅承担了第一章、第二章的撰写以及全书波斯文及其转写的录入工作。

第一章 绪 论

第一节 永乐本《回回馆杂字》
《回回馆译语》成书背景

一、明代的翻译机构及《华夷译语》

（一）明清时期的翻译机构

明代前期，中原与周边民族地区及国家之间朝贡贸易往来频繁，需要大批翻译人员。为了培养翻译人员，永乐五年（1407）三月，四夷馆正式成立，隶礼部，主要负责教习其他民族语言文字和翻译进贡的表文，设有教授和生徒。《明史》卷七十四《志第五十·职官三》记载："（太常寺）提督四夷馆。少卿一人，掌译书之事。自永乐五年，外国朝贡，特设蒙古、女直、西番、西天、回回、百夷、高昌、缅甸八馆，置译字生、通事，通译语言文字。正德中，增设八百馆。万历中，又增设暹罗馆。"四夷馆少卿主事，译字生专职负责外事文书的译写工作，通事负责口译。各馆编写的民族语言与汉语的对照分类词汇手册叫"杂字"，来自上述国家和地区的使节上呈的表文（用汉文写成，附有其他民族语言文字的译文）叫"来文"。杂字和来文合称"译语"。四夷馆下设各馆分别编写各自的"华夷译语"。

除了四夷馆，明代还设立了总理外交事务的会同馆。《大明会典》卷一〇九"礼部·宾客·会同馆·各国通事"条云："洪武永乐以来设立御前答应。大通事有都督、都指挥、指挥等官，统属一十八处小通事，总理来贡四夷，并来降夷人及走回人口。凡有一应夷情，译审奏闻。""凡在馆钤束夷人，入朝引领，回还伴送，皆通事专职。"会同馆下设四夷十八馆，其馆名如下：女直、达达、回回、云南、百夷、安南国、占城国、日本国、西番、真腊、爪哇国、缅甸、朝鲜国、暹罗国、琉球、河西、苏门答剌国、满剌加国。会同馆也编写汉语与其他民族语言对音的"译语"，以便于各馆通事学习其他民族语言。由于会同馆所编"华夷译语"主要用于口头通译，往往不录其他民族的文字。

（二）《华夷译语》的内容及版本

从编写的内容和时间看，"华夷译语"有广狭二义：狭义的"华夷译语"仅指明洪武十五年（1382）至洪武二十二年（1389）之间由翰林侍讲火源洁、编修马沙亦黑奉敕编撰的蒙汉词汇对照词典；广义的"华夷译语"是各馆所编的译语的总称，有洪武本、永乐本、会同馆本、会同四译馆本4种版本，学界一般分别称之为甲、乙、丙、丁四种。各本的基本情况如下：

甲种本，即前述狭义上的《华夷译语》。该书收词17门840条，词条不列蒙古文字，只有汉字译音。该书在《涵芬楼秘笈》中有收录。

乙种本，又称永乐本、四夷馆本。自明永乐五年设四夷馆后，至万历七年（1579），由四夷馆编纂的《华夷译语》包含了《鞑靼馆译语》《女真馆译语》《西番馆译语》《西天馆译语》《回回馆译语》《百夷馆译语》《高昌馆译语》《缅甸馆译语》《八百馆译语》《暹罗馆译语》等十种译语。各馆译语内容都分杂字和来文两部分内容，都有民族文字。

丙种本，又称会同馆（或"会通馆"）本，明末茅瑞征（伯符）辑，会同馆总其成，有《朝鲜馆译语》《日本馆译语》《琉球馆译语》《安南馆译语》《暹罗馆译语》《占城馆译语》《满剌加馆译语》《鞑靼馆译语》《回回馆译语》《女真馆译语》《畏兀儿馆译语》《西番馆译语》《百夷馆译语》等十三种译语，会同馆所编的《华夷译语》，仅有杂字，没有来文；且只有汉字译音，不书民族文字（冯蒸 1981）。

丁种本，又称会同四译馆本。清乾隆十三年（1748）会同四译馆设立之后开始编纂，包括了汉语与英、法、德、意、葡、拉丁语以及与云南地区诸多民族语的"译语"，据统计共有 42 种 71 册（冯蒸 1981）。此类译语都只有杂字，没有来文。

以上四种，基本上概括了明清两代所有官方编纂的《华夷译语》的全部情况。《华夷译语》继承了古代以汉字"录写本言"、民族文字与汉文并存的对音传统，为研究语言、民族、历史等提供了良好的条件。

二、《回回馆译语》的版本及刊布情况

由上文可知，乙种本和丙种本中都包含有《回回馆译语》。目前国家图书馆善本部收藏了《回回馆译语》和《回回馆杂字》，对照日本所藏东洋文库本《回回馆译语》可知，今国家图书馆所藏之《回回馆译语》是缺失了《回回馆来文》的残本，故而其内容与同馆所藏之《回回馆杂字》相同①。国家图书馆所藏《回回馆杂字》《回回馆译语》都属于永乐本，这个版本共收词条 777 条。

还有一种较晚的四夷馆本《回回馆译语》，不但对杂字部分做了增补，还增编了来文部分。据刘迎胜考证确认，这种类型的四夷馆本，我国图书馆中目前缺藏；其杂字部分所增补的词条多是从来文中收检而来的，共 233 条，续增之后的杂字共有 1010 条。

会同馆本《回回馆译语》只有杂字部分，没有来文部分；其杂字只有正文部分，没有续增杂字部分。这种版本的《回回馆杂字》共收

---

① 本田实信《论〈回回馆译语〉》（1963）认为《回回馆译语》应当包括杂字与来文两大部分。国家图书馆所藏《回回馆译语》很可能是一个缺失了来文的残本。笔者所见本田实信文乃胡军的汉译本，该文附于胡振华、胡军编纂《回回馆译语》（2005）一书之末。

波斯语词汇 674 条，其中与四夷馆本相同的有 371 条，另外 303 条不见于四夷馆本。

四夷馆与会同馆本《回回馆译语》，是分别独立编纂而成的，其分类与排序有所不同，而且所收词条及其数量、音译用字也有不同，最主要的区别是，四夷馆本《回回馆杂字》每个词条包含了波斯文、汉译、汉字对音，而会同馆本《回回馆杂字》却没有波斯文。去除重复不计，四夷馆本与会同馆本《回回馆译语》合计收波斯词语 1313 条。这些词条可以在刘迎胜《〈回回馆杂字〉与〈回回馆译语〉研究》的"校释"部分一览全貌。

中央民族大学东干学院研究所影印刊出的《回回馆译语》（2005），为会同馆本。该书系胡振华 1990 年在日本大阪外国语大学访问时获得的复印件，回国后影印刊出。目前国内公开出版的含有《回回馆译语》影印件的书籍是：北京图书馆古籍出版编辑组《北京图书馆古籍珍本丛刊 6·经部》所收的《回回馆杂字》（第 465 页至第 516 页）、《回回馆译语》（第 517 页至第 572 页）各一卷，胡振华、胡军《回回馆译语》（2005），刘迎胜《〈回回馆杂字〉与〈回回馆译语〉研究》（2008）。

《回回馆杂字》是我国现存古代用于翻译和教学的规模最大、种类最全的波汉对照双语词典，该书采用义类编排法，分天文、地理、时令、人物、人事、身体等 18 个门类，每个词条包括波斯单词、汉译、汉字译音三个部分。《回回馆译语》所收来文由各国来朝贡的使节呈上的表文汇集而成，可以当作教学课本来用，因而又被称作"回回馆课"。

三、永乐本《回回馆杂字》概况

国家图书馆善本部所藏《回回馆杂字》系永乐本，这是我们研究的底本。前辈学者著文时依照学界习惯叫法，称之为"北图本"，本书也会沿用这一惯称。该本为清初同文堂抄本，原书版框高 227 毫米，宽 150 毫米，计 103 叶，205 页。其波斯文是以毛笔抄写的[①]。其抄定格式是每半页八个单词，分上下两排，波斯文单词在上，汉译在中，汉字译音在下，汉字字序由右向左横写。此抄本"通用门"最后 3 个单词没有波斯文[②]。

永乐本《回回馆杂字》，共收词语 777 条，分为 18 个门类，其次序及所辖词条数目是：天文门（40 条）、地理门（56 条）、时令门（41 条）、人物门（65 条）、人事门（98 条）、身体门（50 条）、宫室门（25 条）、鸟兽门（49 条）、花木门（42 条）、器用门（50 条）、衣服门（26 条）、饮食门（33 条）、珍宝门（18 条）、声色门（17 条）、文史门（17 条）、方隅门（24 条）、数目门（18 条）、通用门（108 条）。《回回馆杂字》是波汉双语词典，是为讲习波斯语之需而编写的。

第二节　理论依据

一、研究背景

明代前期，朝廷设立四夷馆，各馆编纂《译语》，录写汉语与周边地区民族语言的词汇，便于学习与交流。这种民族语言与汉语的词汇对照手册，是明代官方编纂的双语词典，也是研究汉语音韵学的资料。

据日本学者竹越孝、远藤光晓《元明汉语文献目录》（2016）统计，明代韵书大约有 31 种，韵图大约有 11 种，音韵著作约有 7 种。明代还出现了《葡汉辞典》（1585）、《西字奇迹》（1605）、《西儒耳目资》（1626）

---

① 东洋文库本的波斯文是用木笔书写的，汉字则用毛笔。据元王恽《秋涧集卷八十·中堂事记上》："回回译史一人。敏珠尔丹所译簿籍，揭治方厚尺，纸为叶，以木笔挑书普速蛮字，该写众事。纸四隅用缕穿系，读则脱而下之。""普速蛮"是"波斯"的又一汉字译音。

② 这三个单词是"事、侍奉、永远"。

等用拉丁字母、罗马字母记录汉语官话音的工具书。这些语音材料所反映的明代语音特点并不完全一致，甚至相互矛盾。这些情况反映出明代官话语音的复杂性。

永乐本《回回馆杂字》波汉对音是我们研究的主要对象。这部波汉双语词典有明确的成书时代和成书背景。我们依据书目文献出版社影印刊行的《北京图书馆古籍珍本丛刊》之《回回馆杂字》，在刘迎胜（2008）校释与转写的基础上，研究了明代初年汉语语音的特点。

二、对音法的运用及其研究成果

对音又叫"译音"，是用 A 种语言的文字记录 B 种语言语音的一种工作。对音的双方，被记录的语言是源语言，用来记录的语言是目的语（尉迟治平 2002）。对音有广义和狭义之分。广义的对音是指以汉语对译非汉语的语言，或以非汉语的语言对译汉语；狭义的对音是指用汉语对译非汉语的语言。我们的研究属于广义的对音研究，既研究用汉字音译波斯语的材料，又研究用波斯字母或阿拉伯字母拼写的汉字音的材料。

音译之法的使用由来已久。东晋时鸠摩罗什主持的佛经翻译就大量使用了音译法。他用语音相同或相近的汉字转写梵文词语，创立了汉译佛经专有名词的方法。唐代，玄奘针对梵文佛经名词的翻译，提出了"五不翻"原则[①]。汉译佛经里，梵文的很多名词和咒语往往采取音译之法。利用梵汉对音材料研究汉语古音，已经取得了卓越的成就（刘广和、储泰松、张福平 2017）。

自古以来，汉民族就和其他民族有着直接或间接的接触与交往，

---

① "五不翻"原则是："一、秘密故，如'陀罗尼'；二、含多义故，'薄伽'，梵具六义；三、无此故，如'阎浮'树，中夏实无此木；四、顺古故，如'阿耨、菩提'非不可翻，而摩腾以来，常存梵音；五、生善故，如'般若'尊重，'智慧'轻浅。"详见周敦义《翻译名义集七卷·序》，《四部丛刊》景印南海潘氏藏宋刊本，第 1 页。

这些接触或交往常常会在各自的语言里留下痕迹，例如两种语言相互翻译时所形成的对音和相互借用而形成的借词。一般而言，用于译音的汉字不再分析其意义，只保留其语音形式和书写形式，因此音译外来词的几个汉字只可连在一起表音，不可分析其意义。

汉字本身并不能直接表示从古至今语音的变化。但如果用汉字音译的源语言所使用的文字是拼音文字，则可以利用这些拼音文字来推测和构拟汉字的古音。这种方法就是对音拟测法，简称"对音法"。对音法又叫做"译音对勘法、对音还原法"等。从有明确时代标记的对音材料出发，可以探求某个具体时期汉语语音的大致特征。当然，利用对音资料也可以研究中国古代少数民族语言①。

运用对音法研究汉语音韵已经取得了显著的成果。运用对音法研究汉字古音肇始于 19 世纪英国汉学家艾约瑟（Joseph Edkins）《汉字研究导论》（*Introduction to the Study of the Chinese Character*，1876）。真正把对音法作为汉语音韵研究的一种方法提出来的是俄籍学者钢和泰（Alexander von Stael-Holstein，1877~1937）。对音研究标志性文章有钢和泰《音译梵书和中国古音》（*The Phonetic Transcription of Sanskrit Works and Ancient Chinese Pronunciation*，1923）、汪荣宝《歌戈鱼虞模古读考》（1923）。钢和泰《音译梵书和中国古音》首次明确指出，研究中国古音，除了各地方音，还可以利用"中国字在外国文里的译音与外国字在中国文里的译音"，"梵咒的音读因为有宗教的性质，故在中国古音学上的价值比一切非宗教的译音格外重要"。在这种观点的影响下，用梵汉对音、日译吴音、日译汉音等材料研究汉语音韵的，首推汪荣宝《歌戈鱼虞模古读考》。从 19 世纪 20 年代开始，对音法被广泛地应用到各个历史阶段的汉语研究当中，前人在开辟新的研究方法

---

① 如利用汉藏对音资料研究藏语，利用汉语与西夏语对音资料研究西夏语，利用《朝鲜译语》研究古代朝鲜语等。参见孙伯君《胡汉对音和古代北方汉语》（2005）。

的同时，探索出了一条科学的构拟古音的方法。

从对音资料的性质看，对音资料有三种类型：一是汉语与非汉语的对音，二是域外译音，三是使用拼音文字书写汉语的资料。

从汉代开始，汉语与非汉语的对音资料有以下诸种：梵汉对音、藏汉对音、西夏汉对音、蒙汉对音、波汉对音、满汉对音、阿汉对音、于阗汉对音、吐火罗汉对音、回鹘汉对音、契丹汉对音、朝汉对音、日汉对音、琉球汉对音、比（比利时）汉对音、意汉对音、法汉对音、泰汉对音、缅汉对音等等。

域外译音指境外非汉语民族借用汉字及其读音所形成的一种读音系统，主要有三种，即：日本汉字音（Sino Japanese）、朝鲜汉字音（Sino Korean）、越南汉字音（Sino Vietnamese）。借助这些域外译音材料，可以考订该民族借入汉字的相应历史时期的汉语语音系统，从而整理出汉语语音发展的大致脉络。1443 年朝鲜文字——训民正音创制。训民正音是拼音文字，朝鲜人用这种文字翻译、注解了大量中国典籍。这些材料都是汉语拼音材料，特定时代的汉语拼音能够显示特定时代的汉语语音面貌。

使用拼音文字书写汉语，是指特定历史时期曾经出现的用拼音文字记录汉语的辅助性书写工作。这些用拼音文字写成的文献资料因其出现的时代明确、资料明晰，从而可以用来考证其时代汉语语音情况。明末来华的传教士为了学习汉语，用拉丁字母、罗马字母拼写汉语，由此发展出了一整套汉字注音方案。最早进行这种注音工作的是罗坚明（Michel Ruggieri，1543~1607）和利玛窦（Matteo Ricci，1552~1610）。二人早在来华之前就已经编写了《葡汉辞典》（1585），该书所反映出来的语音特点与南京话相一致（杨福绵 1995）。利玛窦 1605 年写成《西字奇迹》，他用罗马字母有系统地给汉语注音。罗常培《耶稣会士在音韵学上的贡献》指出，《西字奇迹》使用了 26 个字父（声母）、44 个字母（韵母）、5 个声调符号来拼写汉字音（罗常培 1930/2004：

254~257）。法国耶稣会士金尼阁（Nicolas Trigault，1577~1629）出版了最早的有完备注音字母的汉语字典《西儒耳目资》（1626），用拉丁字母为汉语注音，标出字父 20 个、字母 50 个、声调符号 5 个（罗常培 1930/2004：260~263）。1867 年，英国使馆秘书威妥玛（1818~1895）出版了北京音官话课本《语言自迩集》，其中的"威妥玛式"拼音逐渐成为《汉语拼音方案》之前西方人音译中国人名、地名和事物名的通用符号。

自唐代以来，中国与中西亚地区文化交流逐渐加深，开始出现了以波斯字母、阿拉伯字母拼写汉字音的材料。在域外文献典籍中，用波斯字母拼写汉语词汇尤其是专有名词的材料频频出现。这些材料基本上都是汉语拼音材料（也有一些汉语借词，如"茶、罗~衣"等）。借助特定时代的汉语拼音能够考订特定时代的汉语语音面貌。

三、波汉对音研究的理论基础

沈钟伟在龙果夫（Alexandr Dragunov，1900~1955）《古官话的波斯译音》（*A Persian Transcription of Ancient Chinese*，1931/2014：276~292）中译本"译者前言"中指出："波斯译音材料的性质与同时代的《中原音韵》和《蒙古字韵》相当不同。"又："与韵书字音不同，波斯译音则不受汉语传统音韵学影响，而是根据当时个人语言译音，这样的材料是对当时活语言的真实描写，直接体现当时的口语实际。这样的音韵材料可以让我们从一个不同的角度认识元代的语音，因此有其不可替代的价值。"元代波汉对音材料的性质不同于传统韵书或韵图，其所反映的是当时活语言的口语音。而明初四夷馆《回回馆杂字》基于实际的交际需要而编写，对音汉字所反映的语音也是当时的实际语音。

波斯译音材料的性质与《中原音韵》《蒙古字韵》相当不同。《中原音韵》根据当时北方语音编制，大体反映时音；汉字只能记录音类，无法直接描写音值。《蒙古字韵》采用表音性质的八思巴文字，不但有音类记录，也有音值描写。八思巴字必须按照口语做出音值描写，但是受到汉语传统韵书、韵图按照音类排列的影响，八思巴字拼写所体现出的汉字的音值就显得过于系统化。波斯译音则不受汉语传统音韵学影响，它是根据当时人的语音来译音的。这样的材料是对活语言的真实描写，直接体现当时的实际口语音；这样的译音材料可以让我们从一个不同的角度认识元代汉语语音，因此其有不可替代的学术价值。

（一）波汉对音的种类及其性质

波汉对音资料有三种：一是用汉字音译波斯词语的资料，二是用波斯字母拼写汉语专有词语的资料，三是用阿拉伯字母或波斯字母拼写汉语西北方言词语的资料。本研究所运用的材料有以下三类：

1. 波斯词语的汉字译音

汉字音译波斯词语的材料，以明代四夷馆及会同馆所编的《回回馆译语》的杂字为典型代表。例如永乐本《回回馆杂字》"天文门"所收的波斯词语及其音译形式：آسمان，天，阿思马恩；آفتاب，日，阿夫他卜；ماه，月，妈黑；ستاره，星，洗他勒；ابر，云，阿卜儿。

又如：元代、明代汉语典籍中往往有纳速拉丁、撒马尔罕、布哈剌（不花剌）等用汉字音译人名、地名等专有名词。胡振华、胡军整理编纂的明代会同馆《回回馆译语》（2005）中收录的26篇来文中，多有对译其他民族语言的汉字译音，兹举例如下：速坛阿黑麻［王］（sulṭān aḥmad）；撒马儿罕使臣阿力（samarqand īlčī 'alī）；白勒黑地面速坛宰蛮王（diyār balχ sulṭān　zamān vān）；敌米石地面火只罕东（diyār dimišq χwājah hamdūn）；阿鲁马骨（ar'ūmāq）。

这类用汉字音译波斯词语的材料，集中而明确地反映了明代初年汉语的口语音的面貌。

2. 波斯文记录的汉语专有词语

这方面的材料例如：（1）波斯伊利汗王朝政治家、史学家拉施特（Rashīd al-Dīn Fazl Allāh Ibn Abū al-Khayr Ibn'Alī hamadānī,

1247~1318）《史集》第二部分"世界史"中的"中国史"，用波斯拼音拼写了很多中国古代专有名词，包括帝王名、朝代名、诸侯国名、地名等等。（2）拉施特编纂的《关于中国科学技术的伊利汗珍宝之书》（*Tanksūqnāma-i Īl-khān dar Funūn-i' Ulūm-i khatāyī*）所包含的中医著作《脉诀》中用波斯拼音拼写了很多中医术语。（3）波斯史学家志费尼（'Alā al-Dīn'Atā Malik Jūvaynī，1226~1283）《世界征服者史》（*Tārīkh-I Jahān-gushā*）中的汉语地名、蒙古人名与地名，这些专名都可与《元史》中的专有名词相对应。

其他拼音材料如明代永乐五年《噶玛巴为明太祖荐福图》中以波斯字母拼写的汉语词语有"大明、灵谷寺、永乐、孝陵"等，也有进入汉语词汇系统的佛教词语如"舍利、罗汉、如来"等。见于胡振华、胡军（2005）所收来文中有汉语词如"大明皇帝"（dāimīn χān）、"王"（vān）、"都督"（dūdū）、"金事"（siyām šī）、"肃州"（sūjīū）、"罗（~缎）"（lāy）、"茶叶"（čǎ yah）等。

我们所做的对音研究是广义对音研究。从这个角度讲，这些以波斯字母拼音形式记录的汉字词也是波汉对音材料。中古波斯文献中有关中国的专门名词，随着历史文献语言学及东西方文化交流史研究的深入，将会有更多更丰富的材料被发掘出来，这将为汉语音韵学研究提供更有力的域外史料。

3. 阿拉伯字母的汉语拼音

在我国境内，曾出现过以阿拉伯字母或波斯字母拼写汉字词的现象，例如民间曾经使用、现在几乎已经绝迹了的小儿锦汉语拼音词典。刘迎胜根据这种民间汉语拼音字典汇编而成的《小儿锦研究》之第二册、第三册，对所收词语进行了拉丁字母转写、词语释义、校勘等工作。学界通常把这种采用阿拉伯字母、波斯字母以及几个自造字母拼写汉字音的拼音文字称为"小儿锦"。小儿锦拼写的汉字音，反映了20世纪五六十年代以前我国西北地区汉语方言的语音面貌。

（二）研究波汉对音应注意的几个问题

1.正确掌握汉语和波斯语两种语言之间语音系统的差异

不同语言系统各有自己的一套音素，即使是相同音素在不同语言的语音系统中也会受不同组合规则支配而有不同的变异，因而在两种语言中很难找到绝对相同的音。以《中原音韵》为例，汉语的声母有21个（含零声母），韵部有19个，韵母46个（杨耐思1981：24/44），声调有平上去入四类（《中原音韵》有入声，陆志韦、杨耐思、李新魁、郑张尚芳等持此观点）。而波斯语辅音音素有22个（其中清辅音14个，浊辅音8个），元音音素有8个，没有声调，单词重音区别意义。从汉语声母和韵母分析出来的音素数量与波斯语的辅音和元音的音素数量是不一致的。用汉字音译波斯语音时，并不能保证汉字音与波斯语音能够完全对应得上。对音精确与否，要先考察两种语言辅音的发音部位和发音方法是否相同、送气音与不送气音是否对立、清音与浊音是否对立等情况；同时也要考察其元音系统的特点。汉语没有波斯语的小舌音、颤舌音，对音时就不得不采用近似的见母字、溪母字来对译小舌音 [q]，不得不采用近似的来母字对译颤舌音 [r]。汉语声母有送气与不送气的对立，波斯语、阿拉伯语的辅音没有此项对立，用波斯字母、阿拉伯字母拼写汉语时，常常 [p/pʻ]、[t/tʻ]、[k/kʻ]、[ts/tsʻ]、[tʂ/tʂʻ] 不分。近代汉语北方话没有全浊塞音、塞擦音，而波斯语有丰富的全浊辅音，撰作者往往用近似的全浊音字母对应汉语的清音声母。又，《中原音韵》的主要元音有 [a i u o ɔ ï e ɛ] 8个，有46个韵母。而波斯语的主要元音只有3个，在添加发音符号的情况下，能够拼出的元音有 [a i u ā i ū ow ey] 8个，能够拼出的鼻音有 [an in un ān īn ūn] 6个。了解了波汉两种语言的语音特点，才能够厘清所谓"近似的音"的近似程度究竟如何。

2.注意分析两种语言语音对译的方法

明代火源洁、马沙亦黑《华夷译语》（1382）之《凡例》云："用汉字译写胡语，其中间有有声无字者，今特借声音相近字样，立例于后。

读者依例求之，则无不谐矣。"可见当时翻译人员就很清楚，用汉字音译非汉语的语音并不能完全确切对音，而解决问题的办法就是借读音相近的汉字来记音。

汉语属于汉藏语系，波斯语属于印欧语系伊朗语族。由于两种语言辅音的发音部位、发音方法不同，主要元音的发音部位不完全相同，元音数量不同，元音组合的数量不同，元音与辅音组合的数量不同，所以用汉字音对译波斯音以及用波斯字母拼写汉语，这一过程中就存在许多问题。因此，研究波汉对音时，一定要考察撰作人的对音方法。

（1）在发音部位、发音方法一致的情况下，波斯语有此音，汉语也有这个音，则对音准确而严格。（2）波斯语有此音，而汉语无此音，对音时则采取汉语中发音部位、发音方法相近的音来替代，并设法加上标识，以明确标示此音不能按汉语固有的音来发出。（3）由于两种语言语音系统有差异，在用波斯字母拼写汉字音时，不免会丢失一些语音信息，造成一些误差，如汉语的 [-ŋ -m] 韵尾就存在被省略或被替代的现象。（4）汉语的某些音（如中古的日母及其在近代、现代发生变化后的音）在有些民族语言里没有，他们也会采取相似、相近替代的办法。这种强人就我、音近替代的现象，给对音分析带来困难。永乐本《回回馆杂字》波汉对音中就存在着这样的问题。如波斯语没有后鼻音韵母，而对音汉字却使用了 [-ŋ] 尾字；汉语的 [-ŋ] 尾字，在波斯语里或者用 [n] 拼写，或者同时用 [n g] 或 [n k] 两种音素拼写。小儿锦在拼写后鼻音的汉字时，或者用阿拉伯字母ن [n] 作韵尾，或者用غ [gh] 作韵尾。

3. 注意对音资料的性质

拟测古音时需要注意几个问题，例如：资料时代确切与否，底本来源问题，译音人对于两种语言语音的掌握程度如何，发音人的方音问题，有无新译与旧译的纠纷等，这些问题都需要特别关注，每一种对音资料都会针对这些问题作专门的说明与讨论。季羡林《浮屠与佛》《论梵文 ṭ、ḍ 的音译》（1948）指出：早期汉语的"佛"并不是译自梵文的 buddha，而是译自吐火罗文的 bud；汉译佛经的一批来母字也不是译自梵文的ṭ、ḍ，而是译自巴利文的l，所以当前人们用梵文来研究汉唐之间的汉语音韵，实际上是错的。这个观点提醒我们在研究对音资料时要注意甄别原文本语言的性质。只有确定了源语言，才可以开展研究工作。同时，中国古代的方言相当复杂，对音资料所反映的时代、撰者成长或长期生活的地域及其所操方音，这些因素都是要加以考量的。

因此，在利用对音材料研究汉语音韵问题时，必须要注意到以下问题：第一，对音有时只取近似值；第二，必须确定源语言的性质、对译的年代；第三，明确知晓两种语言语音系统的不同之处；第四，译音人所处的时代、生长地域、方音背景及其教育背景；第五，对音材料标音的优劣。这些问题关系到古音研究的结论正确与否，所以必须要搞清楚。

对于如何判断对音材料标音的优劣，聂鸿音《番汉对音简论》（1992）给出了明确的答案："从对音材料的编纂目的来看，专供学习语言的材料优于一般性的音译。""从对音方向上看，双向对音的材料优于单向对音。""从原语和译语的声韵类数目来看，译语声韵类多的材料优于声韵类少的。"

专为语言学习而编纂的对音材料，如《番汉合时掌中珠》《蒙古字韵》以及各种《华夷译语》，其目的是让学习者能从字面上理解源语言的发音特征，因而在选择对音用的汉字时总要反复斟酌，以保证两种语言的音位能够准确对应；为此编纂者有时不得不使用冷僻字，或者创造性地在现有汉字的基础上添加一些符号如"口、舌"等组成新的字，或者在现有汉字上边的位置加一个小一点的字，以此来标明源语言的特殊发音。明代火源洁、马沙亦黑《华夷译语》之《凡例》云：

> 用汉字译写胡语,其中间有有声无字者,今特借声音相近字样,立例于后。读者依例求之,则无不谐矣。

字傍小注"中"字者，乃喉内音也。如ᵗ合、ᵗ忽之类。

字傍小注"舌"字者，乃舌头音也，必弹舌读之。如ˢ兒、ˢ里、ˢ剌、ˢ鲁、ˢ侖之类。

字傍小注"丁"字者，顶舌音也，以舌尖顶上齶读之。如ᵈ温、ᵈ兀、ᵈ豁、ᵈ斡之类。

字下小注"勒"字者，亦与顶舌同。如"冰"呼"莫ˡ孙"之类。

字下小注"黑"字、"惕"字、"克"字者，皆急读带过音也，不用读出。

字下小注"卜"字、"必"字者，皆急读合口音也，亦不用读出。

甲种本《华夷译语》中这些标识蒙古语音的办法，在后来的对音工作中继续沿用。不同的是，《华夷译语》的字傍小注字变成了新造字的一个偏旁，例如清光绪年间成都刊行的《择要注解杂学》（1888）中，使用一些加"口"旁、加"舌"旁的自造汉字来对译阿语的音：用加"舌"字旁的"舐、䑛、舺、𦧜"等字表示颤舌音，用加"口"旁的"喼、嘈、嚩、嘲"字表示顶音。用这种方法所造的字在《龙龛手镜》《康熙字典》中大都有收录。与汉字的偏旁表意或表音功能不同的是，这些新造字的偏旁，表示的是发音部位或发音方法。

4. 注意撰作者的发音习惯

从客观上讲，译音人的发音习惯不同，所用来译音的汉字和对音方法也会有所不同。同样，方音不同的人，用汉字音译波斯单词时所选用的汉字也不尽相同。例如：天，四夷馆本《回回馆杂字》对音汉字作"阿思马恩"，会同馆本《回回馆杂字》作"阿思忙"；冬，四夷馆本对音汉字作"即米思他恩"，会同馆本作"即米思汤"；仆，四夷馆本对音汉字作"五剌恩"，会同馆本作"五良"；"贤"四夷馆本对音汉字是"黑期尹"，而在其他版本里，该词有被称作"哈钦"和"阿奇木"的情况，等等。同理，用波斯字母给汉字注音时，波斯学者汉语水平的高低，或其所选用的发音人（口译者）的发音与撰作者（笔受者）

的听觉感受是否一致，都会影响他对拼音字母的选择。简言之，方言不同的人的波汉译音、波斯学者的汉语水平或对汉语语音的听辨能力，都是影响波汉对音的直接因素。

第三节　前人研究状况综述

一、《回回馆杂字》《回回馆译语》的研究情况

清代藏书家钱曾（1629~1701）在其所撰《读书敏求记》卷二《别志》中记载："《华夷译语》二卷。分类聚编，上则番书，中则汉译，下则胡音。乃回回馆新增者。内府抄录，除此无别本，宜祕之。《回回馆课》三卷，诸番进贡驼马、玉石、梭角，求讨膝栏、织金段、茶、药等件，皆写番书表奏。回回馆以中国字逐篇译之，辑成三册，藏之天府。不知何年流落人间，为予所得，存之以征同文之化。"这是最早提到回回馆杂字及来文的文字记录。

目前知道最早研究《回回馆杂字》的是一位法国学者，巴黎国民图书馆手稿部收藏的《回回馆杂字》（系四夷馆系列之永乐本）抄本上，有这位无名学者的拉丁字母注音：每一汉译词（字）的旁边，均用拉丁字母注音，汉译词下方有拉丁文翻译；波斯单词的音译汉字也分别用拉丁字母注音。据刘迎胜（2008：6~7）的推测，这位学者可能是伯希和提到过的法国传教士钱德明（P.Jean Josephus Marie Amiot，1718~1793，又名王若瑟），其注音、释义的时间大约应该在 18 世纪中后期[①]。

---

① 关于巴黎本《回回馆杂字》及无名氏注音，有匿名学者指出：巴黎本《回回馆杂字》实际上是越南的法国远东学院（Ecole Francaise d'Extrême-Orient）的旧藏，在 20 世纪中叶随其他"译语"一起转到法国国家图书馆的。该书上的标音是与伯希和同时代的另一位学者所作，其所依据的是 20 世纪 20 年代的北方官话。特致谢忱！

日本学者系统研究了《回回馆杂字》《回回馆译语》，大致情况如下：津吉孝雄《关于回回馆译语》（1936）一文介绍了《回回馆译语》的情况，并对其中的一些波斯语词汇进行了研究。田坂兴道在 1943 至 1951 年之间，先后发表了《〈回回馆译语〉语释》（1943）、《〈回回馆译语〉语释补正》（1951）等论文，从语言学的角度对《回回馆译语》做了深入细致研究。其《〈回回馆译语〉语释》（一）在石田干之助的研究基础上，列出了乙种本的十种抄本和丙种本的九种抄本，然后详细注释了《回回馆译语》所收的波斯语词语，并仔细地比较了每一个标音汉字所代表的实际语音。

本田实信于 1963 年发表了《论〈回回馆译语〉》，以德国杜宾根大学图书馆所藏明抄本（该本二战结束后移藏柏林图书馆）、日本东洋文库所藏明抄本、法国巴黎国民图书馆所藏清抄本、巴黎亚洲协会所藏清康熙年抄本、英国不列颠博物馆所藏明刊本、日本内阁文库所藏清抄本等 6 种海外图书馆藏本互校，尽力恢复了乙种本《回回馆译语》的面貌。他又以英国伦敦大学亚非学院所藏明抄本、日本阿波国文库所藏抄本（此本已毁于火）、日本静嘉堂文库所藏抄本等互校，基本上恢复了《回回馆译语》最古老的会同馆本的原貌。本田实信还将 26 篇来文逐一用拉丁文转写，成就卓著。本田的研究也有不足之处。刘迎胜指出："一是未见到我国北图（即今国家图书馆）所藏《回回馆杂字》与《回回馆译语》，二是对《回回馆杂字》中若干难点解决得不够理想，三是未能对乙种本波斯文予以校勘，也未对词汇予以注释，故此书在相当长的时间里，停留在懂波斯语的学者的圈子里，未引起广大从事东西方文化交流史研究的学者以及语言学研究者的注意。"（刘迎胜 2008：6~7）

刘迎胜从 1984 年开始注意并逐步围绕北图本《回回馆杂字》与《回回馆译语》展开研究工作，先后发表论文《〈回回馆杂字〉与〈回回馆译语〉》（1989~1990）、《明代中国官办波斯语教学教材源流研究》

（1991）、《〈回回馆杂字〉与〈回回馆译语〉"天文门"至"时令门"校释与研究》（1992）、《〈回回馆杂字〉与〈回回馆译语〉"花木门"校释》（1994）等。在此后十多年时间里，刘迎胜一直做版本、文献、校释、转写等方面的研究工作，其研究成果《〈回回馆杂字〉与〈回回馆译语〉研究》于2008年出版。该书介绍了中国古代伊朗语文与波斯语文教学简史、明代中期以前我国双语字书（辞典）编写简史《回回馆杂字》《回回馆译语》研究史及其版本，等等。其"校释"分三个部分：

第一部分是四夷馆本《回回馆译语》之杂字的校释。以明代永乐初年四夷馆成立不久之后编写的《回回馆杂字》（国图藏本）为工作底本，并以国图藏本《回回馆译语》和他收集的四夷馆本系统的其他本子校勘。刘迎胜没有收集到的本子，以本田实信提供的资料为据。《〈回回馆杂字〉与〈回回馆译语〉研究》的校释体例包含有波斯原文、波斯文的拉丁文转写、汉译词、音译汉字、校释内容；并附有巴黎本《回回馆杂字》图片。

第二部分是四夷馆本《回回馆译语》之续增杂字的校释。以柏林国立图书馆"夏德藏品"中的《回回馆译语》为研究底本，这个版本的《回回馆杂字》含有续增部分。在原文的体例中加入了拉丁转写与校释内容。

第三部分是会同馆本《回回馆译语》的校释，所据底本是国家图书馆善本部所藏之清初袁氏贞节堂抄本《华夷译语》之《回回译语》（书中称之为"袁氏本"），校以伦敦大学亚非学院所藏明抄本、阿波国文库本及本田实信提供的其他版本的资料。原文无波斯文，校释未注出拉丁转写，只有校释内容。

胡振华（2005：1~16）指出《华夷译语》有甲、乙、丙三种版本，其中《回回馆译语》的版本有乙种本和丙种本之分。乙种本是明永乐五年（1407）四夷馆设立后至万历七年（1579）间所编，有10种不同的版本；丙种本指明末茅瑞征收藏的波汉分类词汇集，有6种不同的版本。文章介绍了每种版本的收藏情况及《回回馆杂字》的收词情况、抄定格式，指出丙种本《回回馆杂字》不是乙种本《回回馆杂字》的简化本或抄写本，而是自成系统的另一种《回回馆译语》。文章还介绍了不同版本《回回馆译语》收录来文的情况，并指出来文的波斯语翻译语言生硬，许多句子的翻译不是按照波斯语法而是按照汉语的语法在翻译，由此指出当时翻译者的波斯文水平不高。

此外，国内外其他学者关于《回回馆杂字》《回回馆译语》的研究情况大略如下：日本学者更科慎一《论四夷馆〈华夷译语〉音译汉字汉语音系》（2018）介绍了亲见的《华夷译语》乙种本系列的文本，补充了天一阁博物馆藏明抄本、复旦大学图书馆藏明抄本，分析了乙种本与其他《华夷译语》之间的关系，并选择四夷馆系列《译语》中除去《西天馆译语》以外的九种《译语》，整理出了音译汉字和民族语言之间语音对应关系，阐述了四夷馆《华夷译语》音译汉字音系的几个特点，如疑母消失、[-m] 与 [-n] 已经合流；并指出暹罗馆译语有些不同，用《华夷译语》对音材料不能解决知庄章三组声母是否合流。成耀帅《〈回回馆杂字〉波汉对音与明代汉语语音研究》（2018）通过考察音译汉字与波斯文的对应关系，初步考察了知庄章三组声母合流与否的问题、见晓组及精组腭化的问题、日母字的对音问题以及入声韵字、阳声韵字的对音等问题。

二、反映元代汉语语音的波斯拼音的研究情况

除了以上波汉对音研究成果外，还有如下两项材料的研究情况需要介绍，即波斯伊利汗王朝政治家、史学家拉施特编撰的《关于中国科学技术的伊利汗珍宝之书》之《脉诀》（成书不晚于 1313 年）和《史集》①。

---

① 拉施特在前言中说全书分为四个部分，分别介绍中国的传统脉学、经络学、植物学以及中国的律令制度。

（一）《脉诀》的研究情况

波斯文《脉诀》是一本以歌诀形式写成的中医脉学著作，又名《王叔和脉诀》，相传是西晋时期医学家王叔和（265~316）所著[①]，被翻译成波斯文出版，共有519页。该书的译音非常准确，因此可以据此为当时的汉语语音做出有价值的结论。前苏联学者龙果夫根据拉施特《脉诀》的波斯译音，撰成了《古官话的波斯译音》（龙果夫1931/2014：276~292）。日本学者远藤光晓1997年就《脉诀》约5000个音译字作了全盘研究，发表了《王叔和〈脉诀〉ペルシセ语訳に反映した14世纪初中国音》，文章总结了该项语音材料所反映的元代汉语声韵调的特点，其研究结论又见于远藤光晓《元代音研究——〈脉诀〉ペルシセ语訳による》（2016）一书。略述如下：

声母有21个（含零声母）：

p   p'   m   f   v
t   t'   n   l
ts   ts'   s
ʧ   ʧ'   ʃ   ʒ
k   k'   ŋ   x (ç)
Ø

其特点是：浊音清化，微母独立，疑影喻合流，知庄章合流，止摄章组声母音值为 tʂ、tʂ'、ʂ，晓匣母字音分直音 x 和拗音 ç（远藤光晓2016：82）。

韵母方面，舒声韵母有44个（2016：156~161），详见下表。

---

① 王一丹《波斯拉施特〈史集·中国史〉研究与文本翻译》（2007：40）指出《脉诀》不是直接译自晋代名医王叔和的《脉经》，而是译自宋元时期流传很广的《脉诀》。该书伪托王叔和之名传世，一般认为是六朝人（或曰五代或曰北宋人）高阳生所撰。时光《〈伊利汗中国科技珍宝书〉校注》（2016：40）也有此论。

表 1-1　《脉诀》波斯译音所反映的元代汉语舒声韵母表

	i	u	y
ɿ、ʅ			
a	ia	ua	
o		uo	
ɤ	ie	ue	ye
ei		ui	
ai	iai	uai	
eu	ieu		
	iu		
au	iau		
	im		
	iem		
am	iam		
en	in	un	yn
	ien		yen
an	ian	uan	
eng	ing	ung	iung
ang	iang	uang	

入声韵母有 22 个（yet/yel/yelt/yetl 算 1 个。远藤光晓 2016：163），详见下表。

表 1-2　《脉诀》波斯译音所反映的元代汉语入声韵母表

	-p	-t	-k	-l
o	op	ot	ok	
i	ip	it	ik	il
a	ap iap	at uat	ak iak	
ɤ	iep		ɤk	
u		ut	uk	
e			ek uek	
y		yt	yk	yet/yel/yelt/yetl

声调方面，舒声韵有阴阳上去四个调，入声韵有阴阳两个调，入声字有变入阳平、上声、去声的情况存在（2016：136）。

　　另外，时光《〈伊利汗中国科技珍宝书〉校注》（2016），上篇是《〈伊利汗中国科技珍宝书〉研究》，下篇是《〈伊利汗中国科技珍宝书〉校注》，作者用拉丁字母转写了波斯文译写的中国医学术语。借助宋元时期汉文医学著作《脉诀》的波汉对音资料，我们可以了解到宋元时期汉语的大致语音面貌。日本学者远藤光晓在这方面已经做出了重要贡献。

　　龙果夫《古官话的波斯译音》（1931/2014：277~278）指出，波斯译音所记录的汉语方言属于其所谓的 B 类官话。除了已经从汉语专有名词的域外译音中得知的事实，如保留 -m 韵尾，中古浊声母清化根据声调决定送气与否之外，波斯译音能为汉语历史提供以下信息：1. χ（< χγ）在 ï、ü 前腭化，在同条件下 k 和 k' 不变。2. 中古的 ŋ 变为 υ。3. "二" 一类字的发音是 ẓi。4. 中古的软音 ś（< ś, ź）尚未完全变为硬音。5. ü 出现在辅音 š、ž、č 和 č' 后，尤其是在 "疎" 字中，其中古是 ṣi̯wo。6. 在辅音 š、ž、č 和 č' 后，如果是古入声，是 i；是其他声调，则是 ï。

　　龙果夫的研究显示这一时期（14 世纪初年）译音的主要特点：1. 出现了原来波斯（阿拉伯）文中所没有的新字母。2. 用 ʒ 译写汉语中的 ü。3. 用舌根化（emphatic）s 字母译写汉语的 sï。4. 用字母 ž 译写汉语声母 ž，也用来译写在 š、č、č'、ž 后的汉语元音 ï。

　　龙果夫的研究是根据前苏联东方学家巴托尔德（V. V. Barthold，1869~1930）拍摄的 12 张取样性的照片，他的研究难免有所局限。

　　（二）《史集·中国史》的研究

　　拉施特主编的《史集》内容包括了《蒙古史》《世界史》《世界地志》三部分。现存的《史集》波斯抄本只含前两部分，其第三部分没有流传下来（余大钧 1983）。关于《史集·中国史》，德国汉学家傅海波（Herbert Franke）在 1951 年发表了《从汉学角度对拉施特中国史的几点述评》，奥地利伊朗学家卡尔·杨（Karl Jahn）在 1971 年刊布了拉施特《史集·中国史》德译本及波斯文、阿拉伯文抄本影印件。

刘迎胜在《丝路文化·海上卷》（1995/2015：478~481）首次介绍了《史集·中国史》，王一丹《波斯拉施特〈史集·中国史〉研究与文本翻译》，其书包含两部分内容:《史集·中国史》研究、《史集·中国史》文本翻译。刘迎胜《小儿锦研究》（一）"波斯文字母拼写汉语的问题"刊布了《史集·中国史》部分专有名词的波斯文拼写形式及其转写。李瑞在王一丹书中刊布的拉丁转写的基础上，撰写了硕士学位论文《〈史集·中国史〉专有名词对音研究》，研究了《中国史》430多个中国历史专有名词（包括帝王名、朝代名、历史地名、历史人名等等），从中探讨了元代汉语知庄章三组声母的演变、疑母的演变，并研究了入声韵字及 [-m -ŋ] 尾字的对音特点。

上文述及的《脉诀》《中国史》是研究波斯字母汉语拼音的域外资料，所关涉的是元代汉语音韵问题。元末明初出现的《回回药方》是一部波斯文书[①]。《回回药方》的药名和药方中有不少是用汉字音译的波斯语，宋岘（2000）、蒋冀骋（2013）对此有系列研究，其研究方法及结论值得我们借鉴。

三、反映现代汉语方音的小儿锦拼音的研究情况

刘迎胜《小儿锦研究》之（二）（三），汇集了 20 世纪五六十年代以前民间阿拉伯字母汉语拼音词汇，并作了校勘、释义、转写等工作。我们在此基础上，研究了阿拉伯字母的汉语拼音方式、特点以及其所反映的方音问题等。阿·伊布拉黑麦《回族"消经"文字体系研究》（1997）、韩中义《小经文献与语言学相关问题初探》（2007）、《民间文献〈中阿双解字典〉研究》（2015）等研究也涉及小儿锦拼音问题。

---

① 蒋冀骋（2009）认为《回回药方》乃编集流传于中国的各种汉译波斯药典、医书而成。唐宋以降有不少波斯药方、医书在中国人手中流传，宋元时期即有人汇集成册，后来递相增补遂成《回回药方》。宋岘《回回药方校释》序（2000：1）认为成书于明初洪武年间。

第二章 《回回馆杂字》波汉语音对应关系

第一节 波斯语的语音特点

一、波斯语的文字体系及其特点

波斯语属于印欧语系伊朗语族语言，是世界上最古老的语言之一，从公元前 6 世纪至今，先后经历了古波斯语、巴列维语和现代波斯语（在阿富汗称达里语）的三个发展阶段，文字也经历了从楔形文字、阿拉米文字到阿拉伯字母系统的演变。现代波斯语兴起于公元 9 世纪，采用阿拉伯语字母拼写。

（一）波斯语字母及其拉丁文转写

阿拉伯语共有 28 个字母，波斯人为了完善自己的书写系统，另创了 4 个字母，即：【گ】[g]、【ژ】[jh]、【چ】[ch]、【پ】[p]，这样波斯语共有 32 个字母。此外，还有一个来自阿拉伯的表形符号【ء】"哈姆宰"（只与元音结合表示元音，本身不发音），所以有的教科书称波斯语有 33 个字母。

表 2-1　波斯字母与拉丁字转写对照表

序号	波斯字母	拉丁转写	序号	波斯字母	拉丁转写
1	آ	ā	3	ب	b
2	ا	a, i, u	4	پ	p

序号	波斯字母	拉丁转写	序号	波斯字母	拉丁转写
5	ت	t	20	ط	t
6	ث	s	21	ظ	z
7	ج	j	22	ع	'a, 'i, 'u
8	چ	ch	23	غ	gh
9	ح	h	24	ف	f
10	خ	kh	25	ق	q
11	د	d	26	ک	k
12	ذ	z	27	گ	g
13	ر	r	28	ل	l
14	ز	z	29	م	m
15	ژ	jh	30	ن	n
16	س	s	31	و	辅音 w 或 v，元音 u、ū、au 或 aw
17	ش	sh	32	ه	辅音 h，词尾元音 a
18	ص	s	33	ى	辅音 y，元音 i、ī、ai
19	ض	z			

说明：刘迎胜（2008）"校释"部分波斯文与阿拉伯文的拉丁转写基本按照斯坦因嘎斯《波英字典》（F. Steingass, *A Complihensive Persian-English Dictionary*）的转写体系，但有一些变通。波斯字母有"同音异形"现象，即在波斯文中若干阿拉伯文字母在阿拉伯文中发音不同，但波斯语中读音相同，无法相互区分。斯坦因嘎斯在转写时以拉丁字母上下添加音点的方式加以区别。刘迎胜（2008）"校释"部分为省便起见，将"同音异形"字母拉丁转写字上下的音点省略，具体情况如下：

【ث】(se)、【س】(sīn)、【ص】(sād),这三个字母在斯坦因嘎斯字典中依次分别转写为 [s̱ s] 和 [ṣ],但在本书中均转写为 [s]。

【ذ】(zāl)、【ز】(ze)、【ض】(zad)、【ظ】(zā),这四个字母在斯坦因嘎斯字典中依次分别转写为 [ẕ z ż ẓ],但在本书中均转写为 [z]。

【ت】(te)、【ط】(tā),这两个字母在斯坦因嘎斯字典中依次分别转写为 [t ṯ],但在本书中均转写为 [t]。

【ح】(he),【ه】(he),在表示辅音时用,这二个字母在斯坦因嘎斯字典中依次分别转写为 [ḥ] 和 [h],但在本书中均转写为 [h];【ه】在词尾时书写为【ه】(he),表示元音时,转写为 [a],表示辅音时,转写为 [h]。

【غ】('ein)、【ق】(ghāf),这二个字母所表示的是小舌塞音,一浊一清;斯坦因嘎斯字典中依次分别转写为 [gh] 和 [q],刘书从之,本书亦从之。

"一形多音"的字母【و】(vāv) 和【ى】(ye),按其在词中具体读音分别进行拉丁转写:

【و】(vāv) 在表示辅音时,转写为 [w],只有 1 例转写为 [v];在表示短元音时,转写为 u;在表示长元音时,转写为 ū;而在表示双元音时,则转写为 [au](11 例)、[aw](4 例)。

【ى】(ye) 在表示辅音时,转写为 [y];在表示短元音时,转写为 [i];在表示长元音时,转写为 [ī];而在表示双元音时,则转写为 [ai] 或 [ay ey]。

字母【ا】在词首书写时,表示短元音 [a];加齐齿符则表示短元音 [i],加合口符则表示短元音 [u]。永乐本《回回馆杂字》字母【ا】在词首出现的次数约有 37 次,分别代表短元音 [a i u],但是波斯文并没有在相应位置加齐齿符和合口符。不但如此,其他波斯单词中,只有长元音和复元音有明确的标识符号,短元音一律没有标识符号:字母【ا】在词首、【ا】在词中和词尾都表示长元音 [ā];字母【ى】在词中和词尾表示长元音[ī]或复元音[ay](ai)；字母【و】在词中和词尾表示长元音[ū]或复元音[aw]或[au aw]。

（二）波斯字母的特点

波斯字母存在着"一音多形"（一个音素用数个字母表示）、"一形多音"（一个字母表示数个音素）的现象，所以波斯语的字母和音素之间并不是一一对应的关系。

1.一音多形。波斯语有 32 个字母，但只有 22 个音素，字母和音素之间存在着"一音多形"的现象，即用多个字母，表示同一个音素。波斯语中共有 5 个"一音多形"的字母。

表 2-2　一音多形

[t]	ط、ت
[h]	ﻩ、ح
[q]	ق、غ
[s]	س、ث、ص
[z]	ذ、ز、ض、ظ

2.一形多音，即同一个字母，表示多个音素。波斯语共有 2 个这样的字母。

表 2-3　一形多音

و	[u o ow v]
ى	[i: ey y]

3.元音字母、辅音字母同形。波斯语有 3 个字母，既可以表示元音，又可以表示辅音。

表 2-4　既可以表示元音又可以表示辅音的字母

و	元音：[u o ow]	辅音：[v]
ى	元音：[i: ey]	辅音：[y]
ه	元音：[a e]	辅音：[h]

二、波斯语的音素

波斯语音素共有30个，辅音22个，元音8个。其分类及音值如表5。

表 2-5　波斯语音素分类表（刘士嘉、赵小玲 2017：43）

元音	单元音	长元音	[a: i: u:]
		短元音	[a e o]
	双元音	[ey ow]	
辅音	清辅音	[p t ch h k f s sh]	
	浊辅音	[b d m n z j jh kh g l v q r y]	

（一）辅音

波斯语有 31 个辅音字母，但只有 22 个辅音音素，其中清辅音为 8 个：[p]پ，[t]ت、ط，[ch]چ，[h]ه、ح，[k]ک，[f]ف，[s]ص、ث、س，[sh] ش，还有一个屏气音 [']ع。浊辅音有 14 个：[b]ب，[d]د，[m]م，[n]ن，[z] ظ、ض、ز、ذ，[j]ج，[kh]خ，[jh]ژ，[g]گ，[l]ل，[v]و，[y]ى，[q]ق、غ，[r]ر。部分清辅音和浊辅音具有对应关系，它们的发音部位相同，区别仅仅在于声带是否振动（详参表 2-6）。

波斯语有 3 个发音比较特殊的辅音：一个是小舌音 [q]【ق、غ】，一个是舌颤音 [r]【ر】，还有屏气音 [']【ع】。另外，【و、ى】两个字母既是元音字母，又是辅音字母。

表 2-6　波斯语辅音表①

波斯语辅音			双唇音	唇齿音	齿间音	前腭音	中腭音	后腭音	小舌音	喉音
塞音	清音		پ		ت（ط）			ك	ق	ء
塞音	浊音		ب		د			گ	غ، ق	
擦音	摩擦音	清音		ف						ه، ح
擦音	摩擦音	浊音		و						ع
擦音	咝音	清音			（ث، س، ص）					
擦音	咝音	浊音			（ذ، ز، ض، ظ）					
擦音	舌面擦音	清音				ش		（خ）		
擦音	舌面擦音	浊音				ژ				
擦音	边音	浊音				ل				
擦音	颤音	浊音				ر				
鼻音			م			ن				
塞擦音	清音					چ				
塞擦音	浊音					ج				
半元音							ی			

① 本表参照刘士嘉、赵小玲（2017：3），引用时对字母【ح】的位置有所改动。

（二）元音

波斯语共有 8 个元音，其中 3 个长元音，3 个短元音，2 个双元音。长元音和双元音有特定的字母表示，而短元音则根据其在单词中所处的位置，有时用阿拉伯语的"哈姆宰"【ٴ】表示，有时不表示出来，只有个别单词例外。

长元音：ا[a:]、ى[i:]、و[u:]

复元音：و [ow]、ى [ey]

短元音：[a]、[e]、[o]

短元音没有特定的字母表示。波斯语短元音一般不标识出来，通常采用在与之拼写构成音节的辅音字母上加标音符号的方法标识其读音，在单词开头和部分单词的中间借助阿拉伯字母"哈姆宰"【ٴ】标识，在词尾的【ه】字母表示元音时所代表的是短元音 [a]。

三、波斯语的音节形式和单词重音位置

（一）音节形式

波斯文是拼音文字，其单词由音节构成。音节是最小的语音单位，它由音素构成。波斯语的元音可以自成音节，但大部分音节由辅音和元音共同构成，一个单词包含几个元音，通常就有几个音节。波斯语常见的音节形式有：单独的元音（V 式）、辅音 + 元音（CV 式）、辅音 + 元音 + 辅音（CVC 式）、辅音 + 元音 + 双辅音（CVCC 式），波斯语的音节没有"双辅音 + 元音"（CCV 式）的构成形式。

（二）单词重音位置

波斯语的单词通常由一个以上的音节构成。在双音节或多音节单词中，有一个音节读得特别重，这种现象叫做单词重音。波斯语的单词重音一般在最后一个音节上，只有少数一些词的重音在第一个音节上。波斯语的重音具有区别意义的作用。

第二节　《回回馆杂字》波斯语音与汉字音的对应关系

波斯字母有 32 个，其中辅音字母有 31 个。辅音音素 22 个，元音音素 8 个。其所代表的音素与音译汉字的对应关系详见表 2-7。

表 2-7　波斯字母、音素与汉字音的对应关系

序号	字母	音素	对音汉字及其对译次数	次数 / 字数
1	ī	ā	（词首）阿 33 昂 1	34/2
		ā	（词中、词尾）阿 7 俺 5 岜 5 昂 2 巴 43 把 4 邦 1 榜 2 叉 2 茶 1 搭 5 打 11 法 6 噶 25 高 1 稿 1 哈 21 罕 1 花 3 剌 32 妈 21 马 4 纳 16 惹 1 撒 16 沙 12 纱 1 他 20 塔 2 洼 21 往 1 呀 22 咱 7 扎 6 鲊 2 张 1	331/36
	١	a	（词首）阿 17 俺 5；（词尾）搭 1 纳 1（存疑）	24/4
		i	（词首）以 6 尹 3 因 1	10/3
		u	（词首）五 5	5/1
2	ﺏ	b	卜 47 巴 41 百 28 比 8 必 8 别 7 把 4 榜 2 摆 2 钵 2 邦 1	150/11
3	ﭖ	p	迫 12 僕 6 岜 5 潘 4 撒 4 拍 2 痞 2 卜 1 批 1	37/9
4	ﺕ	t	忒 109 贪 24 他 18 土 12 梯 10 體 7 秃 3 替 2 贴 1 塔 1 汤 1 推 1 脱 1 吞 1	191/14
5	ﻁ	t	忒 13 他 2 推 2 脱 1 团 1	19/5
6	ﺙ	s	撒 1	1/1
7	ﺱ	s	思 50 塞 26 洗 15 撒 12 苏 6 速 6 嫂 2 桑 1 孙 1 锁 1 西 1 细 1 些 1	123/13
8	ﺹ	s	塞 4 撒 3 速 3 散 1 思 1 苏 1 虽 1 随 1 遂 1	16/9

续表

序号	字母	音素	对音汉字及其对译次数	次数/字数
9	ج	j	知17 扎6 主6 卓6 者3 鲊2 止2 只2 折2 展1 张1 注1 爪1	50/13
10	چ	ch	彻9 赤8 搠3 初2 叉2 展1 茶1 扯1 知1	28/9
11	ح	h	黑14 罕2 虎1 哈1 蒿1	19/5
12	ه	h	黑30 哈18 罕2 虎1 户1 希2 血1	55/7
		a	纳22 勒14 得14 则6 彻5 舍4 默4 法4 忒4 百3 革3 夜3 克2 斡2 塞2 儿1 赤1 些1	95/18
13	خ	kh	黑40 哈9 乎5 虎4 户4 花3 罕3 昏2 或2 火1 亥1	74/11
14	د	d	得98 丹25 打12 底11 搭5 塔1 堵6 的5 都4 迭3 倒2 多2 纯1 胆1 刁1 定1 杜1 敦1 朵1 挺1	182/20
		t	得1	1/1
15	ذ		则3 子1	4/2
16	ز	z	则20 子22 即14 簪4 咎1 咱4 节1 尽1 津1	68/9
17	ظ		则2 祖1 咱1	4/3
18	ض		则2 咱2 祖1 子1 虽1	7/5
19	ر	r	(词首)勒20 剌28 里21 罗14 鲁12 力5 郎4 列4 蓝3 劳2 路2 林1	116/12
			(词尾)儿167 勒1 尔1 耳1	170/4
20	ژ	jh	日4 惹1	5/2
21	ش	sh	石62 舍13 沙12 捨6 深3 朔3 什1 山1 史1 鼠1 束1 赊1 苏1 思1	107/14
22	ع	'	额21 阿18 俺2 兀1	42/4
23	غ	gh	额18 阿4 安3 五3 昂2 俺1 矮1 稳1 渥1 斡1	35/10

续表

序号	字母	音素	对音汉字及其对译次数	次数 / 字数
24	گ	g	革 12 克 12 古 7 儿 6 噶 6 锅 6 敢 2 稿 2 姑 2 己 2 高 2 篙 1 故 1 果 1 吉 1 科 1	64/16
25	ف	f	法 31 夫 28 非 6 府 5 费 1 番 1	72/6
26	ق	q	革 38 噶 7 古 3 姑 2 改 1 高 1 故 1	53/7
27	ک	k	克 50 科 11 噶 11 起 5 革 2 堪 3 苦 2 钦 2 坤 1 古 1 乞 1 期 1	90/12
28	ل	l	勒 52 剌 11 鲁 10 里 8 力 2 列 2 蓝 2 郎 2 路 1 儿 1	91/10
29	م	m	（词尾）恩 8 尹 6 罕 4 堪 3 蓝 3 深 2 恁 2 贪 1 因 1 林 1 满 1 南 1 坤 1 昏 1 津 1 俺 1 昂 1 榜 1	40/18
			（词首）默 37 母 22 妈 20 木 13 米 10 马 4 蛮 3 密 3 满 2 卯 2 买 2 抹 1 灭 1 敏 1	122/14
30	ن	n	（词尾）恩 43 贪 25 丹 24 尹 9 郎 6 俺 5 簪 4 罕 4 潘 4 蛮 3 因 3 安 2 敢 2 蓝 2 敏 2 山 1 昂 1 汤 1 湾 1 展 2 邦 1 胆 1 定 1 番 1 昏 1 尽 1 满 1 南 1 钦 1 伞 1 散 1 桑 1 山 1 孙 1 挺 1 团 1 往 1 稳 1 言 1 昝 1 张 1	168/41
			（词首）纳 49 你 13 奴 8 恁 2 乜 2 奈 2 南 2 脑 1 那 1 乃 1 眼 1	82/11
31	و	ū	钵 2 卜 5 初 1 都 3 夫 2 府 1 姑 3 乎 5 苦 1 鲁 13 抹 2 母 3 木 2 朔 3 搠 1 苏 8 锅 6 果 1 火 1 科 11 锁 1 秃 2 土 2 脱 1 迁 1 卓 5 祖 1 那 1 奴 4 罗 10	104/30
		u/w	秃 1 卓 1 母 1 握 1 或 2 多 1 都 1 堵 1 花 3 鲁 1 苏 1 脱 1	15/12
		aw/au	高 2 嫂 2 稿 2 篙 1 劳 1 卯 1 脑 1 爪 1 倒 1 勹 1	13/10
		w-/v-	洼 21 斡 10 我 6 遇 2 月 2 歪 1 湾 1 往 1 握 1 兀 1	46/10

续表

序号	字母	音素	对音汉字及其对译次数	次数／字数
32	ی	ī	比3 必5 别6 赤2 底9 迭3 法1 非3 革5 黑2 或1 即9 几3 尽1 里21 列6 米3 密2 乜3 灭2 你5 撇4 恁2 赊1 舍1 石3 史1 虽1 梯5 體2 贴1 推3 西1 希1 洗3 些2 血1 呀1 以1 因2 尹10 遇1 月2 则1	146/44
		i/y	别1 底1 刁1 额1 节1 批1 知1 因1	8/8
		ay/ai	奈2 歪1 遇1 买2 拍1 矮1 摆2 亥1 乃1	12/9
		y-	呀21 言1 夜14 衣17 因1 遇1	55/6
字数总计			不计重复约 390 个	

第三节 《回回馆杂字》对音汉字及其所对译之波斯音节

下面按照汉语拼音方案的读法，按照音序排列汉字及其所对译的波斯音节。括号中的数字是对音所用汉字的个数，每一个汉字所对译的波斯音都列在汉字之后。

A（5）

阿 ā/a/‘a/ghā/gha/‘、矮 ghai、安 ghan、俺 gham/an/‘a、昂 ghām/ghān/ān

B（11）

卜 b/bu/bū/ba/p、巴 bā/ba/pā、把 bā、百 ba/bba/bb/bu、比 bi/bī/、必 b-i/bī/bi/b、别 bī/bi、摆 bai、钵 bū、邦 bān、榜 bām/bān

C（6）

叉 chā/cha、彻 cha、扯 cha、赤 chi/chī/cha、初 chū/chi、茶 chā

D（18）

搭 dā/da、打 dā/da/d-ā、得 d/da/dd/di、底 dī、的 di/d、堵 du/di、都

dū/ du、杜 du、迭 dī、倒 dau、多 du、朵 du、胆 dan、丹 dan、刁 diw、定 din、敦 dum、钝 dun

E（5）

额 'a/'i/'/gh/gha/ghi、恩 n/m/mm、儿 r/ra/ri、尔 r、耳 r

F（6）

法 fa/fā/fi/fī/ffa、夫 f/fū/、非 fi/fī/fu、府 fū/fu/fi、费 fi、番 fan

G（12）

革 q/qa/ga/qī/ka/gi/ku、古 gu/gū/qa/ku/qu、噶 kā/gā/qā、锅 gū/kū、敢 gan、稿 gāw/gau、高 gāw、篙 gāw、姑 gu/gū/qū、故 gu/qu、果 gū、改 qa

H（12）

黑 h/kh/ha/hī/kha/hi/khi、罕 khān/khan/ ham/han、虎 hu/kh/khu/、哈 hā/ha/khā、蒿 hau、户 khu/hu、乎 khū、花 khwā、昏 khum/hun、或 khwī/khu、火 khu、亥 khai

J（7）

即 zī/zi/za、节 zī、尽 zīn、几 gī/kī/gi、己 gi、吉 gi、津 zum

K（5）

科 kū/ku、克 k/ka/ga/g/ku/gū、堪 kam、苦 kū/ku、坤 km

L（12）

勒 la/ra/l/r、剌 rā/lā/la、里 l/rī/lī/li/ri、罗 rū/rau、鲁 rū/l/lū/li/rw/ra/ru、力 ri/li/ra、郎 lan/ran、列 lī/rī、蓝 ran/lam/ram、劳 rau/rū、路 lu/ru、林 rm

M（14）

默 ma/m/mm/mu、母 mu/mū/ma、妈 mā、木 mū/m/mu、米 mī/mi、马 mā、蛮 man、密 mi/mī、满 man/mam、卯 mau/mu、买 mai、抹 mū、灭 mī、敏 min

N（11）

纳 nā/ na、你 nī/ni/na/nu、奴 nū/nu/u、恁 nīm、乜 nī、奈 nay、南 nan/ nam、脑 naw、那 nū、乃 nai、眼 nī

P（8）

迫 pi/pa、僕 pu/pa、玐 pā、潘 pan/pin、撇 pī、拍 pai/pa、疲 pi/pī、批 pi

Q（3）

乞 ki、起 ki/k-i/ka、钦 kin

R（2）

日 jh/jhi/jha、惹 jhā

S（30）

撒 sā、思 s/ss/si/s、塞 sa/sai/su、苏 sū/shwa/sa、速 su/si/sa、嫂 saw/sau、桑 san、孙 sun、锁 sū、散 san、虽 zī/sī、随 si、遂 sa

石 sh/shi/shī/sha、舍 sha/shī/shi、沙 shā/sha、捨 sha、深 shm、朔 shū、什 shan、史 shī、失 sh、十 sh、拾 shi、鼠 shu、束 shu、赊 shī、山 shan、纱 shā、搠 chū

T（16）

忒 ti（词中）/t（词尾、词中）/ta（词首、词中、词尾）/tt、他 tā/ta/t-ā/、推 tī、脱 tū、团 tan、贪 tan/tam、土 tu/ti/ta/tū、梯 t-i/tī、體 tī/ti、秃 tu/tū、替 tī/t/ti、贴 tī、塔 dā/tā、汤 tan、吞 ta、挺 din

W（11）

五 ghu/u、兀 wu/'u、稳 ghun、渥 *ghū、斡 ghū/wa、握 u、洼 wā、我 wa、歪 way、湾 wan、往 wān

X（6）

西 sī、细 s、些 sī、洗 si/sī/s/sa/su、希 hī、血 hī

Y（9）

以 i/ī、尹 in（词首）/īn（词尾）/īm（词尾）、因 ym/n（词尾）/in/īn（词首）、遇 vī/yū/wiy、月 wī、呀 ya/yā、言 yan、夜 ya、衣 y/yī/yi

Z（19）

则 z/za/zu/zī、子 z/zi、簪 zan、咱 zā、祖 zū/za、昝 zan

知 j/ji/ja/ch、扎 jā、主 ja/ju/ji/ju、卓 jū、者 ja/ji、鲊 jā、止 ji/ja、只 ji、折 ja、展 jan、张 jān、注 ju、爪 jaw

以上是我们整理、归纳的对音汉字及其所对译的波斯音节。这项材料便于观察波汉对音的具体方法及所存在的问题，为下文的讨论打下了基础。

第三章 《回回馆杂字》对音方法及其存在的问题

第一节 波汉两种语言的语音差异

波斯语属于印欧语系伊朗语族语言，单词由字母拼写而成。其文字使用阿拉伯字母，并在阿拉伯字母的基础上又增加了4个波斯字母。辅音音素有22个，元音音素有8个（复元音算一个音素），其重音区别意义。汉语是汉藏语系语言，是表意文字，一个汉字就是一个音节，一个音节中包括有辅音音素和元音音素，声调区别意义。《回回馆杂字》对音汉字所反映的是近代汉语北方口语音。我们以《中原音韵》的语音系统作为参照来说明中古波斯语与元代汉语的语音差别。《中原音韵》有21个声母，19个韵部46个韵母，声调有平上去入四类[①]。下面我们从音素（元音、辅音）、音节等方面说明波汉两种语言的语音差异。

一、元音的差异

波斯语只有8个元音，元音分单元音和复元音，单元音分短元音和长元音。《中原音韵》主要元音有8个（ï、i、a、ɛ、e、u、o、ə），有二合元音和三合元音，韵母有46个，韵头有四种情况（-ø-、-i-、-u-、-iu-），舒声韵韵尾有6种情况（-ø、-i、-u、-n、-m、-ŋ）。汉语的韵母数量较多。

[①] 我们遵从《中原音韵》有入声的观点。

波斯语元音 [a ā i ī u ū au ai]，可以和辅音字母相拼，拼出相似的汉字音来。但是波斯语没有像汉语 [ŋ] 的辅音音素，所以，用来对音的 [-ŋ] 尾韵字所对译的音并不准确。反之，用波斯字母拼写 [-ŋ] 尾汉字音，在字母的选择上也存在诸多问题。永乐本《回回馆杂字》波斯文除了字母【ٱ】在词首表示短元音外，在词中一律没有短元音标识，在词尾除了用【ﻪ】标识短元音外，再没有其他标识。

二、辅音的差异

波斯语的辅音有 22 个音素，其中清辅音音有 8 个，浊辅音有 14 个；没有送气音与不送气音的对立。《中原音韵》声母包括零声母在内有 21 个，古全浊音已经清化，同一发音部位辅音有送气与不送气的区别。

表 3-1 《中原音韵》声母表①

	唇音	舌音	齿音	齿头音	牙喉音
不送气音	p	t	tʃ	ts	k
送气音	p'	t'	tʃ'	ts'	k'
鼻音	m	n			ŋ
擦音	f/v	ʃ		s	x
边音		l	ʒ		
					Ø

我们将《中原音韵》声母与波斯语辅音相同、相似之音表列于下：

表 3-2 汉语唇音声母与波斯辅音的对应关系

汉语	[p]	[p']	[m]	[f]	[v]
波斯语	b/p（清浊对立）		m	f	v

① 本表参考杨耐思（1981：24）、宁继福（1985：8）。

表 3-3　汉语舌头音与波斯辅音的对应关系

汉语	[t]	[tʻ]	[n]	[l]
波斯语	d/t（清浊对立）		n	l/r

表 3-4　汉语知庄章声母字与波斯辅音的对应关系

汉语	[tʃ]	[tʃʻ]	[ʃ]	[ʒ]
波斯语	j	ch	sh	jh
	清浊对立			

表 3-5　汉语齿头音与波斯辅音的对应关系

汉语	[ts]	[tsʻ]	[s]
波斯语	z		s

表 3-6　汉语牙音与波斯辅音的对应关系

汉语	[k]	[kʻ]	[x]
波斯语	g/q/k		h/kh

我们将《中原音韵》与声母波斯语辅音不同之音表列于下：

表 3-7　汉语 [ŋ- ∅-] 与波斯音的对应关系

汉语	[ŋ]	[∅]
波斯语	y/gh/ʻ/w/ a/ā/u	y/gh/ʻ/a/ā/i

波斯语 [p b m f v t d n l j ch sh jh k g h kh z s y] 等音，与汉语声母有相之处（但其发音部位发音方法并不完全相同）；波斯语有而汉语无的音是：ق [q]、ر [r]、غ [gh]、ع [ʻ]，对于后者，对音人采取与汉语大约近似之音予以对译。

三、音节的差异

音节是人们在听觉上自然感到的一个发音片段，是语音结构的最小单位。一般的音节都以元音为核心。以辅音作为音节核心的很少，且多半都是浊辅音①。在一般的音节里，元音处于核心地位，辅音在元音的前面或后面，依附于元音。由元音和辅音构成的音节共有以下四种基本类型：V、CV、VC、CVC。

汉语和大多数语言一样，具备音节的四种基本类型。波斯语的音节，有 V、CV、CVC、CVCC 等式，没有 CCV 式。永乐本《回回馆杂字》波斯语音节除了 V、CV、CVC、CVCC 等式以外，还有 VC、VCC 式。汉语和波斯语在音节上有同有异。

从一个音到另一个音，中间总要经历一个过渡阶段，也就是说，两个不同的音在联接起来的时候，必然要有一定的联接方式。这种联接方式被称之为"音联"或"音渡"（junctrure）。如果音联是在音节内部各音之间发生的，称之为"闭音联"；如果音联是在音节之间发生的，称之为"音节音联"或"开音联"。

对照汉字所对译的波斯音，有时一个汉字对译一个波斯语音节，有时一个汉字对译一个波斯音节中的一个音素，有时一个汉字对译波斯音节中的两个音素。这种对译上的对应关系，应当与"音联"有关系。如何分辨声音，这是"音联"在起作用。

音节音联实际上是音节的边界信号。汉语音节结构简单，每个

---

① 例如：北京话的 fu，实际上往往读成 [fʋ]；又如厦门话口语音"媒"[hm̩]、"光"[kŋ̍]，苏州话口语音"你"[n̩]、读书音"儿"[l̩]，大南山苗语 [pl̩]（夜猫）、英语 little[litl̩]（小），捷克语 krk [kr̩k]（颈）。语言里的应答词大都也是以鼻辅音作为音节核心的，如北京话"嗯"[n̩]、"呣"[m̩]、"噷"[hm̩]、"哼"[hŋ̍] 等等。以清辅音作为音节核心的非常少见，且多出现在表示情感的叹词中，如北京话用与 [ts] 同部位的吸气音"啧"表示称赞或不满，英语 psst[pst] 是提醒人注意。这样的结构在语言里出现的频率非常低。

音节又都有声调，音节的边界都非常清楚（林焘、王理嘉 2013：94~
97）。用一个汉字对译一个波斯语音节，还是对译波斯语一个音节中的
一个或两个音素，其结果由发音时音联的位置来决定。发音人音联的
位置不同，所用来对译的音选择的汉字的数量就不同。这个看法正确
与否，尚待就教于方家。

第二节　《回回馆杂字》波汉对音分析

一、波斯辅音所对应的汉字

我们将波斯语辅音音素分成以下几类来讨论，为方便观察，我们大
致按照汉语声母类别，并参照波斯语辅音音素对音汉字的情况来排序。

（一）[b p m f] 的音译问题

ب [b]

【ب】[b] 是双唇浊塞音。波斯语音素 [b] 所对应的音译汉字有 11 个：
巴、把、百、摆、钵、比、必、别、卜、邦、榜。其中"巴、把、百、
摆、钵、比、必、卜、邦、榜"是古帮母字。"别"是古并母字。没有
滂母字。

古帮母字是不送气清塞音，并母字是不送气全浊音。以古帮母字
对译波斯语双唇浊塞音 [b]，一清一浊，不是完全对应，取其近似而已。
以古并母字对译它，语音可以对应上。但是汉语北方官话自《中原音
韵》之后全浊音清化，"别"的读音其时读同古帮母。

پ [p]

【پ】[p] 是双唇清塞音。波斯语音素 [p] 所对应的音译汉字有 9 个：
豝、拍、迫、批、疕、撇、卜、僕、潘。其中帮母字是"卜、迫"，并
母字是"僕"。其他都是滂母字。

"䰀"字不见于《广韵》,《宋本玉篇》云"匹马切",《海篇》云"葩上声"。"匹、葩"皆《广韵》滂母字,故"䰀"亦滂母字。"痞"在《广韵》里有帮母和并母两读,考察《中原音韵》,"痞"隶齐微韵上声"痞"小韵,读与滂母字同。

以古帮母字对译波斯语的双唇清塞音,正好可以对应得上;以滂母字对译之,则有送气不送气之别:古滂母字送气,而波斯语的 [p] 不送气,故其对音是取其相似。"僕"是古并母入声字,《中原音韵》收在鱼模韵,与古滂母字排在一个小韵里。故上列 9 个对音字,都是近似比拟为之。

对比波斯语 [b] 与 [p] 的对音字,有一个共同的"卜"。"卜"对译波斯音 [b] 47 次,对译 [p] 1 次,可见汉字"卜"对译波斯音 [b] 是常态,对译 [p] 是偶然为之。对于"卜"对译 [p] 的问题,刘迎胜(2008)"校释"之第 634 条"چب(chab)(chap,正),左,赤卜"校释云:"此字波斯文'北图回杂本'与'北图回译本'均如此写[1],其词末尾辅音【پ】[p] 应有之三个音点缺失其二,写为【ب】[b]。此字今正字法写为چپ (chap)。汉字音译'东洋文库本'写为'扯卜'。'会同馆本'通用门序号第 1622 词'左,彻卜',即此。在波斯语中چپ(chap) 的今义同此。"北图本波斯文抄写者将波斯字母少抄了两个点,译音人据此【ب】[b] 对译的汉字为"卜";而其他版本的波斯文词尾辅音是 [p],对译汉字依旧是"卜"。另外,"僕"是并母入声韵字,其声母清化后当读同古帮母,不送气。

上文分析了波斯音 [b p] 所用的对音汉字的声母,可以看出,二者都使用帮母字、并母字。只不过对译 [b] 使用的帮母字多一些,143/150 次,占比 95.3%;对译 [p] 使用的帮母字少一些,13/37 次,占比

---

[1] "北图回杂本"与"北图回译本",分别指称北图本《回回馆杂字》、北图本《回回馆译语》。下同。

35.1%。

对译波斯 [p] 还使用了滂母字（6 个）。滂母是送气声母，而波斯音 [p] 并不送气。由此可知以滂母字对译波斯音 [p]，也是音近而已。

م [m]

【م】[m] 是双唇浊鼻音。波斯字母 م [m] 在词首位置的音译汉字有 14 个：妈、马、买、卯、默、抹、灭、母、木、米、密、蛮、满、敏。这些字都是古明母字。古明母字是双唇鼻音，次浊音。其音色与波斯语的 [m] 相同。

ف [f]

【ف】[f] 是唇齿清擦音，音译汉字有 6 个：法、夫、非、费、府、番①。这几个字在明代初年的音值都已经是 [f] 了，从发音部位、发音方法来看，波斯语的 [f] 音与汉语的 [f] 音是相同的。

（二）[d t n l r] 的音译问题

د [d]

【د】[d] 是齿间浊塞音，用来对音的汉字有 20 字：得、丹、打、底、搭、塔②、堵、的、都、迭、倒、多、钝、胆、刁、定、杜、敦、朵、挺。其中，端母字是：打、刁、的、底、堵、都、敦、倒、丹、多、朵、膽、得；透母字是：搭、塔；定母字是：迭、挺、定、杜、钝③。

波斯音辅音 [d] 是浊音，使用古端母字对译的次数 170/183 次，占比 92.3%。用定母字对译的次数为 7 次，透母字对译次数为 6 次。端母

---

① "番"有五切，作"附袁切"者，即"兽足为之番"，此字后来写作"蹯"，音同。另有"孚袁切"，义为数也，递也，滂元合三平山；番隅之"番"，普官切，滂桓合一平山；另有"博禾、补过"二切，前者义出自"《书》曰'番番良士'，《尔雅》曰'番番、矫矫，勇也'"，后者是簸扬之古字。《中原音韵》有两读，分别隶寒山韵（番小韵，非母）和歌戈韵（波小韵，帮母）。我们取"孚袁切"作为比较研究的材料。"夫"，有二切：防无切，语助；甫无切，丈夫。我们取"甫无切"作为研究材料。

② 教场，买塔恩，刘迎胜（2008）所附图片作"搭"；早，榜搭得，图片作"塔"。

③ 刘迎胜（2008）误作"纯"，今改。

是舌头不送气清塞音，用以对译波斯语的浊音 [d]，发音部位与发音方法皆有差异，故二者的对应关系也是近似而已。古定母其时已经清化，这里使用的都是仄声字，即不送气声母字，故其对音性质与端母同。透母是舌头送气清塞音，对音也是近似而已。

ت、ط [t]

【ت、ط】[t] 是齿间清塞音，用来对音的汉字有：忒、贪、他、土、梯、體、禿、替、贴、塔、汤、推、脱、吞、团。其中，只有 1 个定母字"团"，其他都是透母字，没有端母字。"团"字平声送气，其时已经读同透母。波斯语音素 [d] 和 [t] 一清一浊，其对音用字有共同的"塔"。"塔"对译 [d] 音 1 次，对译 [t] 音 1 次。

透母主要用来对译波斯语的 [t]，对译次数 210 次，占比 99.5%。二者发音部位不同，发音方法不同，近似而已。

ن [n]

【ن】[n] 是后腭浊鼻音。在词首位置的 [n] 所对应的汉字有：纳、那、乃、奈、你、奴、乜、南、脑、恁、眼[1]。其中"眼"是疑母字，这里用来对译 [n] 辅音，说明译音人口音中的疑母字有念作 [n] 声的情况。其他对音汉字都是古泥母字。古泥母的发音部位是舌头鼻音，次浊音，与波斯语的发音部位不同，音色不同，但是语音接近，故可以对音。

ل [l]

波斯语【ل】[l] 是前腭浊边音，在词首位置上的对音汉字有 10 个：勒、剌、鲁、里、力、列、蓝、郎、路、儿。这些都是古来母字，对音总次数是 91 次。

ر [r]

波斯语【ر】[r] 是前腭浊颤音，其在音节之首的位置上的对音汉字

---

① 刘迎胜（2008）校释作 ينگه (yanga)。

有 12 个：勒、剌、里、罗、鲁、力、郎、列、蓝、劳、路、林。这些也都是古来母字，对音总次数是 127 次。

（三）[j ch sh jh] 的音译问题

چ[j]

波斯语【چ】[j] 是前腭浊塞擦音，对音汉字有 13 个：知、扎、主、卓、者、鲊、止、只、折、展、张、注、爪。其中中古知母字 4 个：知、张、展、卓，对音总次数是 25 次；庄母字 3 个，扎、爪、鲊，对音总次数是 9 次；章母字有 6 个：只、止、主、注、折、者，对音总次数是 16 次。

چ[ch]

波斯语【چ】[ch] 是前腭清塞擦音，对音汉字有 9 个：彻、赤、搠、初、叉、展、茶、扯、知。

对音用字中彻母字 1 个：彻，对音 9 次；初母字 2 个：初、叉，对音 4 次；昌母字 2 个：赤、扯，对音 9 次；知母字 2 个：知、展，对音 2 次；生母字 1 个：搠，对音 3 次。澄母字 1 个：茶。关于"知、展、搠"和"茶"，我们需要讨论一下。

"知"用来对音的次数是 18 次，其中 17 次用来对译【چ】[j]，1 次对译【چ】[ch]。考察刘迎胜（2008）"校释"部分"کور，迁更，科知"（通用门）所附的图片，其波斯文的字母是【چ】而不是【چ】。对照北图本《回回馆杂字》、胡振华、胡军《回回馆译语》，都是【چ】而不是【چ】，可见是刘迎胜（2008）抄录的问题。

"展"，刘迎胜（2008）"校释"部分"جنكال，爪，展噶勒"下云："此字波斯文诸本皆写为جنكال（jankāl），其起首辅音【چ】[ch] 之下应有之三个音点缺失其二，写为【چ】[j]，且其词中辅音【گ】[g] 写为【ک】[k]。其正确写法为چنگال（changāl）。此字在波斯语中指兽禽的爪、手指、钩叉。"若依照译音人的写法，将写错的单词对译相应的汉字音，则"展"应该对译的是【چ】而不是【چ】。由此我们推想，译音人的波斯文水平不高，书写过程中常常缺失字母上的音点，因而造成写错单词的问题；写错波斯文又不自悟，又错误地对译为相应的汉字，因而造成了用"展"字对译【ﭺ】[ch]之类的问题。从译音人的角度，直观上，用"展"来对译【ﭺ】[j]没有问题；从我们研究波汉对音的角度看，也没有问题。然而从正字法的角度，单词是写错了。关于此类问题，刘迎胜（2008）"校释"部分都予以了校正。

搠，不见于《广韵》。《集韵》朔小韵收"搠"字，色角切。《类篇》所角切，《五音集韵》朔小韵收"搠"字，所角切。《中原音韵》萧豪部"入作上"收"搠"。"搠"与"戳"是同一小韵。宁继福《中原音韵表稿》（1985：95）构拟其声母的音值为[tʂʻ]，杨耐思《中原音韵音系》（1981：138）构拟其声母的音值为[tʃʻ]，总之二者同音，其声母的音色与波斯语的[ch]接近。《正字通》云"俗字"，其词义有刺、戳、插等义。

"饮食门"之"ﭺ，茶，本音"（刘迎胜2008"校释"编号554），此处"本音"二字，是说"ﭺ"是"茶"的本来读法，这与其他词条的音译汉字不是同一性质。"茶"既代表义，又代表音。而波斯文"ﭺ"是"茶"的波斯文拼写形式。"茶"，《广韵》宅加切，澄麻开二平假，其时声母应当读同古彻母。

ش [sh]

波斯语的【ش】[sh]音是前腭清舌面擦音，对音汉字有13个：石、舍、沙、捨、深、朔、山、史、鼠、束、赊、苏、思。其中书母字：束、鼠、深、捨、舍、赊；生母字：史、山、沙、朔；禅母字：石；心母字：苏、思。

考察《回回馆杂字》"苏"字的使用频次8共次，7次对译[s]，1次对译[sh]；用"思"对译ش[sh]仅1次，存疑。

ژ [jh]

波斯语【ژ】[jh]是前腭浊舌面擦音，对音汉字有2个：惹、热。只有5次对音。"日、惹"皆古日母字。

（四）[s z]

波斯语【ص、ٹ、س】[s] 是齿间清噝音，是一音多形的音素，与之对音的汉字有 17 个：思、塞、洗、撒、苏、速、嫂、桑、孙、散、锁、西、细、些、虽、随、遂。其中"遂、随"是邪母字，其他都是心母字。"撒"，不见于《广韵》，隶《集韵》薩小韵，桑葛切，心曷开一入山；《中原音韵》心母家麻韵入作上。"思"和"苏"也是【ش】[sh] 的对音汉字。

波斯语【ظ、ض、ز、ذ】[z] 是齿间浊噝音，也是一音多形的音素，与之对音的汉字有 11 个：则、子、即、簪、咎、咱、节、尽、祖、虽、津。除了"簪"（庄母）、"虽"（心母）、"尽"（从母）外，其他都是精母字。

心母字"虽"即用来对译 [s]，又用来对译 [z]，各 1 次。

（五）[g k q h kh]

گ [g]

波斯语【گ】[g] 是后腭浊塞音，用来对音的汉字有 15 个：革、古、噶、锅、敢、稿、姑、高、故、果、克、科、己、吉、几。除了"科、克"是溪母字外，其他都是见母字[①]。"己、吉、几"都是见母止摄开口字。"噶"，《康熙字典》云"《字汇补》古渴切，音葛"，见曷开一入山，是元明清时期用来音译蒙藏等语言的音译字，音 gá。"稿"，《广韵》无此字，有"槀"字，义为禾秆，又槀本、草创之本；又古老切，见豪开一上效。《集韵》豪韵高小韵收"稿"字，义为禾秆，居劳切，见豪开一平效。《字汇》将"稿"收在槀小韵，古老切。

ک [k]

波斯语【ک】[k] 是后腭清塞音，用来对音的汉字有 10 个：克、科、

---

① 用溪母"克"对译 [g] 音，都是波斯单词写错而又经刘迎胜运用正字法校勘过的。若依照原本波斯文的写法考察其所选用的对音汉字，则确应对应溪母字。在下文研究声母的部分我们将此类例证剔除。

堪、苦、坤、噶、乞、起、钦、期。除了"噶"是见母字，其他都是溪母字。

ق[q]

波斯语【ق】[q] 是小舌清塞音，用来对音的汉字有 7 个：革、噶、古、姑、改、高、故，都是见母字。

对译【گ】[g] 与【ک】[k] 的汉字有相同的用字情况：克、科、革、噶。"克"对译【گ】[g] 12 次，对译【ک】[k] 50 次；"科"对译【گ】[g] 1 次，对译【ک】[k] 11 次；"革"，对译【گ】[g] 12 次，对译【ک】[k] 3 次。对译【ک】[k] 3 次的"革"，有 2 次的情况是使用刘迎胜校正过的波斯文字形及其转写形式，如果就原文本的波斯文写法（将错就错），则是以"革"对 [g]。

同样，چکونه（chikūna），怎生，初科纳。按，此字波斯文按正字法应写为چگونه（chigūna）；"北图回杂本"词中辅音【گ】[g] 写为【ک】[k]；"东洋文库本、北图回译本"等则写为جکونه（jikūna），除将词中辅音گ[g] 写为ک[k] 以外，其起首辅音【چ】[ch] 之下应有之三个音点缺失其二，写为【ج】[j]。在波斯语中چگونه（chigūna）意为"什么、哪个、怎样、是否"。若依照正字法，把单词写正确，则"科"对译 [g]；若将错就错，则"科"对译 [k]。

【گ】[g] 与【ک】[k] 两个字母比较容易写错，所以出的问题比较多。刘迎胜对于【گ】[g] 与【ک】[k] 两个字母的校正用力甚多。此类例需要重新考察。

另外，"噶"，对译گ[g] 6 次，对译ک[k] 11 次。

对译گ[g] 与ق[q] 的汉字有相同用字的情况："革"，对译گ[g] 12 次，对译ق[q] 38 次；"古"，对译گ[g] 7 次，对译ق[q] 3 次；"噶"，对译گ[g] 6 次，对译ق[q] 7 次。另外还有"姑、故、高"，对译二者的次数相同。

ح、ه [h]

波斯语 [h] 一音多形，有【ح、ه】两个字母，是喉音清摩擦音。【ح】字母对音汉字有：黑、哈、罕、虎、蒿。

其中"户"是匣母字，其他都是晓母字。"哈"，《广韵》嗑小韵，五合切，鱼多貌，疑合开一入咸;《集韵》合韵里"哈"有四读：1.合小韵曷阁切，食也；2.欱小韵呼合切，《说文》"欱，歠也，或从口"。3.阖小韵葛合切，食也；4.噏小韵鄂合切，鱼口貌。依照《集韵》，"哈"是"欱"的异体字。"欱"，《广韵》呼合、呼洽二切，晓母。"罕"，《广韵》呼旱切，《集韵》许旱切，字形皆作"罜"，《中原音韵》字形作"罕"。

波斯字母【ه】[h] 字母在词首、词中的写法是【ه】，在词尾时的写法是【ه】。对音汉字有：罕、血、哈、黑、虎、希、户。

波斯字母【ه】[h] 在词尾时，有时候是元音字母，有时候是辅音字母。当【ه】在词尾发 [e] 音时，可与前面的辅音拼读，构成音节，这时【ه】是元音字母；在词尾发 [h] 音时，是辅音字母。

《回回馆杂字》波斯文单词中词尾【ه】[h] 的对音汉字有：纳、得、忒、勒、百、夜、斡、法、克、儿（نقره，银，奴革儿）。刘迎胜将在词尾发元音的【ه】字母一律转写为 [a]。在词尾发 [h] 音的【ه】字母，对音的汉字只有"黑"。

خ [kh]

波斯语 خ [kh] 是喉音浊摩擦音，对音汉字有 11 个：黑、哈、乎、虎、户、花、罕、昏、或、火、亥。其中晓母字是：虎、花、昏、火、黑、哈、罕；匣母字是：乎、户、亥、或。

对译【ح、ه】[h] 与【خ】[kh] 的汉字有交互的情况：黑、哈、罕、虎、户。

【ح、خ】二字母也常有在书写中混淆上加音点的问题。刘迎胜已经校出。

（六）[gh ' y w v]

غ [gh]

波斯语【غ】[gh] 是小舌浊塞音，对音汉字有 10 个：额、阿、安、五、昂、俺、矮、稳、渥、斡。其中影母字是：安、俺、稳、渥、斡、矮、阿；疑母字是：额、昂、五。

这里需要说明一下：【ق、غ】是小舌塞音，李湘（1991：37）将【ق、غ】转写为 [gh]，刘士嘉、赵小玲（2017：3）转写为 [q]，刘迎胜（2008：26）则分别转写：【ق】[q]、【غ】[gh]。明代对译【ق、غ】两个字母的汉字音并不相同：对译【ق】字母的汉字都是见母字，这些字在现代汉语普通话里读舌根清不送气音 [k]；对译غ字母的汉字有影母字、疑母字，这些字在现代汉语普通话里读零声母，由此我们采用刘迎胜的转写。

ع [']

波斯语【ع】['] 是个有形无音的辅音字母，当它与元音相拼时有三种情况：①在词首时，不发音，也不影响与它拼读的元音音素；②在词中时，与元音相拼则不影响元音音素，不与元音拼读则要屏一下气，与结尾的元音 [e] 相拼，则不起任何作用；③在词尾，不与元音拼读时，则要屏一下气。在《回回馆杂字》中，【ع】['] 的对音汉字有 4 个：额、阿、俺、兀。其中影母字是"阿、俺"，疑母字是"额、兀"。

【غ、ع】二字母，永乐本《回回馆杂字》常有混淆上加音点的问题，刘书都一一予以校正。

ى [y]

波斯字母【ى】[y] 既是元音字母，又是辅音字母。作为辅音其性质是中腭音，浊音，发 [y]，用来对音的汉字有 5 个：呀、言、夜、衣、迁。其中疑母字是：呀、言；以母字是：夜；影母字是：衣、因。"迁"所对译的音是辅音【ى】与元音【و】拼读的音，对音仅 1 次：يوز (yūz)，豹，迁子。

另外，会同馆本"鸟兽门"序号 201"豹，郁子"，拟为يوز (yūz)；

会同馆本"鸟兽门"序号 256 之"金钱豹，郁子法儿"，拟为 یوز فر (yūz-far)[1]。对音汉字写作"郁"所对译的是辅音【ی】与元音【و】拼读的音，与上文的"迁"相同。

و[w]([v])

波斯字母【و】既是元音字母，又是辅音字母。其作为辅音是唇齿浊擦音，刘迎胜（2008）的拉丁转写有两种，即 [v] 和 [w]。

转写为 [v] 的音译字是只有"迁（vī）"，只出现 1 次，用来对译辅音【و】与元音【ی】拼读的音。转写为 [w] 的音译字是：洼（wā）、往（wān）、湾（wan）、我（wa）、歪（way）、斡（wa）、月（wī）、微（wī）。其中"洼、斡、湾"是影母字，"月、我"是疑母字；"微"是微母字，"歪（鬞）"是晓母字，"往"是云母字。

关于"微"，四夷馆本对音汉字中无此字：نویسنده，吏，你伞得（nawīsanda 或 nuwīsanda），但是波斯文有辅音【و】与元音【ی】拼读的情况，刘迎胜依照袁氏本"人物门"之"吏，匿微散得"予以校正补出。"微"对译 [wī]。

辅音【و】与元音【ی】拼读的音，在刘迎胜的著作中有不同的转写方式，兹全部抄录于下：① آفت سماوی，水灾，阿法梯. 塞妈迁（āfat-i samāvī）；② قوی，强，改迁（qawiy）；③ آویختن，挂，阿月黑贪（āwīkhtan 或 āwekhtan）；④ بادویزن，扇，巴得月簪（bād-wīzan），⑤ وی，他，歪（way）；⑥ نویسنده吏，你（微）伞得（nawīsanda 或 nuwīsanda）。

这几例都是用辅音【و】与元音【ی】拼读的音，对译的汉字有"迁、月、歪、微"等，此四字的中古声母也都不相同。

二、波斯元音所对应的汉字

波斯语元音分为单元音和复元音，单元音分长元音和短元音。长

---

① 此处"郁"，原本误作"都"，本书据本田实信（1963）、刘迎胜（2008）校改。

元音分别用字母【ا、ى、و】表示。复元音 [ey] 用字母【ى】表示，[aw] 用字母【و】表示。波斯语短元音有短音符号标识，但在书写时，一般不写出短音符号，具体念哪一个，要靠语感去判断。本节我们所关注的是有明确标识的元音字母及其所对应的汉字，无标示的短元音所对应的汉字只是作为参考列在相应段落下面。

元音的转写，我们比较了李湘《波斯语基础教程》，刘士嘉、赵小玲《波斯语基础教程》以及刘迎胜为《回回馆杂字》波斯文所作的拉丁字母转写，发现三家皆有不同之处。

表 3-8　三家元音转写比较表

	单元音			长元音			复元音	
李湘	a	e	o	ā	ee	oo	ey	ow
刘士嘉	a	e	o	a:	i:	u:	ey	ow
刘迎胜	a	i	u	ā	ī	ū	ai/ay	au/aw/āw

说明：

1. 刘迎胜（2008）波斯文与阿拉伯文的转写基本按照斯坦因嘎斯《波英字典》的转写体系，但也做了一些变通。

2. 齐齿短元音绝大多数转写为 [i]，转写为 [e] 的只有 2 例：①آویختن，挂，阿月黑贪，转写形式有二：āwīkhtan 或 āwekhtan；②ولیکن，然，我列钦，转写形式为 wa-līkin，并标明"读作 wa-lekin"，故我们认为刘迎胜齐齿短元音的转写是 [i]。

3. 合口短元音通常转写为 [u]，但是一个音节内当字母【و】介于辅音和元音之间时，就被转写为 [w]。全书共有 6 处的转写如此：①خواستن讨，花思贪，转写形式：khwāstan；②خویش，亲，或石，转写形式 khwīsh；③خواندن，读，花恩丹，转写形式为 khwāndan；④خواب دیدن，梦，花卜底丹，khwāb-dīdan；⑤خودمراد，自由，或得母剌得，转写形式为 khwud-murad；⑥مشورت，商议，母苏勒忒，mashwarat。

【ی】表示复元音时，刘迎胜（2008）转写为 [ai]。该书称 "【ی】(ye)在表示辅音时，转写为 y；在表示短元音时，转写为 i；在表示长元音时，转写为 ī；而在表示双元音时，则转写为 ai 或 ei"，明确表明有 [ei]这种转写形式。但是考察刘迎胜（2008）"校释"部分，没有转写形式为 [ei] 和 [ey] 的例子，但是有 [ay]，故我们于上表中补出。

【و】表示复元音时，刘迎胜（2008）转写为 [aw āw] 或 [au]。但是 [āw au] 不见于该书 "波斯文–拉丁字转写对照表"，也不见于该书 "转写体系" 介绍性文字——"و (vāv) 在表示辅音时，转写为 v；在表示短元音时，转写为 u；在表示长元音时，转写为 ū；而在表示双元音时，则转写为 aw"。我们根据刘书的转写情况予以补出。

（一）单元音的对音字

1. [a]/ [ā]

[a]

波斯语的短元音 [a] 在词首写成【ا】，在词中没有字母标示，在词尾时用字母【ه】标示。对比《回回馆杂字》的波斯文，其短元音 [a] 有三种情况，一种是用【ا】在词首表示，一种是在词中无标记表示，另一种是在词尾的字母【ه】代表元音时表示。字母【ه】代表元音时，李湘转写为 [e]，刘迎胜转写为 [a][①]。

字母【ا】在词首表示 [a] 的对音汉字有 "阿、俺" 二字。

词尾字母【ه】表示元音 [a]/[e] 有 96 次，对音汉字有 18 个：纳、勒、得、则、彻、舍、默、法、忒、百、革、夜、克、斡、塞、赤、些、儿。

[a] 在词中由于没有字母表示，借助刘迎胜的转写与音译汉字相比

---

① 波斯字母ه [h] 在词尾时，有时候是元音字母，有时候是辅音字母。当ه在词尾发 [e] 音时，可与前面的辅音拼读，构成音节，这时ه是元音字母；在词尾发 [h] 音时，是辅音字母。刘迎胜将词尾表示元音的ه字母转写为 [a]，李湘转写为 [e]。本书沿袭刘迎胜的转写。

照，我们仅统计了"天文门、地理门、时令门、人物门、人事门"就有以下字例：阿、俺、巴、百、卜、叉、扯、丹、得、额、法、革、哈、罕、黑、堪、克、剌、勒、罗、蛮、满、默、母、纳、南、你、潘、迫、僕、起、塞、伞、桑、山、舍、捨、遂、贪、忒、湾、我、斡、言、夜、簪、则、展、折、者、主、祖。

[ā]

字母【ا】在词首出现表示 [ā] 的对音汉字有：阿、昂；在词中出现表示元音的对音汉字：剌（仅见于قرآن (qur'ān)，经，古剌恩）。

字母【ا】在词中和词尾，表示长元音 [ā]。对音汉字有：阿、俺、𧿹、昂、巴、把、邦、榜、叉、茶、搭、打、法、噶、高、稿、哈、罕、花、剌、妈、马、纳、惹、撒、沙、纱、他、塔、洼、往、呀、咱、扎、鲊、张。

2. [i]/[ī]

[i]

《回回馆杂字》波斯文中，[i] 一种是用字母【ا】在词首表示，一种是在词中无标记表示。

在词首的对音汉字有：尹、以、因。

短元音 [i] 在词中无字母标示，其所对应的汉字有：比、卜、赤、初、得、的、堵、额、儿、法、非、费、府、革、黑、吉、即、几、己、力、克、里、力、鲁、米、密、敏、你、潘、痦、迫、乞、起、钦、日、舍、捨、石、思、随、忒、體、洗、衣、知、止、只、子。

[ī]

在词首出现字母【ا】后跟【ى】时，表示 [ī]，对音汉字：以。

字母【ى】表示单元音时，在词中、词尾代表长元音 [ī]，对音汉字有：比、必、别、赤、底、迭、法、非、革、黑、或、即、几、尽、里、列、米、密、乜、灭、你、撒、恁、赊、舍、石、史、虽、梯、體、贴、推、西、希、洗、些、血、呀、以、因、尹、迁、月、则。

3. [u]/ [ū]

[u]

字母【ٱ】在词首表示短元音 [u] 时的对音汉字只有"五"。

短元音 [u] 在词中没有字母标示。无标示 [u] 的对音汉字有：百、卜、堵、杜、多、朵、儿、非、府、革、姑、古、故、虎、户、昏、或、津、科、克、苦、鲁、路、卯、默、母、木、奴、僕、塞、鼠、束、孙、土、稳、五、兀、则、主。

[ū]

字母【و】表示单元音时，在词中和词尾代表 [ū]。其所对音的汉字有：钵、卜、初、都、夫、府、姑、锅、果、乎、火、科、苦、鲁、罗、抹、母、木、奴、朔、搠、苏、锁、秃、土、脱、渥、斡、迁、卓、祖、那。

波斯文无标记的短元音具有不确定性，试看下面波斯文的转写：① آسمان（āsmān 或 āsimān），天，阿思马恩；② بیابان（biyābān 或 bayābān），野，比呀巴恩；③ جهان（jahān 或 jihān），世，者哈恩；④ تبت（tubbat 或 tibbat），西番，土百忒；⑤ زمستان（zamistān 或 zimistān），冬，即米思他恩；⑥ فسردن（fisurdan 或 fusurdan），冻，非洗儿丹；⑦ پنج عناصر（panj'anāsur 或 panj'anāsir），五行，潘知.额纳速儿；⑧ پدر（padar 或 pidar），父，迫得儿；⑨ دادر（dādar 或 dādir），兄，打得儿；⑩ دبیر（dabīr 或 dibīr），秀士，得比儿；⑪ مملکت（mamlukat 或 mamlakat），国，满剌克忒；⑫ سخن（sukhun 或 sukhan），言，塞昏；⑬ درفش（dirafsh），锥，堵鲁夫石；⑭ فستقی（fustaqī），柳青，非思忒革；⑮ جفت（juft 或 jift），双，主夫忒；⑯ تنک（tunuk 或 tanuk），薄，土努克；⑰ کتف（kitf 或 katif），肩，克替夫；⑱ کاغذ（kāghaz 或 kāghiz），纸，噶额子；⑲ دراز（darāz 或 dirāz），长，得剌子；⑳ نویسنده（nawīsanda 或 nuwīsanda），吏，你（微）伞得。以上是刘迎胜波斯文转写两者皆可的例子，从中可以看出，由于单词中没有短元音的标记，转写中存在着

不确定的因素。

（二）复元音的对音字

李湘《波斯语基础教程》将复元音转写为 [ow] 和 [ey]，刘迎胜的转写形式有 [au aw āw] 和 [ai ay]。

[au aw āw]

[aw] 的对音汉字：嫂、爪、高（效摄）。

[au] 的对音汉字：嫂、蒿、卯、劳、稿、倒（效摄）；罗（果摄）。

[āw] 的对音汉字：稿、高（效摄）。

[ai ay]

[ai] 的对音汉字：摆、买、乃、亥、矮（蟹摄）；拍（梗摄）。

[ay] 的对音汉字：歪、奈（蟹摄）；拍（梗摄）。

三、汉语阳声韵字所对译的波斯音

波斯文有字母【ن】[n] 和【م】[m]，在与其前面的元音拼读时，便形成了如下的音：[an ān in īn un ūn] 和 [am ām im īm um ūm]，考察这些音的对音汉字，有助于我们研究明初汉语韵尾的一些特征。除此以外，还有一些特殊的对音方式，详下。

汉语的阳声韵，韵尾有 [-n -m -ŋ] 三种。我们考察对音汉字中的阳声韵字，分析其所对译的波斯音的情况。

1.[an ān] 和 [am ām] 的对音汉字

[an] 的对音汉字：展、言、湾、团、山、散、伞、潘、满、蛮、罕、番、丹、安、眼（山摄）；簪、贪、南、蓝、敢、膽、俺（咸摄）；汤、桑、郎、昂（宕摄）。

[ān] 的对音汉字：罕（山摄）；张、往、邦、昂（宕摄）。

[am] 的对音汉字：罕、满（山摄）；俺、堪、蓝、南、贪（咸摄）。

[ām] 的对音汉字：昂（宕摄）；榜（梗摄）。

2. [in īn] 和 [im īm] 的对音汉字

[in] 的对音汉字：尹、因、敏（臻摄）；钦（深摄）；定、挺（梗摄）；潘（山摄）。

[īn] 的对音汉字：尹、因、尽（臻摄）。

[im] 的对音汉字：林（深摄）。

[īm] 的对音汉字：恁（深摄）；尹（臻摄）。

3. [un] 和 [um] 的对音汉字

[un] 的对音汉字：稳、孙、昏（臻摄）。

[um] 的对音汉字：敦、昏、津（臻摄）。

4. 特殊对音字

（1）"恩"的对音

用臻摄一等痕韵字"恩"对译波斯单词末尾音 [n] 和 [m]，其前都紧接着长元音 [ā] 或 [ū]。共有 105 次。例如：شبان（shubān），牧羊，鼠巴恩；امان（amān），太平，阿妈恩；قرآن（qur'ān），经，古剌恩。

用"恩"对译波斯单词末尾音 [m]，其前都紧接着长元音 [ā] 或 [ū]。共有 8 次。例如：كدام（kudām），谁，革搭恩；خام（khām），生（~熟），哈恩；حلقوم（hulqūm），咽喉，虎鲁姑恩。

（2）"尹"的对音

用臻摄合口三等字"尹"对译波斯语的 [in īn im īm] 音。例如：انعام（in'am），恩，尹阿恩；انجلا（injlā/injla'），复圆，尹知剌；رنگین（rangīn），浓，郎几尹；پیشین（pīshīn），末，撇石尹；حکیم（hakīm），贤，黑期尹；تغریم（taghrīm），罚，忒额里尹；تقدیم（taqdīm），进贡，忒革底尹。

（3）"因"的对音

用臻摄开口三等字"因"对译波斯音 [in]/[im]。例如：انسانیت（insāniyat），仁，因撒你夜忒；باد صایم（bād-i sāym），朔风，巴得.撒因；توین（tūwīn），僧，脱因。

（4）"以"的对音

用"以"对译词首短元音 [i]：

اجتماع（ijtimā'），朔，以知體妈额；استقبال（istiqbāl），望，以思體
革巴勒；استوا（istiwā），午，以思體洼；اقبال（iqbāl），兴，以革巴勒；
ادبار（idbār），败，以得巴儿；اختيار（ikhtiyār），选择，以黑體呀儿。

四、对音用入声韵字的分布情况

中古入声字所对译之波斯音有长元音和短元音，一律无韵尾标记。
对音所用古入声字在十六摄中的分布情况如下。

[-p] 尾字

咸摄：塔、搭、纳、法、哈、贴。

深摄：什、拾、十。

[-t] 尾字

山摄：刺、噶、咱、撒、扎、别、钵、彻、迭、斡、血、抹、折、
列、灭、撒、月、节。

臻摄：必、失、吉、日、乞、密、兀。

[-k] 尾字

通摄：卜、握、渥、书、木、僕、速、秃、束。

梗摄：百、赤、的、革、额、拍、迫、石。

曾摄：得、克、黑、勒、默、忒、则、力、或、即。

江摄：朔、搠、卓。

按，对音汉字中无宕摄入声字。

上文我们归纳、分析了《回回馆杂字》汉字对译波斯音的具体情
况，并且列出了波汉对音中的入声字。这些语言材料的整理为我们下
文研究明代初年汉语的声母、韵母特点打下了基础。

第三节　波汉对音的方法及所存在的问题

　　音译是通过记录外来词的语音形式从而达到借用或引入外来词目的一种方式。"对音"又叫"译音、音译",这几个提法用在不同的场合,分别表示动词意义和名词意义,都是表示拿甲语言的语音去对译乙语言的语音的方法。对音的方法,通常是音节对音节,也有合并音节后进行对音的。赵元任《论翻译中信、达、雅的信的幅度》(1969/2002)对于音译的解释是:"平常一个语言甲借语言乙的一个词就是取乙的某词改用甲的音系里的可能的音当一个新词来用。"《回回馆杂字》音译词的特点是:(1)处于译音组合中的每一个汉字只是充当一个辅音和元音拼读而成的音节(不计声调),每个汉字都不独立表示意义;(2)每个汉字都只作为音节符号使用,与组合中的其他汉字没有任何语义关系;(3)一个组合中的几个(有时是一个)汉字,都只是用来共同对译波斯语的语音形式,与波斯单词的意义无关①。

　　汉字属于表意体系,是形音义三结合的文字,每一个字都有其特定的声音和意义。汉语的语素以音节作为基本形式单位,汉语中绝大多数最小音义结合体在语音形式上表现为一个音节,而一个音节的表现形式就是一个汉字。从汉字记录汉语语言成分之一的语音形式来看,汉字与音节对应。因此,用汉字音译外来词时,实际上就是以一个个纯粹的音节符号切分外来语的语音,这就使得汉语的音译词总是以音节作为最小的语音形式。

---

① 《回回馆杂字》"饮食门"第554号词条"چا,茶,本音"是例外,波斯语"茶"是借自汉语的词,用波斯字母拼写其音。

一、对音方法

永乐本《回回馆杂字》波斯语的音节，有 V、CV、CVC、CVCC、VC、VCC 等式。而汉语的音节是 CVC 式，该式有 CV、VC、V 三种变式。波汉对音的方法主要是音节对音节，即一个波斯音节用一个汉字来对译，一个汉字就是一个音节。但在 VC、CVC、CVCC 式的音节中，处于音节末尾的辅音音素往往用一个汉字来对译，表现为一个波斯字母所代表的音素用一个汉字来对译（我们简称之为音素对音节）。

（一）音节对音节

波斯 V、CV 式音节，对音的方法都是音节对音节，即一个波斯音节用一个汉字来对译，CVC 式音节有时用音节对音节的方法对译。下面举例分析。

① آلو（ālū），李，阿鲁。这个单词由 V 式和 CV 式两个音节组成，第一个音节只有一个元音 [ā]，用影母歌韵字"阿"（隶《中原音韵》歌戈部）来对译；依照辅音和元音拼读而成的音，第二个音节用"鲁"对译。CV 式音节通常都是直接将辅音和元音拼读而成的音取一个相似的汉字音来对译，例如：قلمه（qalima），楼，革里默。这个单词由三个音节构成，每个音节都是 CV 式。此三个波斯音节的辅音与元音拼读而成的 [qa li ma]，与汉字"革、里、默"的音相近，故用来对译。再如：كومه（kūma），酱，科默。对译方法与上面两个例子相同，不再赘述。

② غنچه（ghuncha），蕾，稳彻。这个单词由 CVC、CV 两个形式的音节构成，其中 CVC 音节的对音方式是音节对音节，即：以汉字"稳"对译波斯音节 [ghun]，语音近似。同样的例证如：گندم（gandum），麦，敢墩。该单词两个音节都是 CVC 式，"敢"对译 [gan]，"墩"对译 [dum]，语音近似。再如：بادنجان（bādinjān），茄，把挺扎恩。这是个三音节单词。三个音节的构成形式分别是 CV、CVC、CVC。其中第二个音节，

用"挺"对译 [din]，取其近似而已；而第三个音节，用"扎"对译其辅音和元音拼出的音 [jā]，用"恩"对译元音后的辅音音素 [n]，语音近似。这不再是音节对音节，而是一个汉语的音节对译了波斯语的一个或两个音素。

（二）音素对音节

有两种情况：

1. 在 CVC、CVCC 两种波斯音节形式中，元音前的辅音往往与元音直接拼读成一个音，而其他辅音则单独成音。为了称说方便，我们把 CVC、CVCC 音节及其变式 VCC 音节中的辅音按照其与元音位置关系分为 C_1、C_2、C_3。C_1 指元音前的辅音，C_2 指紧接着元音的辅音，C_3 指最后一个辅音。

CVC 音节的对音方法有两种：一是 C_1V 拼成的音用一个汉字对译，C_2 单独用一个汉字对译；一是 CVC 直接用一个汉字来对译。后一种方法是音节对音节，而前一种方法是音素对音节。

CVCC 音节的对音方法有三种：一是 C_1V 拼成的音用一个汉字对译，C_2、C_3 分别用一个汉字对译；二是 C_1VC_2 拼成的音用一个汉字对译，而 C_3 单独用一个汉字对译；三是 C_1V 拼读而成的音用一个汉字去对译，C_2、C_3 拼读的音用一个汉字去对译。下面举例分析。

①اگز（agaz），钩，阿革子。这个单词由 V 式和 CVC 式两个音节构成。第二个音节共三个音素，其中 C_1+V 拼读为 [ga]，用见母字"革"来对译，C_2 则直接用"子"来对译。گردون（gardūn），车，革儿都恩，"都"对译 [dū]，"恩"对译 [n]，其中 C_1V 拼成的音用一个汉字对译，C_2 单独用一个汉字对译。

②دزد（duzd），盗贼，杜子得。该单词由一个 CVCC 式音节构成，C_1+V 拼读成 [du]，用已经清化了的定母姥韵字"杜"来对译，而 C_2[z]、C_3[d] 两个辅音音素分别用汉字"子、得"对译。与此相同的如：زلف（zulf），鬓，则勒夫；گوشت（gūsht），肉，锅石忒；چغز（chaghz），

蛤蟆，彻额子。这三个单词都是单音节词，其音节是 CVCC 式，其 C_2 与 C_3 都是用一个汉字来对译一个波斯音素（音素对音节）。

③سنب（sunb），蹄，孙卜。这个单词由一个 CVCC 式音节构成。前三个音素拼读成 [sun]，用"孙"来对译，第四个音素 [b] 单独成音，用"卜"对译。又如：بلند（puland），高，百郎得。这是个双音节单词，音节形式分别是 CV 和 CVCC 式。其 CVCC 式中，前三个音素拼读成 [lan] 这个音，用"郎"来对译，而处于 C_3 位置的音素 [d] 用一个汉字来对译。

受波斯语 CVCC 音节特点的影响，在用波斯文拼写汉语的 [-ŋ] 韵尾字时，往往用到这种对音方法——C_1VC_2 拼成一个音，而 C_3 单独成音。波斯文的 [sank bank lank] 之类的音节，用汉字去对译时，一般是前三个音素拼成的音用一个汉字对译，第四个音素用另一个汉字对译，例如：سنک（sank），石，桑克；بانک（bānk），鸣，邦克。"桑"对译的是 [san]，"邦"对译的是 [bān]，"克"对译的是 [k]。

④پشم（pashm），毛，迫深。这是单音节词，其音节形式是 CVCC。其对音方法是 C_1V 拼成一个音，用"迫"去对译；C_2、C_3 拼成一个音，用"深"去对译。此类对音方法的单词又如：رحم（rahm），怜，勒罕；حکم（hukm），断，户坤；یشم（yashm），玉，夜深；چشم（chashm），眼，彻深；کرم（kirm），虫，乞林。

2. 关于 VC、VCC 两种音节，我们可以通过分析下面的例证考察其对译方法：

آه（āh），叹，阿黑。该 VC 式音节中有两个音素，其元音音素直接对译"阿"，其辅音 C 则直接对译"黑"。一个音节两个音素，分别用两个汉字对译。

اسب（asb），马，阿思卜。该 VCC 式音节有三个音素，分别用一个汉字来对译。又如：آرد（ārd），面，阿儿得，也是三个波斯音素被三个汉字对译。

值得注意的是，永乐本《回回馆杂字》有些 CVC 式音节的对音方式，与会同馆本、袁氏本并不相同。例如：

永乐本"آسمان（āsmān），天，阿思马恩"，该单词由 VC、CVC 式的两个音节构成。袁氏本"天文门"音译作"阿思忙"。"阿、思"分别对译 VC 式中的两个音素，"忙"对译 CVC 音节。而永乐本"阿思马恩"所采取的是音素对音节的对音方式。又如：永乐本"بیخان（baikhān），庄，摆哈恩"，会同馆本"地理门"音译为"摆杭"；永乐本"زمستان（zamistān/zimistān），冬，即米思他恩"，会同馆本"节令门"音译为"即米思汤"；永乐本"غلام（ghulām），仆，五剌恩"，会同馆本"人物门"音译为"五良"等等。这几个波斯单词的最后一个音节都是 CVC式，会同馆本的对音方式是音节对音节，而永乐本一律是音素对音节。会同馆本译音人与其他馆译音人用汉字对译波斯文的习惯不同，音联不同，故所对应的汉字不同。

二、波汉对音所存在的问题

波汉对音的总体原则是用相同或相似的汉字音去对译波斯音。由于两种语言的语音差异，在译写时突出表现以下三种问题：

（一）相似语音替代

任何人在音译外族语言时，都会不自觉地用自己母语固有的相同或相近的音素或音节去对音；若遇到自己母语里没有的音素或音节，也总会不自觉地用自己的母语里相近的音素或音节去替代。

我们仅以两种语言的辅音的差异来说明这个问题。辅音的性质可以从发音部位、发音方法和清浊等方面进行分析。由此可以想象，波汉对音中会存在以下问题：1. 发音部位相同、发音方法相同而清浊不同的两种语音的对音问题。2. 发音部位相同、清浊相同而有送气与否的不同而导致的音译的问题。3. 发音方法相同、清浊相同而发音部位相近而导致的音译问题。4. 发音部位、发音方法都不相同的音的对译问题。所以，用汉字音对译波斯文，存在着诸多问题。由于秉持语音相似原则，故而在选字时，往往同一波斯音素所对应的汉字并不相同。例如：

波斯语辅音音素 [p] 是双唇清塞音，其所对应的音译汉字有帮母字、滂母字、並母字。明代初年，北方汉语的双唇塞音声母已经没有清浊之别，但区分送气音与不送气音。波汉对音时用送气的滂母字对译波斯辅音 [p]，取其近似而已。

波斯语辅音音素 [d] 是齿间浊塞音，用来对音的汉字有端母字、透母字、定母字。而汉语这三种声母是舌头音，而且其时定母字已经读同端母或透母了。清浊的不同，送气不送气的差异，没有影响到对音的进程，取其近似而已。

波斯语 ‎ر [r] 是前腭浊颤音，汉语没有此音。波汉对音中，我们发现处于 CV、CVC、CVCC 式音节 C_1 位置的 ‎ر [r]，常用半舌音来母字对译。

（二）同一个汉字往往译写不同的音

由于波斯单词不标示短元音的发音符号，所以在单词中，短元音到底是哪一个，仁者见仁智者见智，因而造成了短元音对音不确定的问题，同一个汉字，有时所对译的短元音并不相同。另外，波斯语区别长元音和短元音，而汉语没有元音长短的分别，所以波斯语的长短元音有时用一个汉字来对译。例如：同一个"法"，所对译的波斯音有：fa/fā/fi/fī/ffa；同一个"噶"，所对译的波斯语音有：kā/ka/ga/gā/qā；汉语有 [-n]/[-m] 两种韵尾，这种特点也导致对音时出现一字译写多种音的问题，例如"罕"对译 khān/khan/ham/han 等等，详见本书第二章第三节。

（三）译音用字不固定

同一波斯语音有多个不同音的对音汉字，例见下表。

表3-9　同一波斯音有多个对音汉字

序号	波斯语音节	对音汉字	序号	波斯语音节	对音汉字
1	ba	卜、巴、百	6	mu	母、木、卯
2	bān	邦、榜	7	sun	桑、孙、散
3	gha	阿、额	8	ja	知、扎、主、者、鲊、展
4	gū	姑、古、果、锅	9	za	则、咱、祖、即
5	ku	科、克、苦、革、古	10	zan	咎、簪

　　推测译音用字不固定的原因，首先，用口语音来选择汉字，而官方并没有一个规范的标准制约译音人选字，译音人很可能根据自己的方音来选字；这种情况也可能是多个译音人合作的结果。其次，波汉音素不同，不可能一一对应，只能是就其音近之字来提示发音，而实际拼读时不完全是这个音。四夷馆波斯语教师的来源、其波斯文水平以及译字生的波斯文水平、译字生的方音等，都会影响到对音用字的选择。

　　再次，波斯文在书写时，一般不标识短元音符号，转写者根据前后辅音或转写成 [a]，或转写成 [i]，或转写成 [u]，存在着很大的不确定性。刘迎胜（2008）将波斯文的短元音都转写出来了，但有时又有犹豫，取舍之间有所徘徊。王一丹（2007）则用"."在短元音位置上作标识，这种标音法又不够确切。

　　造成以上矛盾的根本原因是两种文字不是同一体系。以此体系文字对译彼体系文字的音，只能是取其近似，结果就造成了这种复杂或者说是混乱的现象：作为音节的汉字掩盖住了语音的实际面貌。遇到用同一汉字译写的两种或多种波斯音，常不能决定真的发音是什么。某个字母应该念什么音，是有特定的约定的，即声音的书写形象就是声音本身。即便是同一个音节，所使用的文字符号也不一定能够完全相同。最大的缺点在于，没有一种法则可以约束这种行为，这就意味着，语音依附着书写的形式而存在，用一对多或多对一的汉字记写波斯音的同时，还要考虑到译音者的方音及发音习惯等问题。因此，不能够用正字法的要求来评价《回回馆杂字》波汉对音以及后来发展起来的小儿锦拼音形式的准确与否。

三、波汉对音原则及应当注意的问题

与汉语和其他拼音文字的对音情况一样，波汉对音并不能做到语音上完全一致，其原则是在语音相似和接近的条件下可以互相替代。这种原则和对音的方法有广泛的普适性，而且沿袭已久。对音过程中所存在的问题，在其他材料如梵汉对音、夏汉对音、蒙汉对音中都存在。因此，要正确认识和利用音译材料，这是研究结论是否可信的关键。

方块汉字是表意体系的文字，一个汉字就是一个音节；而每个音节在元音的基础上可增加辅音而构成新的音节，汉字不能表示语音结构的成分——音素，所以不能精确细致地做分析描写的工具。加之汉字所能代表的音很有限，无法对应我们所接触到的波斯语言里的所有音，所以汉字标音既不精确，也不够用。我国古代用汉字标音，无论是新译旧译的佛经，还是东汉隋唐至明清的反切、直音，想尽了办法，但总不免模糊笼统，扞格不通。近代的翻译与译音也是问题重重，这就暴露出方块汉字不适合标音的先天缺点（罗常培、王均2004：17）。

汉语和波斯语分别属于两种不同的语系，语音系统和语音的组合规则各有其特征，因此对音只能做到近似而不可能全同。同时译音人的方音及其波斯文水平也会影响到波汉对音的准确性。因而只能利用这项材料归纳语音系统的大致框架，但不可用以证明汉语语音史上的一些悬而未决的问题，如知庄章的音值等。

两种语言在辅音、元音、音节以及辅音与元音的组合诸多方面

的差异，决定了在语音形式上用汉字对译波斯音节时要作较大的"折合"。也出现了一个波斯音（节）而用多个汉字对译、一个汉字对译多个波斯音（节）的情况。

第四章 《回回馆杂字》对音汉字的声母系统

根据上文第二章第三节"对音汉字及其所对译之波斯音节"、第三章第二节"波斯辅音所对应的汉字音",明代永乐年间汉语的声母有:[p pʻ m f v]; [t tʻ n l]; [tʂ tʂʻ ʂ z/ɻ]; [ts tsʻ s]; [k kʻ x ŋ Ø],共22个。下面就相关现象和问题进行讨论。

第一节 全浊声母清化

《广韵》全浊声母在《中原音韵》已经清化,但明代初年的《洪武正韵》依旧有全浊声母。永乐本《回回馆杂字》对音汉字中,中古全浊声母字共有17个(不计重复),其中没有奉、群、崇、船诸母字。考察永乐年间古全浊字的对音情况,便于我们观察明代初年官话语音中全浊音声母的变化情况。

一、並母字

别,用来对译波斯字母【ب】[b]与ی相拼读为[bī]的音,共7例。其他与【ب】[b]音相对应的汉字都是帮母字。古全浊入声字"别"在明代官话中读同帮母。

僕,用来对译波斯字母【پ】[p]与短元音相拼的音,共6例。其后短元音没有标记。其他与【پ】[p]相对应的汉字主要是滂母字,同时还有两个帮母字。明代字书《字汇》《正字通》"僕、仆"音义截然不同。古浊入声字"僕"没有按规律演变读同帮母而是读同滂母。

二、定母字

"迭、定、挺、杜、钝",用来对译波斯浊辅音【د】[d] 与元音相拼的音,"团"用来音译波斯清辅音【ط】[t] 与元音相拼的音。定母字的使用频次都很低,除了"迭"使用 3 次、"杜"使用 2 次,其他都只有 1 次。同时,对译浊辅音【د】[d] 的汉字还有端母字和透母字,对音总数是 177 次;对译清辅音【ط】[t] 的汉字除了"团"字,其他都是透母字,后者的对音总数是 18 次。可见,波斯辅音 [d] 与汉语的端母、透母语音上都比较接近;波斯辅音 [t] 与汉语的透母语音上比较接近。对音汉字"迭、定、挺、杜、钝"读同端母,"团"读同透母。用端母、透母字对译波斯辅音 [d],语音上有清浊的差异。用透母字对译波斯辅音 [t],语音上有送气与不送气的差别。

三、澄母字

《回回馆杂字》中"茶"的波斯文下标明"本音",即چا(chā),茶,本音。چا是"茶"的波斯文形式,同时"茶"也可以看作是波斯文چا的对音汉字。【چ】[ch] 是波斯清辅音,"茶"是古澄母字。同时,对译【چ】[ch] 的汉字还有知、彻、初、昌、生诸母字。在【چ】[ch] 的对音汉字上,主要是用送气清音来对译(含擦音共 27 次),但是也有不送气清音(2 次)。可见汉语卷舌送气字的音更接近波斯清辅音【چ】[ch]。

四、禅母字

"石"用来对译波斯清辅音【ش】[sh],共有 62 次。同时,对译【ش】[sh] 的还有书母、生母、心母字,对音 44 次。

五、从母字

"尽"用来对译波斯浊音ز[z],只有 1 次;其他对译ز[z] 的汉字有精母、庄母、心母字，对音 66 次。

六、邪母字

"遂、随"用来对译波斯清辅音【ص】[s]，各 1 次；对译波斯 [s] 音的其他汉字都是心母字，对音 139 次。可见波斯 [s] 音更接近于汉语的心母。

七、匣母字

"户"用来对译波斯清辅音【ه】[h]（1 次）、对译浊辅音【خ】[kh]（4 次）。其他对译【ه】[h] 的都是晓母字，对音 52 次。"乎、亥、或"都用来对译波斯浊辅音【خ】[kh]，对音 9 次。其他用来对译【خ】[kh] 的都是晓母字，对音 67 次。在对译波斯 [kh] 音时所使用的汉字清浊无别。

小结

根据以上分析可以看出：1.《回回馆杂字》波汉对音中，不存在专门用中古的全浊字对译波斯浊音的现象；2.汉语塞音送气与不送气的特点，在波汉对音中没有区分；3.汉语塞擦音的送气音、舌齿部位的擦音更倾向于用来对译波斯音的 [ch sh s] [①]。

中古全浊音字在明初波汉对音中，不区分清浊，说明《回回馆杂字》对音所依据的汉语语音中，全浊音已经不存在了。

---

① 汉语不送气塞擦音更倾向于用来对译波斯 چ [j] 音。详见第三章第二节。

第二节　微母

《广韵》明母合口三等字，在宋人三十六字母中变成了微母；微母在《中原音韵》独立，而非、敷、奉三母已经合流。兰茂《韵略易通》（1442）微母独立。永乐本《回回馆杂字》（1407）对音汉字中没有微母字，但是根据本田实信和刘迎胜的研究，该项材料中有一个微母字"微"，其对译的波斯音是ویٖ[wī]。

一、微母字对译波斯音ویٖ[wī]

《回回馆杂字》"人物门"：نویسنده（nawīsanda 或 nuwīsanda），吏，你伞得。波斯语的音节形式与汉字译音没有完全对应上，汉字音译缺少对ویٖ的音译。无名学者在巴黎本音译汉字"你伞得"之上标音"ni san te"，也没有标出波斯语的全部音节。本田实信（1963）指出نویسنده阿波国文库本注音为"匿微撒得"（胡振华、胡军 2005：85）。刘迎胜根据袁氏本"吏，匿微撒得"（序号 1367）予以校释，并以"微"对译波斯音节ویٖ[wī]。《广韵》"微"无非切，明微合三平止；《中原音韵》隶齐微韵，微母。

永乐本、巴黎本《回回馆杂字》没有"微"字显然是疏漏所致。根据补充的结果，"微"字所对译的音恰好是波斯辅音【و】和元音【ی】相拼而成的音。波斯字母【و】和【ی】都是既可代表辅音又可代表元音的一形多音的字母：代表辅音的【و】，刘迎胜转写为 [w] 或 [v]。

二、对译波斯音ویٖ[wī] 的其他汉字

考察永乐本《回回馆杂字》波斯文用辅音【و】和元音【ی】相拼读时所用对音汉字情况，有如下 5 例：

1. آفت سماوی (āfat-i samāvī)，水灾，阿法梯．塞妈迁。

该单词是复合词，其后一词由三个 CV 式音节构成，其中波斯音节 وی（[vī]）所对应的汉字是"迁"[1]。

2. قوی（qawiy），强，改迁。

该单词由两个 CV 式音节构成，其后一个音节辅音【و】和长元音【ی】相拼读而成的音，用"迁"来对译[2]。《广韵》"迁"有三切：羽俱切，远也，曲也，云虞合三平遇；忆俱切，曲也，影虞合三平遇；於武切，曲回貌，影虞合三上遇。《中原音韵》"迁"归鱼模韵，影母。

3. آویختن（āwīkhtan 或 āwekhtan），挂，阿月黑贪。

该单词由 V、CVC、CVC 式三个音节构成，其中第二个音节ویخ中，辅音【و】和长元音【ی】相拼读而成的音用"月"来对译。

4. باد ویزن（bād-wīzan），扇，巴得月簪。

该单词是复合词，其ویزن由 CV、CVC 两个音节形式构成。其中辅音【و】和长元音【ی】相拼读而成的音也用"月"来对译。该词条本田实信（1963）指出，阿波国文库本此词对音为"把得微钻"（胡振华、胡军 2005：85）。刘迎胜袁氏本为"巴的微钻"[3]。后面两种版本的对音汉字是"微"，不是"月"。可见"微"和"月"的音比较接近于وی，两字可以互相替代。"月"《广韵》鱼厥切，疑月合三入臻;《中原音韵》归车遮韵，影母。

5. وی（way），他，歪。

该单词由一个 CV 式音节构成，其中辅音【و】[w] 与表示复元音的【ی】[ay] 相拼读，用汉字"歪"对译比较接近。"歪"，古字是"竵"，《说文》《广韵》《字汇》《正字通》都有收录。"歪"是俗字，《正字通》云："俗字，《说文》'竵'训不正。俗合'不正'二字改作'歪'。""竵"，

---

① 刘迎胜把波斯辅音【و】绝大多数转写为 [w]，只有 3 处转写为 [v]。前文已详。

② 此处的转写应当是 [wī] 或 [vī]，刘迎胜的转写待商榷。

③ 见于袁氏本"器用门"编号 330，刘迎胜（2008）"校释"编号 1340。

火娲切，晓佳合二平蟹；《中原音韵》隶皆来韵，影母。

《回回馆杂字》用"微"字对译波斯的【و】[v]（或 [w]）；用《中原音韵》中的零声母合口字"迁、月、歪"来对译波斯【و】[v]（或 [w]），则其合口介音的音色接近于【و】[v]（或 [w]）。由此我们推测，在明代初年，汉语官话口语音中微母是存在的。

我们将四夷馆本的续增杂字和袁氏本中辅音【و】和长元音【ى】相拼读而成的音及其对音汉字的例证也列在下面，供对比研究：

6. پروين (parvīn)，参，迫儿云[1]。

该单词由两个 CVC 式音节构成。后一个音节中，辅音【و】和长元音【ى】以及其后的辅音【ن】拼读成的音，用"云"来对译，用的是音节对音节的对音方法。抛开辅音【ن】，单看"云"的声母和韵母所对应的波斯音是 [vī]。

7. تقويه (taqwiya)，效，忒革迁夜忒[2]。

该单词共三个音节，依次是 CVC、CV、CVC 式。其第二个音节中，辅音【و】与短元音相拼读成的音，用"迁"来对译；其第三个音节中，辅音【ى】与短元音拼读成的音用"夜"来对译，辅音【ه】[t][3]用"忒"来对译。刘迎胜误将词尾辅音【ه】转写成了表示元音的 [a]。

8. 走，得微丹[4]。

本田实信指出此词的波斯文应为 دويدن（dawīdan），其中辅音【و】与长元音【ى】相拼读成的音，用"微"来对译。

6、7、8 三个用例以对译"云、迁、微"对译波斯辅音【و】与长

---

[1] 见于四夷馆本续增杂字"天文门"，编号 3，刘迎胜（2008）编号 780。

[2] 见于四夷馆本续增杂字"通用门"，编号 163，刘迎胜（2008）编号 940。图片作"革"，刘迎胜误抄作"勒"。"迁"所对译的音是长元音 [ī]，刘误作短元音 [i]，今并改。

[3] ة（小 Te），一律转写为 [t]，在阿拉伯文中排列于字母 Be 之后，Te 之前，仅用于阿拉伯语词末，波斯语多改为 ه。字形与 ه [a] 混同。

[4] 见于袁氏本"人事门"，编号 401，刘迎胜（2008）编号 1411。

元音【ى】相拼读成的音，可见混同了云、影、微母的区别。这种特点与永乐本相一致。

上文的所论及的"微、迁、月、云、歪"都用来对译波斯辅音【و】与长元音【ى】相拼而成的音。"迁、月、云、歪（罻）"这几个《广韵》不同声母的合口字既然都用来对译相同的音，说明它们已经变同影母了；但是其合口介音的音色很容易与辅音 [v] 相混，因而从读音上与微母字相同，就像现代汉语方言中将合口零声母字读成 [v] 声母那样。也就是说，永乐本《回回馆杂字》时代，汉语微母独立；同时，有一部分已经变成零声母的合口的疑母、云母、晓母字，也归属于微母了。

三、首辅音是【و】音节的对音汉字

我们再比较一下波斯字母【و】表示辅音时与元音相拼而成的其他音及其对音汉字的使用情况：

此类对音汉字除了上文提及的以外，还有影母字"洼、斡、湾、握"、云母字"往"，疑母字"我、兀"等，总对音次数是 40 次。同一个波斯辅音的对音汉字中，影母、疑母、云母字都有，可以认为，永乐本《回回馆杂字》时代，汉语官话口语音中这几个字的音已经完全没有影母、疑母、云母的区别了，都变作了影母；不但如此，受其零声母合口介音的影响，又变成了微母 [v]，因而用来对译辅音【و】与元音相拼读而成的音。

综上，我们的结论是，永乐本《回回馆杂字》对音汉字反映的语音系统中微母独立，但其收字范围相对中古要大一些：除了中古微母字，还包含了已经变成了零声母的疑母、云母、以母合口字以及影母合口字①，还包括几个晓母合口字。与此相同的是，现代汉语方言有 [v] 声母，普通话零声母的合口韵字在这些方言中读为 [v] 声母。

---

① 本节材料中没有以母字，故不论及。根据上文的分析，我们推测以母合口字的口语音也是读入微母。

简言之，永乐本《回回馆杂字》对音汉字显示，微母独立，音值是 [v]。

第三节　疑母

《中原音韵》声母中，到底有无疑母，诸家争论不休。罗常培《中原音韵声类考》认为疑母与影母合流，变成了零声母；王力《汉语史稿》《汉语语音史》也认为疑母已经消失。日本学者石山福治《考订中原音韵》也持此观点。赵荫棠《中原音韵研究》（1956）指出，《中原音韵》的疑母字一部分与影、喻合流，一部分与泥、娘合并，一部分保持独立，成为独立的小韵，则其观点是疑母独立。陆志韦《释中原音韵》（1946/1988）根据八思巴译音认为疑母未完全消失，主张疑母独立存在；杨耐思《中原音韵音系》（1981）、宁继福《中原音韵表稿》（1985）、薛凤生《中原音韵音位系统》（1990）都认为应当保留疑母。

龙果夫《八思巴字与古官话》利用八思巴字研究"古官话"（元代汉语），发现 [ŋ-] 的分配与古汉语不同：在"古官话"u（模韵）和 ü（虞韵）、-a（删韵、觉韵）、-i（祭韵、霁韵）、-ieu（萧韵）韵母的前头，古汉语 [ŋ-] 脱落；在"古官话"o（哿韵）、a（豪韵）、-iu（尤韵）、-iaŋ（养韵）、-i（支韵）、-e、-em（严韵）、-en 的前头，古汉语 [ŋ-] 保留（龙果夫 1930/2004：189）[1]。这与《中原音韵》疑母演变情况相似，即一部分消失，一部分保留。在同时代的材料中，如《蒙古字韵》《古今韵会举要》《礼部韵略七音三十六母通考》都有疑母，而在实际列字上一部分疑母字与影母字相混，另一部分与影母对立，独立存在。此外，疑母字归属情况也有差异，如"雅"字，《古今韵会举要》为疑母字，而

---

① 由于国际音标的标法不一样，我们引用时标注了该文例字所对应的韵。

《蒙古字韵》《礼部韵略七音三十六母通考》为喻母字;"蔫"字,《蒙古字韵》《礼部韵略七音三十六母通考》为疑母,《古今韵会举要》为喻母等等,宁忌浮考察这样的例子有 33 例。

可见,在反映元代汉语语音的材料中,疑母演变呈现两种趋势:一部分与影喻合流,合并为零声母;一部分与影喻对立,独立存在。明代疑母向影母演变的步伐大大加快,在诸多韵书中已经消失,如徐孝《重订司马温公等韵图经》和《合并字学集韵》、兰茂《韵略易通》等。但仍有一些韵书保留疑母,如李登《书文音义便考私编》、乔中和《元韵谱》、金尼阁《西儒耳目资》等。丁锋《琉汉对音与明代官话音研究》(1995)统计了 16 种反映明代音系的材料,发现其中保留疑母的有 12 种,疑母消失的有 4 种。疑母消变的两种趋势使得明代韵书编撰者对于疑母的或存或否,观点不一。李无未(2006:168)指出,清代樊腾凤《五方元音》影、喻、疑、微已经混同,并入"云母"(齐、撮)和"蛙母"(开、合),一小部分中古疑母字与泥母、娘母字混同,并入"鸟母",至此疑母才在汉语标准语中完全消失。在《回回馆杂字》对音汉字中,疑母字的分化情况如何,有待考察。

一、疑母字的对音情况

永乐本《回回馆杂字》疑母字的对音情况有以下几种:一是波斯字母【ٱ】【ٱ】在词首时,其对音汉字有疑母字;二是波斯字母【ی】表示辅音时,其对音汉字有疑母字;三是波斯字母【غ】与【ع】的对音汉字中有疑母字;四是波斯字母【و】的对音汉字中有疑母字。下面我们分别考察。

波斯字母【ٱ】【ٱ】在词首时对音的有疑母字"五、昂",同时还有以母字"以、尹",以及影母字"阿、俺、因"。

波斯字母【ی】[y] 表示辅音时与元音相拼读的音,其对音的有疑母字"呀、言",同时还有以母字"夜"、影母字"衣、因、迂"("迂"

有影、云两读）。

波斯字母【ڤ】[v] 表示辅音时与元音相拼而成的音，其对音汉字中有疑母字"月、兀、我"，共9次对音。同时有影母字"洼、斡、湾""迂"（影、云两读）以及云母字"往"、晓母字"歪"。

辅音字母【غ】[gh] 的对音汉字中有疑母字"额、五、昂"，同时还有影母字"阿、安、矮、俺、稳、渥、斡"。

辅音字母【ع】[']与其后元音相拼读的对音汉字中有疑母字"额、兀"，影母字"阿、俺"。【ع】[']是个有形无音的字母，当它与元音拼读时，有三种情况：1.在词首时，不发音，也不影响与它拼读的元音音素；2.在词中时，与元音拼读时，不发音，也不影响元音的发音；不与元音拼读时，则要屏一下气；与结尾的元音【ه】[a] 拼读，不起任何作用。3.在词尾，不与元音拼读，但要屏一下气。总之，辅音字母【ع】在一般情况下与元音拼读时，不停顿，不屏气，不起任何作用。

以上涉及的疑母字有"昂、额、我、五、兀、呀、言、眼、月"，其各自所对译的波斯字母及次数如下表。

表 4-1　疑母字所对译的字母及对译次数

	آ	ا	ى	و	غ	ع
昂	1	2			2	
额					18	21
我				6		
五		5			3	
兀				1		1
呀			21			
眼			1			
言			1			
月				2		

对音的疑母字中，"额"的使用频率最高，其次是"呀"，其次是"我、五"。

波斯字母【غ】[gh] 是小舌浊塞音，用疑母字"额"对译 غ [gh]，二者音色接近；且"额"只用来对译【غ】和【ع】。但是同时与【غ】[gh] 对音的还有影母字"阿、安、矮、俺、稳、渥、斡"，其共占总对音次数的比为 50%。这说明这些影母字与疑母字"额"的辅音读法一样。

波斯字母【ع】的发音不影响其后的元音，可以其对音的汉字，都是用来对译元音字母的。这些元音出现在音节之首，即可视整个音节为无辅音的音节。既然疑母字"额、兀"及影母字"阿、俺"都用来对译【ع】['], 那么这几个字应当都是无辅音声母字。

从【غ】[gh] 与【ع】['] 的对音汉字看，疑母与影母合流是无疑的，但是，有的合流之后有辅音声母（用以对译【غ】[gh]），而有的合流后没有了辅音声母（用以对译【ع】[']）。那么就有一种可能的解释，即"额"字处于变动之中，尚未完全消失其疑母的音，但是零声母的音变已经开始了。现代方言中就有将普通话零声母字读成 [ŋ-] 或 [n-] 的现象。

二、与疑母对译相同辅音音素的影、以、云母字

上文显示，与疑母对译相同辅音音素的汉字有影、以、云母字。"稳、渥、斡"是合口影母字，依照上文讨论微母的结论，其声母到明代应该是微母 [v]。但是此处所对译的音是【غ】[gh]，【غ】[gh] 与微母 [v] 的音色相去甚远。可见，"稳、渥、斡"不能读作微母。同时也可以反证，不是所有的影母合口字都被读作微母。

波斯字母【ي】[y] 既是元音字母，又是辅音字母。作为辅音其性质是中腭音，浊音。作为疑母的"呀"[ŋ-] 的音色与波斯字母【ي】[y] 并不相同，也不相近。"呀"只有读成《中原音韵》里的音才可以与之

相近，即读成零声母。在《回回馆杂字》中，"呀"所对译的辅音只有ى[y]，而同为波斯字母ى[y]的对音字的影母字"衣"、以母字"夜"，三者的对音次数比为21∶17∶14。现代汉语零声母齐齿呼的字，其介音[-i-]具有半元音的性质，有次浊的音色，与波斯字母【ى】[y]的发音接近。"呀、言"都是疑母开口字，与"衣、夜"等影、喻母字都用来对译波斯字母【ى】[y]，可见这几个疑母开口字都已经是零声母了。

如果疑母独立，则用"额、我、兀"对译[gh]['] 比较方便；但是"我、兀、月"对译的是波斯字母【و】[v]，说明这三个字的音不再是疑母了，已经发生了变化，与波斯的【و】[v]音更接近，可能这三个字的声母已变成了[v]。

如果疑母开口字同影、喻合流了，则用"呀、言"对译【ى】[y]比较方便，事实上的确如此。"昂"和"五"，用来对译处于词首的波斯元音字母【ٱ】与【آ】所代表的元音，表明其原先的声母发生了变化，不再是疑母字了。

从《回回馆杂字》疑母字有的刚好能够与波斯语音对应得上（"额"），而有的变成零声母后才能方便对音（"呀、言、五"）的角度看，我们推测《回回馆杂字》的疑母字有的并未发生音变，保持疑母的发音特点；有的发生了音变，与影、喻合流，变成了零声母；还有的处于变与不变之间，比如"额、昂"；有的变成了微母[v]，如"我、兀、月"。

三、关于"眼"对译波斯字母【ن】[n] 的问题

永乐本《回回馆杂字》"人物门"：نیگه (nīga)，嫂，眼革。刘迎胜"校释"第179条据东洋文库本、北图回译本将起首字母校正为【ى】，并据波斯当代正字法校正其单词书写形式为ینگه，转写为 yanga。如此，则用汉字"眼"对译波斯音节نِ，"眼"已经变同零声母了。但是，不同版本波斯文书写形式和汉字总有相错讹之处，波斯文写错了，对音

汉字应之而错的例证也有。如果从这个角度看这个例证，译音人用"眼革"对译波斯文نیگار是能够对得上的。那么，我们可以说，这个译音人的方言里"眼"的声母是 [n]。由此可以判断，方言口语中疑母变作泥母的现象在《回回馆杂字》中也有体现（疑母字变同泥母的仅此 1 例）。从校释所据的其他几个版本波斯文写法，我们也可以说，"眼"既可以读成疑母，也可以读成零声母，其声母处于变动之中。

简言之，《回回馆杂字》疑母独立。但有些疑母字读音发生了变化：有的变作了零声母字，有的变作了微母字，有的变作泥母，后者是方言口语音，并非官话语音。

第四节　知庄章三组声母的对音

一、知庄章三组声母合流问题的讨论

《切韵》音系的知、庄、章三组声母在现代汉语普通话中，演变成了 [tʂ tʂ' ʂ]（一部分庄组声母字变入 [ts ts' s]），期间经历了漫长而复杂的演变过程。

元代《蒙古字韵》（1269~1292）八思巴字对音中，用相同的符号来表示照组与知组的声母，但在小韵的归字上，知二庄为一组，知三章为一组，两者分立（郑张尚芳 1998：174~175）。《中原音韵》（1324）也是如此（个别庄组字与章组字及知三组字相混的现象，如东钟韵中"重、虫、膧、鲘"列同一小韵，见李新魁 1979）。

《中原音韵》的声母到底是 20 个还是 24 个，学者们争论不休。争论的焦点一是知庄章合并成一组还是分化为两组，其音值究竟是什么；其二是疑母消变与否。

罗常培《中原音韵声类考》（1932）首创了归纳法，即用中古时期的三十六字母和 206 韵标注《中原音韵》中每个同音字组的声母和韵母，如果同一组字中包括两个或两个以上的声母或韵母，就表示它们在《中原音韵》中已经合并了。他的结论是《中原音韵》有 20 个声母，疑母消失，知庄章组合并成了一组声母，其音值是 [ʧ ʧ' ʃ ʒ]（罗常培 1932/2004：101）。

赵荫棠《中原音韵研究》（1956）确定《中原音韵》声母有 25 类，见组声母字中分化出了一组音 [tɕ tɕ' ɲ ɕ]，知庄章组合并成了一组声母，其音值分别是 [tʂ tʂ' ʂ z]。

陆志韦《释中原音韵》（1946/1988）确定有 24 类声母，疑母独立，知庄章组字分为两组：一组是 [tʂ tʂ' ʂ z]，一组是 [tɕ tɕ' ɕ]。

王力对于照系声母的分合及其音值的确定有过犹豫。1957 年出版的《汉语史稿》指出《中原音韵》有 20 个声母，与兰茂《韵略易通》（1442）《早梅诗》所代表的 20 个声母基本上一致，没有疑母；不同之处是"一部分知照系字在《中原音韵》时代还没有变为卷舌音"，构拟其音值为舌叶音 [ʧ ʧ' ʃ ʒ]。1958 年《汉语史稿》（修订本）将《中原音韵》的声母改成 24 个，增加了 [tʂ tʂ' ʂ z] 4 个声母。1963 年 8 月第 1 版《汉语音韵》又改回 20 个，但是又说："知照系字的情况相当复杂，有人主张分为 [tʂ tʂ' ʂ] 与 [tɕ tɕ' ɕ] 两类，现在暂并为 [ʧ ʧ' ʃ] 一类，等到将来再仔细研究。"（王力 1963/1980：88）

杨耐思《中原音韵音系》确定为 21 类，疑母独立，知庄章组合并为一类，其音值是 [ʧ ʧ' ʃ ʒ]。

李新魁（1979）认为："照系和知系声母的音值，在元代，都是卷舌音 tʂ 等，照二组与照三组无别，在《蒙古字韵》和《中原音韵》分列的小韵中，知二庄与知三章有些是列为不同的小韵的，也就是说有对立的，这些字之所以对立，主要表现于韵母的不同。前者不带 i 介音，后者带 i 介音。支思韵中因为韵母都变为了 ɿ 音，没有介音，所以庄组和章组也就没有分别。"

宁继福《中原音韵表稿》确定为 21 类，疑母独立，知庄章组合并为一类，其音值是 [tʂ tʂʻ ʂ ɽ]。

知庄章三组声母在明代兰茂《韵略易通》中变成了一组声母。永乐本《回回馆杂字》成书时间处于《中原音韵》和《韵略易通》之间，考察其知庄章组声母字的对音情况，分析其分合情况，有助于我们确定此书的语音基础。

二、波斯【ﺝ】[j] 的音译字

永乐本《回回馆杂字》对音汉字中知庄章三组声母字主要用来对译波斯辅音【ﺝ】[j]、【ﭺ】[ch]、【ﺵ】[sh]，还有 1 例对译【ﺯ】[z]。

对译波斯【ﺝ】[j] 的汉字有 13 个：知、扎、主、卓、者、鲊、止、只、折、展、张①、注、爪。其中，知母三等字是"知"（对音 18 次）、"展"（对音 2 次）、"张"（对音 1 次），章母字是"只"（对音 2 次）、"主"（对音 6 次）、"注"（对音 1 次）、"者"（对音 3 次）、"折"（对音 2 次）；知母二等字是"卓"（对音 6 次），庄母二等字是"鲊"（对音 2 次）、"扎"（对音 6 次）、"爪"（对音 1 次）。从汉字的使用频次上讲，知三与章的比例是 21:14；知二与庄的比例是 6:9。无论是知三章的字，还是知二庄的字，都用来对译波斯字母【ﺝ】[j]，说明二者读音上没有分别。

三、波斯【ﭺ】[ch] 的音译字

对译波斯字母【ﭺ】[ch] 的汉字有 7 个：彻、赤、搊、初、叉、茶、扯。其中，彻母三等字是"彻"（9 次）；昌母字是"赤"（8 次）、"扯"（1 次）。澄母二等字是"茶"（1 次，已清化变同彻母），初母二等字"叉"（2 次）、初母三等字"初"（2 次）。从对音汉字的使用频次上看，彻三与昌的比例是 9:9。彻二与初的比例是 1:4。无论是彻三昌的字，还

---

① 北图本漏抄对音汉字，此为据其他各本补出。

是彻二初的字，都用来对译波斯字母【چ】[ch]，说明二者读音上没有分别。

四、波斯【ش】[sh] 的音译字

对译波斯字母【ش】[sh] 的汉字有 12 个：石、舍、沙、捨、深、朔、山、史、鼠、束、赊、苏。其中，书母字是"束"（1 次）、"鼠"（1 次）、"舍"（13 次）、"捨"（6 次）、"赊"（1 次）、"深"（3 次），禅母字是"石"（62 次）；生母字是"朔"（1 次）、"史"（1 次）、"沙"（12 次）、"山"（2 次）。书母字和生母字的使用比例是 87：16。书母字和生母字无论其使用频次各是多少，都用来对译波斯字母【ش】[sh]，说明二者读音上没有分别。

五、特殊例证

1. 捎。此字《集韵》色角切，生母字。在《中原音韵》萧豪部"入作上"与"戳"是同一小韵，宁继福（1985：95）构拟其声母的音值为 [tʂ']，杨耐思（1981：138）构拟其声母的音值为 [tʃ']，《回回馆杂字》用"捎"对译波斯字母【چ】[ch]（3 次）。

2. 苏。对译波斯字母【ش】[sh] 的汉字除了书、生母字外，还有心母字"苏"。考察《回回馆杂字》"苏"字的使用频次共 8 次，7 次对译 [s]，1 次对译 [sh]。

3. 簪。"簪"《广韵》侧吟、作含二切，用来对译波斯字母【ز】[z]，使用频次是 4 次。

小结

以上是《回回馆杂字》波汉对音所使用的知庄章组声母字的对音情况，音译字中无崇、船母字。从对音情况看，清浊无别，可见澄母、禅母清化。知庄章三组声母，已经变成了一组声母。中古知庄章组发

生合流音变，变成了 3 个声母。这 3 个声母的音值与波斯的 [j ch sh]
三个音素接近，但不完全相同，因为波斯字母【ج】[j] 是前腭浊塞擦音，
【چ】[ch] 是前腭清塞擦音，【ش】[sh] 是前腭清舌面擦音，与《回回馆
杂字》对音汉字反映出来的由知庄章组演变而来的这组声母在发音部
位、发音方法上并不相同。

第五节　见晓组、精组声母字的对音

近代汉语声母与现代汉语相比，最大区别在于舌面前音 [tɕ tɕʻ ɕ]
的产生。[tɕ tɕʻ ɕ] 的产生有两个来源，即精组和见晓组的细音字，由
于受舌面前元音 [i] 和 [y] 的影响向前或向后移动，从而发生了"腭化"
（或"舌面化"）。现代汉语普通话 [tɕ tɕʻ ɕ] 的来源如下图所示：

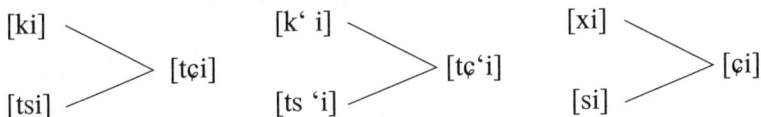

$$
\begin{array}{ccc}
\text{[ki]} \searrow & \text{[kʻi]} \searrow & \text{[xi]} \searrow \\
\quad\quad \text{[tɕi]} & \quad\quad \text{[tɕʻi]} & \quad\quad \text{[ɕi]} \\
\text{[tsi]} \nearrow & \text{[ts\,ʻi]} \nearrow & \text{[si]} \nearrow
\end{array}
$$

一、见晓组、精组腭化问题的讨论

关于近代汉语的 [tɕ tɕʻ ɕ] 声母腭化起源于何时，学界众说纷纭。

罗常培《唐五代西北方音》（1933：84~85）认为唐五代时期已
经出现腭化的痕迹。其依据是《开蒙要训》注音中有以从注澄、以照
注从、以彻注清、以清注穿、以审注心、以邪注禅、以晓注心的现
象，但仅有 11 例。赵荫棠《中原音韵研究》（1956：92）根据明隆庆
年间（1567~1572）本悟禅师的《韵略易通》在溪母、群母"腔、胠、
强、却"等字下注曰"重清下"，在见母"江、讲、绛、觉"等字下注
曰"重精下"的两句话，认为这是见系、精系读 [tɕ tɕʻ ɕ] 的证明，而
元朝吴草庐早已把见组声母增为"见溪芹疑、圭缺群危"八母，认为

这是元朝见系读 [tɕ tɕʻ ɕ] 的证明。赵荫棠又引证《古今韵会举要》看韵"铙"注案："《七音略》雅音'交'字属半齿，吴音'交'字不同音，雅音'高'字即与'交'字相近。"认为"交"字读半齿音，也是声母腭化的证据。赵荫棠因此把见系声母构拟为 [k kʻ x] 和 [tɕ tɕʻ ɕ] 两套。1962 年日本尾崎雄二郎《大英博物馆蒙古字韵札记》根据《玉篇》所附《五音声论》喉音列洪音字、牙音列细音字，《集韵》二等字用三等字做反切上字的现象，认为《蒙古字韵》中已经显示出见系字腭化的征状。1979 年日本花登正宏《蒙古字韵札记》根据《蒙古字韵》"校正字样"的"校"字八思巴字译 ʥ-，认为是汉语见系开口二等字已经腭化的反映。

对于见系声母的腭化问题，陆志韦有不同的看法。他在《释中原音韵》中说："见溪群三等在今国语早已齶化，ki > tɕi，然而有的官话方言还保存 ki 等音（例如胶东话），在闽粤话更不用说了。金尼阁所记的山西官话方言里'机'等字还是 ki。在《五方元音》属于'金'不属于'竹'。所以《中原音韵》的见溪群三等很不宜乎作 tɕi 等，或是作'c'等。"（陆志韦 1946/1988：9）杨耐思《八思巴字对音》也指出："八思巴字的 e 不能说就是用来区别纯的和 j 化舌根声母的。"高本汉的 j 化声母本身就不能成立，有八思巴字对音也不能证明近代汉语见系声母有腭化的一套。李新魁《〈中原音韵〉音系研究》进一步指出，由于元音和谐律的影响，蒙古语的舌根辅音分为前腭舌根音 k、g 和后腭舌根音 q、G 两套，前者只与前元音结合，后者只跟后元音结合。八思巴字的译音人根据自己的语言习惯，把汉语的舌根声母字也分为两种，凡是他以为前腭音的，就用 i 拼合；凡是他认为后腭音的，就用 è 表示。但是由于汉语并不存在这样两种辅音音位，因此 è 的使用并无严整的规律。吴草庐的做法跟《蒙古字韵》的处理也有关系，但是他并未真正理解蒙古语中这两套辅音的区别，因此他的"见溪芹疑"和"圭缺群危"实际上就是齐齿呼和合口呼的区别，并非 tɕ 和 k 的区别。此外，所谓"交"字读半齿，乃是指"交"字的韵母带有 -i- 介音（李新魁 1983：79~83）。

由此可见，陆志韦、杨耐思、李新魁都认为《中原音韵》时代汉语语音不存在见系声母腭化问题，当时见系声母只有 [k k' x] 一套。

关于腭化产生的时代和成熟的时代目前尚无一致的看法。

王力《汉语史稿》认为："普通话里舌根音的舌面化，可能比舌尖音的舌面化早些，也可能是同时。在 18 世纪以前，不但齐撮呼的见溪群晓匣已经变了 tɕ、tɕ'、ɕ，连精清从心邪也变为 tɕ、tɕ'、ɕ 了。"（王力 1980：146）根据明隆庆间本《韵略易通》有"见溪若无精清取，审心不见晓匣跟"之语，王力认为似乎明隆庆年间（1567~1572）见晓组已经分化出 [tɕ tɕ' ɕ] 了，但是明末清初樊腾凤《五方元音》（1654~1673）仍以"京坚根干"同隶见母。《康熙字典》卷首收录有《字母切韵要法》《等韵切音指南》两种韵图①。《字母切韵要法》四声等韵图明显按照开齐合撮分成四栏，每栏内又分平上去入四列，反映的是明清时期的实际语音。但是《等韵切音指南》却没有这样的现象：该书只分开口与合口，每呼各分四等。成书于乾隆年间的龙为霖《本韵一得》也没有记录腭化音。可能是当时口语已经发生腭化，而韵书还没有反映。乾隆年间无名氏《圆音正考》（1743）序称"试取三十六字母审之，隶见溪群晓匣五母者属团，隶精清从心邪五母者属尖"，此举还在区别"圆

———————

① 《字母切韵要法》撰者不详。清人劳乃宣《等韵一得》外篇云："《（康熙）字典》采此两书以明等韵，而未著作者时代、姓名，其为何时、何人所撰，今不可考。以意度之，后书（指《等韵切音指南》）为习刘氏、真空诸家书者所辑，前书（指《字母切韵要法》）虽非刘氏之学，而所列歌诀，亦有见于《贯珠集》《玉钥匙》者，则亦必在彼二书之后。《贯珠集》《玉钥匙》作于明弘治、正德间，大抵此两书俱为正德以后、康熙以前人所作，而《四库》著录存目皆无其名，不知《（康熙）字典》采自何处。间尝广询通人，无知之者。"据近人研究，《字母切韵要法》实际上就是《大藏字母切韵要法》，后者的撰作，大概是在康熙四十年前后。上文所云"刘氏"者，指元代刘鉴，著有《经史正音切韵指南》。

音"和"尖音",教人如何辨别尖音和团音,说明当时尖团音已经变成了 [tɕ tɕʻ ɕ],即尖团合流了。

冯蒸认为《圆音正考》反映了当时北京话不分尖团,精组和见晓组的细音已经变成舌面音 [tɕ tɕʻ ɕ],和今天的北京话一样(冯蒸 1997:296)。郑锦全《明清韵书字母的介音与北音腭化源流的探讨》认为,赵荫棠所引本悟禅师的注,表明见系声母的腭化始于 16 世纪,而到 18 世纪《圆音正考》对尖团音的分析,表明腭化已经全面完成(郑锦全 1980)。杨亦鸣、王为民《〈圆音正考〉与〈音韵逢源〉所记尖团音分合之比较研究》认为《圆音正考》时代北京音系已经尖团不分了,舌面音 [tɕ tɕʻ ɕ] 产生(杨亦鸣、王为民 2003)。

学者们研究舌面音 [tɕ tɕʻ ɕ] 产生的主要依据的是《圆音正考》,并把它作为全面完成的标志。至于罗常培《唐五代西北方音》说 8 至 9 世纪已经可以看出精系和见系声母腭化的发端,由于例证太少,不足为据(郑锦全 1980)。

近年来一些学者利用其他韵书或者朝鲜韵书的材料,重新探讨舌面音 [tɕ tɕʻ ɕ] 的形成,并对以前的观点提出质疑。

宁忌浮研究了《古今韵会举要》及相关韵书,重新探讨了舌面音 [tɕ tɕʻ ɕ] 的产生时代。他指出:"舌根音的舌面化,早在宋金元间就发生了。虽然不是后来舌面化的舌根音的全部,但至少中古开口二等韵的见溪群晓匣、四等韵见溪群晓匣以及部分三等开口韵的牙喉音,确已舌面化。"(宁忌浮 1997:27)在《韵会》一系韵书中,二等开口韵字整齐分派为两个字母韵,见、溪、晓、匣四母归入一个字母韵,疑、影二母跟舌齿唇音归入另一个字母韵。四等青韵开口舌根音与二等庚耕韵同音,说明四等韵舌根音已经舌面化。三等韵的牙喉音中,一些晓母字与见、溪、群、疑、影、喻诸母字分离,且有些已与四等晓母字同音,因此,他们的声母应该读为 [ɕ]。在论证二等开口韵舌根音的舌面化时,他也引证了《韵会》肴韵"铙"字下的案语,认为

"交"字在《七音略》和雅音中读为 [tɕiau]。这条案语"可看作现代汉语 [tɕ tɕ' ɕ] 的独立宣言"（宁忌浮 1997：30），对舌面音 [tɕ tɕ' ɕ] 起源于宋金元说提出更为有力的证据。最后，宁忌浮根据《韵会》一系韵书声母 [tɕ tɕ' ɕ] 的分布，推知现代汉语舌面音的演变进程："舌根音舌面化先于舌尖音，舌根擦音先于舌根塞音，二等韵四等韵先于三等韵。"（宁忌浮 1997：35）上述结论材料充分，考证翔实，较为可信。

金基石以朝鲜文献对音资料为佐证，重新论证近代汉语舌面音 [tɕ tɕ' ɕ] 产生的年代问题，认为以《圆音正考》来推论 18 世纪以前尖团音已经完全合流似乎证据不够充分。金基石《尖团音问题与朝鲜文献的对音》（2001）指出，18 世纪朝鲜文献中，金昌祚等编纂的《朴通事新释谚解》（三卷，1765）见晓组齐撮呼字 200 个，其中在右音对音已经腭化的共 37 个，占 18.5%；《重刊老乞大谚解》（1795）见晓组齐撮呼字 159 个，其中完全腭化的字有 45 个，占 28.3%；《汉清文鉴》（1776）虽没有明显的腭化记录，但"结、轩、萱、隙、眩"等个别字腭化和韵母 [iu] 变为 [y] 的情况，也反映腭化演变已经发生或正在发生的状况。19 世纪《华音启蒙谚解》（1883）和《华语类抄》（1883）舌面音才完全合流。金基石认为，把 18 世纪作为见晓组和精组腭化的过渡阶段更为准确一些。

王力《汉语语音史》（1985/2010：444）认为见晓组声母腭化现象在方言里先行了一步，而在北京话中则是清代后期的事情了。《圆音正考》区别尖音和团音，而许多方言精组声母没有腭化，这些现象说明精组声母的腭化要比见晓组声母的腭化要晚，腭化的程度也不如见晓组。直到清李汝珍《李氏音鉴》（1805），才明确指出尖音和团音的问题。《李氏音鉴》卷首凡例云："如四卷所载北音不分香厢姜将羌枪六母。"卷一《问字母音异论》："如香厢姜将羌枪六母，以南音辨之，亦缺一不可；而北音有数郡，或香与厢同，或姜与将同，或羌与枪同，亦以三为六矣，此南北互异。"卷四《第二十六问南北方音论》："此香厢姜将羌枪六母，南音辨之细，北有数郡或合为三矣。"《李氏音鉴》所说南音主要指江淮官话，北音主要指北京话。

麦耘《〈正音撮要〉中尖团音的分合》（2000）研究了清代广东人学习官话的正音书《正音撮要》（高静亭著，1810），认为该书古见晓组细音字已经舌面化，古精组细音齐齿字尚未舌面化，而精组细音撮口呼字多数则已发生演变，且与见晓组腭化后的撮口呼混同。也就是说在1810年前后，舌面音的腭化还未彻底完成，仍处于分化的过程中。麦耘根据精组细音撮口先于齐齿舌面化的事实，提出汉语史尖团音合流是从撮口呼开始的。

京剧的唱、白，凡遇到精组字，都一律念尖音，分得很清楚。南方不少方言中也都分尖团：如粤方言、客家方言、闽方言中见晓组齐、撮呼字的声母基本上都读作 [k k' x]；精组齐、撮呼字的声母基本上都读作 [ts ts' s]；吴方言中见晓组齐、撮呼字的声母变成了 [tɕ tɕ' ɕ]，精组齐、撮呼字的声母仍然读作 [ts ts' s]。

在北方方言中，分尖团的地区主要有河北南部、山东东部、河南西南部、陕西中部北部和广西东北部等。这些方言中大部分都是见晓组齐、撮呼字的声母变成了 [tɕ tɕ' ɕ]，而精组齐、撮呼的声母没有发生变化（多数方言部分字声母没有发生变化）。例如陕西长武、邠县、扶风、郿县一带把姜（见）、劫（见）、欺（溪）、孝（晓）四字分别读作 [tɕiaˇ tɕiɛ tɕ'i ɕiau]；而把将（精）、姐（精）、齐（从）、消（心）四字分别读作 [tsiaˇ tsiɛ ts'i siau]。

《回回馆杂字》波汉对音反映的是1407年前后明代官话的口语音，我们考察古见晓组字、精组字的对音情况，藉此来研究明代初年北方汉语口语中声母有无腭化的现象。

二、中古见晓组声母字对音情况

见晓组三、四等字因为受到介音 [-i-] 的影响发生腭化，从而读为 [tɕ tɕʻ ɕ] 声母；见晓组声母开口二等因为滋生出了 [-i-] 介音，受到介音 [-i-] 的影响发生腭化，也读为 [tɕ tɕʻ ɕ]。这两种现象存在于现代汉语多数官话方言中。《回回馆杂字》见晓组字的对音具体情况详下。

（一）见组声母字的对音情况（不含疑母字）

《回回馆杂字》用中古见组字所对应的波斯字母有【ک】[k]、【گ】[g]、【ق】[q] 3 种，具体对音情况如下。

波斯字母【گ】[g] 是后腭浊塞音，用来对音的汉字有 13 个：革、古、噶、锅、敢、稿、姑、高、故、果、己、吉、几，都是见母字；波斯字母【ق】[q] 是小舌清塞音，用来对音的汉字有 7 个：革、噶、古、姑、改、高、故，都是见母字；波斯字母【ک】[k] 是后腭清塞音，用来对音的汉字有 10 个：克、科、堪、苦、坤、噶、乞、起、钦、期，除了"噶"是见母字，其他都是溪母字。不计重复，用中古见组字对译波斯语音的有 23 个字，这些字的对音情况及其中古音韵地位如下表所示。

表 4-2　见组字对音分析表

序号	对音汉字	中古音韵地位	序号	对音汉字	中古音韵地位
1	几	见脂ᴀ开三上止	6	故	见模合一去遇
2	己	见之开三上止	7	改	见咍开一上蟹
3	期	群之开三平止	8	吉	见质ᴀ开三入臻
4	姑	见模合一平遇	9	噶①	见曷开一入山
5	古	见模合一上遇	10	高	见豪开一平效

---

① 噶，《广韵》无此字。《正字通》克盍切，溪盍开一入咸；元明清时期用来音译蒙、藏等语言的音，音 gá。《康熙字典》云："《字汇补》古渴切，音葛。"

续表

序号	对音汉字	中古音韵地位	序号	对音汉字	中古音韵地位
11	稿①	见豪开一上效	18	苦	溪模合一上遇
12	锅	见戈合一平果	19	坤	溪魂合一平臻
13	果	见戈合一上果	20	乞	溪迄开三入臻
14	革	见麦开二入梗	21	科	溪戈合一平果
15	钦	溪侵B开三平深	22	克	溪德开一入曾
16	敢	见谈开一上咸	23	堪	溪覃开一平咸
17	起	溪之开三上止			

说明：从上面的材料看，用来对译波斯辅音 [g k q] 音的汉字都是古见母和溪母字，没有群母字；而且只有一、二、三等字，无四等字。

1. 见组三等字的对音分析

波斯字母【گ】[g]、【ک】[k] 两音所用的对音字中见组开口三等字只有"吉、己、几、起、钦、乞"6 个字，总对音次数是 19 次。

表 4-3　见组三等字的对音情况

序号	见组三等字	单词	译音	转写
1	吉	گل, 泥②	吉勒	gil
2	己	گریستن, 哭	己里思贪③	girīstan
		گریبان, 领	己里巴恩	girībān

---

① 稿，《广韵》无此字，有"稾"字，义为禾秆，又稾本、草创之本；又古老切，见豪开一上效。《集韵》豪韵高小韵收"稿"字，义为禾秆，居劳切，见豪开一平效。《字汇》将"稿"收在"稾"小韵，古老切。

② 波斯字母گ是较为古老的写法，今写作گ。刘迎胜（2008）校勘出的گ都写作گ。但是原文本单词正确的则没有改写为گ，故而两种写法都有。

③ "己"原文本作"巳"，此处根据刘迎胜（2008）"校释"改正。

续表

序号	见组三等字	单词	译音	转写
3	几	ترکی , 高昌	土儿几	turkī
		شاگرد, 徒	沙几儿得	shāgird
		ماهیگیر, 渔人	马希几儿	māhī-gīr
		ماندهگی, 劳	马恩得几	māndagī
		دستگری, 救	得思忒几里	dast-girī
		چوگی, 筯	搠几	chūgī
		توگی, 米	土几	tūgī
		رنگین, 浓	郎几尹	rangīn
4	起	کشاورز, 农	起沙斡儿子	kashawarz[1]
		کهتر, 贱	起黑忒儿	kih-tar
		تارکسر, 顶	他力起·塞儿	tārak-i sar
		کشتی, 船	起石梯	kishtī
		کفایت, 成	起法夜忒	kifāyat
5	期	حکیم, 贤	黑期尹	hakīm
6	钦	کنجانفو, 陕西	钦张夫[2]	kinjānfū
		ولیکن, 然	我列钦	wa-līkin
7	乞	کرم, 虫	乞林	kirm

　　"吉、己、钦、乞"所对译的波斯音,在辅音字母后都没有标示元音的符号,它们的元音都是短元音 [i];"期"所对译的是 [kī];"几"所对译的波斯音,在辅音字母后有的没有标示元音,有的标有长元音【ی】[ī] 的字母。波斯语辅音【گ】[g] 或【ک】[k] 与长元音 [ī] 相拼,或与短元音 [i] 相拼读而成 [gi ki] 或 [gī kī],这些波斯音的对音汉字是

---

① 按:此例"起"所对译的音被转写为 [ka],与其他 4 例不同,是否当为 [ki],存疑。
② "北图本"漏抄汉字注音,刘迎胜据其他各本补出。

中古见组三等开口字"吉、己、几、起、钦、乞"。

中古见组与开口呼、合口呼的一、二、三、四等韵都能够相拼（群母只跟三等韵相拼），与三等相拼的音正是 [ki] 或 [k'i]，二者的音大致相近。《回回馆杂字》所用的见组三等字只有开口字，没有合口字。既然"吉、己、几、期、起、钦、乞"所对译的是 [gi ki] 或 [gī kī] 之类的音，那么这几个字就还没有变成舌面音 [tɕ] 或 [tɕ']。

2. 见组二等开口字的对音情况

波汉对音所使用的见组二等字只有 1 个"革"字。"革"对音 52 次，其所对译的音有 [q qa qī gi ga ka ku]。其中"革"对译 [qī gi] 共 6 次。

表 4-4 "革"对译 [gi qī] 的情况

序号	单词	译音	转写
1	گران, 重	革剌恩	girān
2	فقیر, 贫	法革儿	faqīr
3	فستقی, 柳青	非思忒革	fustaqī
4	خط تحقیقی, 真字	黑忒·忒黑革革	khat-i tahqīqī
5	حقیقت, 实	黑革革忒	haqīqat

此时如果有滋生的 [i] 介音的话，中古二等开口字"革"应该可以对译 [gi qī]，正如上表所示。但是"革"更多时候是用来对译 [q]（22 次）和 [qa]（10 次）[①]、[ga]（12 次）。可见，"革"有时候对译 [gi] 和 [qī]，有时候对译 [ga] 和 [qa]，说明对音人认为近似而已，不能认为"革"字处于滋生 [i] 的变动之中。

综上，永乐本《回回馆杂字》对音汉字的语音系统中，中古见、溪、群三母字没有变作舌面音 [tɕ] 或 [tɕ'] 的迹象。已有材料显示见组开口二等字没有滋生出 [i] 介音。

---

① ق [q] 处于波斯音节末尾，不与元音相拼。

（二）晓、匣二母对音情况分析

中古晓母、匣母三等开口韵字在现代汉语普通话中变作了舌面音 [ɕ]。永乐本《回回馆杂字》用中古晓、匣二母字对译波斯字母【خ】[kh]、【ح】[h]、【ه】[h]。具体情况如下：

对译【خ】[kh] 音的汉字有 11 个，其用字及其对音次数是：哈，9 次；黑，40 次；乎，5 次；虎，4 次；户，4 次；花，3 次；罕，3 次；或，3 次；昏，2 次；火，1 次；亥，1 次。

对译【ح】[h] 音的汉字有 5 个，其对音用字及其对音次数是：黑，14 次；哈，1 次；罕，2 次；蒿，1 次；虎，1 次。

对译【ه】[h] 音的汉字有 7 个，其对音用字及其对音次数是：黑，30 次；哈，18 次；罕，2 次；户，1 次；虎，1 次；希、血各 1 次。

波斯语 [kh] 与 [h] 有清浊之别，其对音汉字都用晓、匣母字，且有交错用字的情况。这些对音汉字的中古音地位如下表：

表 4-5　晓组字对音分析表

序号	波斯音素	对音汉字	中古音地位	序号	波斯音素	对音汉字	中古音地位
1	kh/h	黑	晓德开一入曾	8	kh	或	匣德合一入曾
2	kh/h	哈①	疑合开一入咸	9	kh	昏	晓魂合一平臻
3	kh	乎	匣模开一平遇	10	kh	火	晓戈合一上果
4	kh/h	虎	晓模开一上遇	11	kh	亥	匣咍开一上蟹
5	kh/h	户	匣模开一上遇	12	h	蒿	晓豪开一平效
6	kh/h	罕②	晓寒开一上山	13	h	希	晓微开三平止
7	kh	花	晓麻合二平假	14	h	血	晓屑合四入山

---

① 《广韵》"哈"，五合切，鱼多貌。从"哈"字所对译的波斯音看，其时该字的声母不是疑母而是晓母。《广韵》"呵"有二读：虎何切，同"诃"，晓歌开一平果；呼箇切，嘘气，晓歌开一去果。明代文献中"哈"字所记录的音义与"呵"字同。

② 《广韵》作"罕"。

上表中，"黑、哈、户、虎、罕"既可以与波斯语 [kh] 对应，又可以和波斯语 [h] 对应。[kh] 是浊音，而"黑、哈、虎、罕"是清音；[h] 是清音，而"户"是浊音。可见这几个汉字已经清浊无别。从汉语语音发展史看，浊音清化是演变大势，而《回回馆杂字》中波汉对音材料显示了中古匣母已经变同其同部位的清音了。

上表中"希、血"分别是晓母三、四等开口字，其所对应的波斯辅音都是 [h]；而晓母、匣母的一、二等开口字"黑、乎、虎、罕、蒿"也都对应波斯语 [h]。晓匣母字无论等位，其开口字所对译的波斯语音都是一样的，"希、血"二字共对音 3 次，所对译的音是ﻫﻰ [hī]，对音情况如下：هيزمزننده，樵人，血津则南得（hīzum-zananda）；ماهى (māhī)，鱼，马希；ماهيگير，渔人，马希几儿（māhī-gīr）。

用辅音【ﻩ】[h] 与表示长元音的【ﻯ】[ī] 相拼读，所选用的对音汉字中，"希"是晓母微韵三等开口字，"血"是晓母屑韵合口四等字。晓母字是可以与四等相拼的字，故其与三等和四等韵相拼的音 [hi] 或 [hiu] 都能够与波斯音 [hi] 或 [hī] 相对应。可见《回回馆杂字》时代晓匣母字尚未发生腭化。

综上所述，中古见晓组细音声母字在永乐本《回回馆杂字》中，没有发生腭化现象。

三、精组字的对音情况分析

中古精组声母的细音变为现代汉语普通话的舌面音 [tɕ tɕ' ɕ]，是近代汉语语音演变的重要现象。

波斯语有 [z s] 音素，无相当于汉语的 [ts'] 音素。波斯语 [z] 是浊音，由【ز、ض、ظ、ذ】四个不同的字母表示；[s] 是齿间清擦音，由【س、ص、ث】三个不同的字母表示。在《回回馆杂字》中辅音字母【ز】出现 71 次，【ض】出现 7 次，【ظ】出现 4 次，【ذ】出现 4 次;【س】出现 124 次，【ص】出现次 16 次，【ث】出现 1 次。

（一）[z] 音素的对音情况

永乐本《回回馆杂字》中，与波斯音素 [z] 对音的汉字有精、从、心诸母字以及古庄母字，共 10 个汉字。

精母字有 7 个，其用来对音的次数如下：即（14 次）、节（1 次）、咱（7 次）、则（27 次）、子（24 次）、祖（2 次）、津（1 次）；从母字 1 个：尽，1 次；心母字 1 个：虽，1 次；庄母字 1 个：簪，4 次。对音汉字的中古音韵地位如下表：

表 4-6　精组字对音分析表

序号	对音汉字	中古地位	序号	对音汉字	中古地位
1	即	精职开三入曾	6	子	精之开三上止
2	节	精屑开四入山	7	津	精真开三平臻
3	则	精德开一入曾	8	尽	从真 A 开三上臻
4	祖	精模开一上遇	9	虽	心脂 A 合三平止
5	咱①	精曷开一入山	10	簪	庄侵 B 开三平深

上表显示：1. 浊音清化。庄组三等字"簪"所对译的波斯音是 [z]，浊擦音。2. 从上表的对音汉字看，"即、节、津、子、尽"都是精从母三等或四等开口字，都用来对译波斯语的 [z] 音，与一等字"则、祖、咱"的对译音素一致，可见《回回馆杂字》时代精从母字并没有发生腭化现象。由于波斯语无类似于汉语的 [tsʻ] 音，故对音汉字中无古清母字。但是据精母字和从母字的对音情况可以推定，《回回馆杂字》时代精、清、从三个声母的字没有腭化现象。"簪"是庄组三等字，对译波斯音 [z]，说明"簪"那个时候就已经读成平舌音了。"虽"是心母脂韵合口字，其声母的音值与波斯音 [z] 大体上是发音部位相近、清浊不

---

① 《广韵》无此字。见于《中原音韵》精母家麻韵平声。《篇海》："子葛切，音咂。俗称自己为咱。"

同的关系，故有混淆。在下文波斯 [s] 音的对音汉字中也有"虽"字，可证此说。

（二）[s] 音素的对音情况

与波斯辅音 [s] 对音的汉字是古心母字和邪母字。心母字有 15 个，邪母字有 2 个。对音汉字的对音次数及所对应的字母如下：

撒，对音 16 次，其中对应【س】12 次，对应【ص】3 次，对应【ث】1 次。塞，对音 30 次，其中对应【س】26 次，对应【ص】4 次。散，对音 1 次，所对应的字母是【ص】。桑，对音 1 次，所对应的字母是【س】。嫂，对音 2 次，所对应的字母都是【س】。思，对音 50 次，对应【س】49 次，对应【ص】1 次（特例：خاص，khāss，专，哈思。字母【ص】对应的音素是 [ss]）。苏，对音 7 次，其中对应【س】6 次，对应【ص】1 次。速，对音 9 次，其中对应【س】6 次，对应【ص】3 次（特例：تجسس，tajassus，查，忒折速思。字母【س】对应的音是 [ss]）。虽，对音 1 次，对应的字母是 ص。孙，对音 1 次，对应的字母是【س】。锁，对音 1 次，对应的字母是【س】。西，对音 1 次，对应的字母是【س】。洗，对音 15 次，对应的字母都是【س】。细，对音 1 次，对应的字母是【س】。些，对音 3 次，对应的字母都是【س】。随，对音 1 次，对应的字母是【ص】。遂，对音 1 次，对应的字母是【ص】。这些对音汉字的中古音韵地位详见下表。

表 4-7　心、邪母字的对音情况

序号	对音汉字	中古地位	序号	对音汉字	中古地位
1	撒[1]	心合开一入咸	3	散	心寒开一上山
2	塞	心哈开一去蟹；心德开一入曾	4	桑	心唐开一平宕

---

[1] 《广韵》无此字。见于《中原音韵》心母加家麻韵入作上"飒"小韵。心母合韵字。

续表

序号	对音汉字	中古地位	序号	对音汉字	中古地位
5	嫂	心豪开一上效	12	西	心齐开四平蟹
6	思	心之开三平／去止	13	洗	心齐开四上蟹
7	苏	心模开一平遇	14	细	心齐开四去蟹
8	速	心屋开一入通	15	些	心麻开三平假
9	虽	心脂A合三平止	16	随	邪支A合三平止
10	孙	心魂合一平臻	17	遂	邪脂A合三去止
11	锁	心戈合一上果			

上表所反映的语音特点是：1.浊音清化。2.心母开口三、四等字"思、西、洗、细、些"对译波斯语 [s] 音，与心母一等开口字"撒、塞、散、桑、嫂、苏、速、孙"所对译的波斯音 [s] 一致，也与心母合口一等"锁"、心母合口三等"虽、随、遂"对译的波斯音一致。可见，其时心（邪）母字没有发生腭化。

考察《回回馆杂字》所使用的精组字的对音情况，我们得出以下结论：

1.从母清化，变同同部位的清音。邪母清化，变同同部位的清音。

2.精组声母的开口三、四等字所对译的波斯音素与其开口一等字所对译的音相同，也与其合口一、三等字所对译的波斯语音相同。故我们认为，精组开口三、四等字没有发生腭化现象。

尖团音合流是比较晚近的事情。《中原音韵》"基龟、欺妻、希西"分别对立，说明它们两两并不同音。兰茂《韵略易通》用"见、开、向"分别代表 [k k' x]，用"早、从、雪"分别代表 [ts ts' s]。在《回回馆杂字》中，没有拿见晓组细音字去对译波斯 [z s] 的现象，也没有拿精组细音字去对译波斯 [g q k kh h] 等语音的现象，说明见晓组与精组的细音划然有别。

小结

上文我们分析了永乐本《回回馆杂字》见晓组、精组字的对音情况，从中可知，永乐本《回回馆杂字》见晓组、精组字的细音没有发生腭化音变。

第六节　日母字的对音

一、日母的中古拟音及其演变

中古日母在现代方言中一派变成浊擦音，一派变成鼻音；在现代汉语普通话里大部分变成了全浊擦音 [z]，一小部分字变成了零声母字（主要是止摄的支脂之三韵开口字与日母相拼变成了零声母字）。高本汉《中国音韵学研究》列举了 45 个日母字在 26 种方言中的读法："这个古声母普通用 ŋ, dʐ, n̠, z̠, ǰ, ɖ, z, n, l, v 这些音来读它，或者失落（○），或者完全生出一个新音；ɛr, œr, ər, ar, ɣœr。"（高本汉 1915~1926/2003：335）并指出《切韵》时代的日母是 [ńʑ]（即 [nʑ]），中古日母的演变过程是：nʑ > ndʑ > dʑ（高本汉 1915~1926/2003：342~344）。蒲立本（1984）将中古汉语分为早期和晚期两个阶段，在早期阶段，腭化的舌面中鼻音日母的音值是 [ɲ]（根据越南汉字音构拟）。后来鼻音成分消失（denasalize），变为卷舌的可持续音，即晚期阶段日母的音值是 [r]。王力《汉语语音史》将隋唐时期音系分为隋-中唐音系、晚唐五代音系两个阶段，将前一阶段日母的音值构拟为舌面前鼻音 [n̠]，后一阶段构拟为闪音 [r]，并指出闪音 [r] 是从舌面前鼻音 [n̠] 演变而来的（王力 1985/2010：186、264）。李荣《切韵音系》说：

"高本汉认为《切韵》日母是 [ńź]，Maspero 认为七世纪时，日母是 [ñ]（=[ń]）。从梵文字母对音看起来，Maspero 的修正比较好些。"又，"如果《切韵》日母是 [ńź]，娘母是 [nj] 或 [ń]，何以善无畏译音（724 年）以前，全用日母字对梵文'ña'，到不空译音（771 年）以后才改用'娘'字。依照我们的说法，日母一直是 [ń]，所以善无畏以前都用来对译梵文'ña'，到不空那时候，日母的音变了，才用娘 [niaŋ] 去对译梵文 [ña]。"（李荣 1956：126）不过，从现代汉语方言日母的各种读法来看，日母曾经有过 [nʐ] 的读法。王力原先赞同高本汉的构拟，后来改变了看法："宋元时代（甚至更早），日母就已经是个 [ʐ]。我在我的《汉语音韵学》和《汉语史稿》中，采用高本汉的拟音，把中古日母拟测为 [nʐ] 是错误的……现代汉语的日母，在汉语拼音方案中用 r 来表示；在现代汉语教科书中，用国际音标来说明日母的音值时，通常用 [ʐ] 来表示。汉语拼音方案用 r 来表示日母，是正确的；教科书中用国际音标 [ʐ] 来表示日母，则是错误的。日母应该是个卷舌闪音 [ɽ]。"（王力1979：281~287）

施向东《玄奘译著中的梵汉对音研究》《鸠摩罗什译经与后秦长安音》《十六国时代译经中的梵汉对音》《北朝译经反映的北方共同汉语音系》、刘广和《不空译咒梵汉对音研究》《〈大孔雀明王经〉咒语义净跟不空译音的比较研究》《东晋译经对音的晋语声母系统》《西晋译经对音的晋语声母系统》《南朝宋齐译经对音的汉语音系初探》等梵汉对音研究认为，至少从初唐开始，北方方音中就分为中原音和西北音两大方言区，中原日母对梵文舌面鼻音 [ɲ]，这种对音形式由来已久，可上溯到后汉三国，而不空西北音日母字对 j[dʑ]，同时也对 [ɲ]。一般把日母西北音构拟为 [ndʑ]，严格一点的话可构拟为 [ⁿdʑ]。日母 [ɲ] 和 [ⁿdʑ] 是方言的差异。林焘《日母音值考论》主要着眼于不空日母字梵文对音中 ja 的形式，主张至少在中唐时期，日母在通语里已经读成 [ʐ] 一类的音了。不空之后不久，[ʐ] 就大约开始向通音 [r] 转化。而日母构拟成

[n̠] 是代表当时的吴音，以吴语为核心的东南地区，日母一直以读鼻音为主（林焘 2001：317~336）。项梦冰《客家话古日母字的今读——兼论切韵日母的音值及北方方言日母的音变历程》认为北方汉语日母的演变遵循的也是鼻音弱化为零声母的音变，即 [n̠] 到 [ø] 的音变。读浊口音 [z] 是晚期的变化，是 [i] 介音擦化的结果（项梦冰 2006）。陈以信 *A Reconstruction of Late Middle Chinese* 接受蒲立本中古音分期的观点，不过拿不空对音作为"晚期中古汉语"声母拟音的重要依据，日母拟为 [ⁿdʑ]，他认为不空音系中的 [ndʑ] 是从早期中古汉语的鼻音 [ɲ] 演变而来的，演变的规律是鼻音后加上同部位的塞音，由于音系中没有出现和 [ɲ] 同部位的 [ɟ]，故而用舌面前浊塞擦音 [dʑ] 代替。从梵汉对音材料研究情况看，人们对中古日母的音值及其演变途径均有观点分歧。

中古日母在现代汉语方言中的演变非常复杂。这与日母字的鼻擦音性质有关。金有景《论日母——兼论五音、七音及娘母》列出了中古日母字在现代汉语方言里的大约二十种读法：

[z]　苏州"惹"[zɒ]，浙江义乌"肉"[zoʔ]、"二"（二二得四）[zi]、潮州"入"[zip]，成都"入"[zu]、太原"蕊"[zuei]。

[dʑ]　厦门"惹"[dʑia]、[dʑe]，"乳"[dʑu]，"入"[dʑip]。

[ts]　福建莆田"人"[tsiŋ]。

[d]　福建泉州"认"[din]、"若"[diɔk]、"闰"[dun]。

[ʑ]　浙江义乌"染"[ʑyɛn]。

[ʐ]　山西平遥"人"[ʐə̃ŋ]、"染"[ʐaŋ]，西安"辱、褥"[ʐou]，长沙"辱、褥"[ʐɤu]。

[n]　汉口"惹"[nɣ]，浙江义乌"儿、二"[n]，福建莆田"人"[naŋ]，福建尤溪"肉"[nuo]。

[ʔn]　浙江义乌"尔你"[ʔn]

[n̠]　湖南双峰"惹"[n̠ia]，浙江义乌"肉"[n̠iaiu]、"染"[n̠ie]，

广东梅县"入"[nip]。

[ʔn̩]　浙江嘉兴"肉"[ʔnioʔ]。

[ŋ]　福州"耳"[ŋi]，福建将乐"软"[ŋuãe]。

[g]　福建龙岩"若"[giak]、"闰"[gin]、"热"[giat]。

[l]　济南"蕊"[luei]、"乳"[lu]，扬州"人"[ləʔ]，南昌"人"[lat]，苏州"儿"[l]。

[l̩]　河北深县"二"[l̩]。

[m]　福建尤溪"肉"[ma]。

[v]　西安"如、乳"[vu]、"蕊"[vei]、"入"[vu]，福建邵武"闰"[vin]。

[Ø]　（零声母）北京"儿、二"[ɚ]，山东烟台"日"[i]、"染"[ian]，湖南双峰"辱、褥"[iu]、"热"[iɛ]，山东烟台"入"[y]，福州"乳"[y]，长沙"入"[y]，湖南双峰"蕊"[y]，汉口"入"[y]。

[ɦ]　浙江义乌"尔、你"[ɦie]、"二"[ɦie]。

[ƚ]　北京日母字的读法（金有景 1984：346）。

亢婷《中古日母字在现代汉语方言的语音演变研究》考察了日母字在现代汉语十大方言区 201 个小方言点的读音情况，比金有景的研究多了 [j ʒ ʀ ɣ] 几种读法，丰富了金有景的研究成果。该文从"儿"类字与非"儿"类字入手，得出了日母字在官话方言 71 个方言点的语音演变类型、比例以及分布情况：

第一，"儿"类字在官话方言演变类型主要有两类三种情况，1.零声母类型。2.非零声母类型。非零声母型又分为两种，（1）声母读作 [l ɣ ʀ]；（2）声母 [l l̩] 自成音节。

第二，非"儿"类字在官话方言区的读音演变有两类五种：1.零声母类型。2.非零声母类型。非零声母类型又分四种，（1）声母绝大多数读作擦音 [ʐ z ʒ]，少数变作 [l v]，韵母失去 [-i-] 介音，读为开口呼或合口呼。这一类型是官话方言"非儿类字"的主要演变类型，分布在官话方言各个片区，约占所有统计官话方言的 80.3%；（2）声母绝大部分读作边音 [l]，韵母读为开口呼或合口呼。这一类型分布在江淮官话的扬州、镇江 2 个方言点，约占所有统计官话方言的 2.5%；（3）声母读作浊鼻音 [n ŋ]，韵母失去 [-i-] 介音，大部分读作开口呼或合口呼，少部分读作齐齿呼或撮口呼。这一类型主要分布在西南官话武汉、常德 2 个点，约占所有统计官话方言的 2.5%；（4）声母弱化，绝大部分读作半元音 [ɻ]，个别字读作零声母 [Ø]，韵母失去 [-i-] 介音，读为开口呼或合口呼。这一类型分布在江淮官话的安庆方言点，约占所有统计官话方言的 1.7%（亢婷 2013：7）。

二、日母字波汉对音情况

永乐本《回回馆杂字》波汉对音汉字中所使用的古日母字有 6 个：惹、日、儿、尔、耳、恁。其中，"惹、日"，所对译的波斯辅音是【ژ】[jh]；"恁"所对译的波斯辅音是【ن】[n]；"耳、尔"所对译的是波斯音素是【ر】[r]。"儿"既对译【ر】[r]，又对译【ل】[l]。需要说明的是，波斯音素 [r] 同时还用古来母字对译，而波斯音素【ل】[l] 除了用来母字对译，也用日母字"儿"对译。具体情况见下表。

表 4-8　日母字对音情况

	波斯音素	对音次数	对音汉字的音韵地位	备注
惹	ژ[jh]	1	日麻开三上假；日药开三入宕	非支思韵字
日	ژ[jh]	4	日质开三入臻	非支思韵字
儿	ر[r]	167	日支开三平止	支思韵字
	ل[l]	1		支思韵字
耳	ر[r]	1	日之开三上止	支思韵字
尔	ر[r]	1	日支开三上止	支思韵字
恁	ن[n]	2	日侵开三上深	非支思韵字

（一）"惹、日"对音情况

对音例证：ژاره（jhāla），霖雨，惹勒；ازدر（ajhdar），辰，阿日得儿；آژدر（ājhdar），龙，阿日得儿；ژمره（jhimura），蝉，日母勒；غژک（ghijhak），琴，额日克。

波斯辅音【ژ】[jh] 是【ش】[sh] 的浊音。《回回馆杂字》用以对译【ج】[j]、【چ】[ch]、【ش】[sh] 音的汉字都是知、庄、章组声母字，这些字今读 [tʂ tʂ' ʂ]；用以对译【ژ】[jh] 的字是支思韵以外的日母字。波斯字母【ژ】[jh] 是前腭浊舌面擦音它既可以和长元音相拼，也可以和短元音相拼，而汉语的日母字只能与三等韵相拼。明代兰茂《韵略易通》（1442）《早梅诗》的日母字是个舌尖后闪音，音值是 [ɽ]（王力 1985/2018：438），发音部位与 [tʂ tʂ' ʂ] 相同，发音时，舌尖向上翘接近硬腭，只和三等韵相拼。用来对音的日母非支思韵字与波斯音素【ژ】[jh] 音色接近，故而可以对译。

（二）"恁"字的对音情况

日母侵韵字"恁"在《回回馆杂字》中的对音有 2 次：نیم شب（nīm-shab），子（时），恁舍卜；نیمتنه (nīm-tana)，短衫，恁忒纳。其所对译的波斯音节是 [nīm]。抛开其 [-m] 韵尾不说，单就其声母所对译的波斯辅音 [n] 来说，从日母变成泥母，在汉语方言中是存在的。

三、波斯音素【ر】[r] 的音译字分析

（一）"耳、尔"对音情况

عرضه（'arza），奏，阿尔则。该单词由 2 个音节组成，其中第一个音节是 CVC 式。在该音节中，【ر】[r] 处于音节末尾，一个音素对应一个汉字"尔"。

جانور（jānwar），莺，鲊奴斡耳。该单词也是由 2 个音节组成，其中第二个音节是 CVC 式，【ر】[r] 处于音节末尾，一个音素对应一个汉字"耳"。

（二）"儿"的对音情况

波斯音素【ɹ】[r] 的对音汉字有日母支思韵的"儿、耳、尔"三个字，也有来母字。为方便比较，我们也统计了来母字的对音情况。

表 4-9　波斯音素 [r l] 的对音汉字及对译次数

波斯音素 汉字声母	r	l
日母	儿 167 耳 1 尔 1	儿 1
来母	剌蓝郎劳勒里力列林鲁路罗 /116	剌蓝郎勒里力列鲁路 /90
总数	285	91

从上表可以看出，波斯音素【ɹ】[r] 既可以用日母支思韵字对译，又可以用来母字对译。下面我们从波斯音节构成的角度分几个方面来探讨【ɹ】[r] 的对音特点。

1. CVC 音节末尾的音素【ɹ】[r]

在 CVC 结构的音节中，处于音节末尾的【ɹ】[r]，对音汉字除了"尔、耳"，还有"儿、剌、勒"，用"儿"对译的次数远远高于"尔、耳"和"勒"。对音汉字为"勒"的例证如下：

شیر（shīra），卓，史勒。

پدرفتار（pid-raftār），举保，迫得勒夫他勒

来母字"勒"与日母字"儿"所对译的是同一波斯音素，说明波斯音【ɹ】[r] 与汉语的日母和来母的音值都比较接近。

下面这三个例证，音译汉字"儿"所对译的波斯音，刘迎胜转写为 [ra]，与上文的两例中"勒"所对译的音转写相同。由于波斯语不标识短元音符号，故此转写我们存疑。例证如下：قریانی（qara-yānī），云南，古儿呀你；حرکات（harakāt），动，黑儿噶忒；کهربای（kah-rubāy），琥珀，克黑儿巴衣。

2. CVCC 结构中，处于 C_2、C_3 位置的【ر】[r] 的对音汉字

C_3 位置上用"儿"与"勒"：

بدر（badr），圆月，百得儿；شهر（shahr），城，舍黑儿；عمر（'umr），寿，兀木儿；مكر（makr），诈，默克儿；چتر（chatr），伞，彻忒儿；شكر（shikr），糖，捨克儿[①]；سطبر（sitabr），厚，洗忒卜儿；ابدالدهر（abad al-dahr），永远，阿卜钝得黑儿[②]；زهر（zahr），胆，则黑勒。

C_2 位置上用"儿"，无"勒"：

برق（barq），电，百儿革；گرد（gard），尘，克儿得；كشاورز（kashāwarz），农，起沙斡儿子；نيكمرد（nīk-mard），仙，乜克. 默儿得；فرج（farj），阴，法儿知；مرغ（murgh）鸡，木儿额；سيمرغ（sīmurgh），凤凰，洗木儿额；برك（bark）叶，百儿克；كارد（kārd），刀，噶儿得；سرب（surb），铅，速儿卜；سرخ（surkh），红，速儿黑；زرد（zard），黄，则儿得；خرد（khurd），小，户儿得。

3.VCC 结构中 C_2 位置用"儿"：仅 1 例：آرد（ārd），面，阿儿得。

波斯【ر】[r] 在 CVC 音节末尾、在 CVCC 的 C_2、C_3 的位置、在 VCC 的 C_2、C_3 的位置上，对音汉字主要是"儿"（167 次），用"尔、耳、剌、勒"对译只是少数，对音方法都是一个音素用一个汉字来对译。既然"儿"所对译的是波斯辅音 ر[r]，"儿"自然是代表其辅音；"儿"本身的声母就可以完成对音任务。

4.CV、CVC、CVCC 几种音节中起首位置的音素 ر[r] 的对音汉字

处于 CV、CVC、CVCC 几种结构音节起首位置的 ر[r] 绝大多数用来母字对译，计有"剌蓝郎劳勒里力列林鲁路罗"等 12 字，共 116 次对音；只有 1 次用日母字"儿"对译。其对译的具体情况是：

---

① 刘迎胜作"糖，拾克儿"。北图本、巴黎本作"捨克儿"，今据改。

② 刘迎胜作"阿卜纯得黑儿"。据北图本、巴黎本改"纯"作"钝"。

　　【ﺭ】[r] 后跟表示长元音【ﺍ】、【ﺁ】[ā] 的，用"剌"对译；【ﺭ】[r]
后跟处于词尾表示元音的【ﻩ】[a] 相拼读的音，用"勒"对译。除此之
外，【ﺭ】[r] 与无标示的短元音 [a] 相拼读，用"勒"；单独一个【ﺭ】[r]
也用"勒"对译。

　　【ﺭ】[r] 后跟表示长元音的 ﻯ[ī]，用"里、列"对译。只有 1 例【ﺭ】
[r] 与无标示的短元音相拼读的音用"里"对译。【ﺭ】[r] 与无标示的短
元音 [i] 相拼读的音，用"力"对译。

　　【ﺭ】[r] 跟表示元音的 ﻭ[ū]/[au] 相拼读，用"鲁、罗、劳"对译；【ﺭ】
[r] 与无标示的短元音 [u] 相拼读的音用"鲁、路"对译①。

　　【ﺭ】[r] 后跟 ﻥ[n] 的，用"蓝、郎"对译；ﺭ[r] 后跟 ﻡ[m] 的，用
"林"对译。

　　用"儿"对译 [ra] 的例证只有 1 个：ﻧﻘﺮﻩ（nuqra），银，奴革儿。
该例中，【ﺭ】[r] 与处于词尾表示元音的【ﻩ】[a] 相拼读，对音汉字是
"儿"，而其他同样拼读的音都是用"勒"来对译的。用"儿"对译 ﻝ[l]
音的例证只有 1 个：ﻣﻨﻘﺎﻝ（minqāl），嘴，敏噶儿。说明"儿"声母的音
值与波斯 ﻝ[l] 音接近。这个情况同时说明"儿"是有声母的，其音值与
"勒"的声母音值应该是接近的。

　　波斯字母【ﺭ】[r] 为舌尖前腭音，发音时，舌尖靠近上齿龈，气
流冲出，使舌尖在短时间内发出多次颤动，声带振动。【ﻝ】[l] 也为舌
尖前腭音，发音时，舌尖抵住上齿龈，舌面稍向硬腭抬起，气流自舌
的两边摩擦而出，声带振动。汉语没有舌尖颤音，在说汉语的人那里，
波斯语的 [l] 与 [r] 多有相混的情况存在。下面的例子中，同一个【ﺭ】[r]
既对"儿"又对"勒、剌"等字，其所反映的也正是 [r] 与 [l] 音色近似
的特点。

---

① 只有 1 例用"路"对译 [ra]。或为转写问题，待榷。

5.同一【ر】[r] 既对译"儿"又对译"勒"或"剌、里"

تره（tarra），辣，忒儿勒；ذره（zarra），毫厘，则儿勒；مرواريد（murwārīd），珠，默儿洼里得。

[l] 与 [r] 多有相混，这个问题在其他阿汉、波汉对音材料中都非常普遍地存在着。

6.存疑例

دريا（dariyā），海，得儿呀；جاريه（jāriya）妾，鲊儿夜；بوريا（būriyā），席，钵儿呀；فرستادن（firistādan）差，法儿思他丹。

这 4 个例子中，【ر】[r] 后都跟着字母【ى】。从对音汉字看，"儿"对译【ر】[r]，【ى】在这几个单词中应该表示的是辅音 [y]，并与其后的长元音 [ā] 相拼读成"呀、夜"之类的音。但是转写的形式中，[r] 后多了一个 [i]。此 4 例【ر】[r] 的转写形式是 [ri]，对音汉字是"儿"。与前文"勒、儿"对译的音被转写为 [ra] 一样，如果转写不误，则"儿"字的辅音色彩应当是非常明显的（因为处于音节之首，且与短元音相拼），说明"儿"在永乐本《回回馆杂字》时期还是有声母的。

四、日母音值的讨论

从汉语日母的演变角度看，中古的日母是个鼻擦音，与来母字完全不同。明初《回回馆杂字》波汉对音显示，中古日母"儿"类字的读音与来母字音接近，而同是中古日母的"惹、日"两字的声母与"儿"类字的声母并不相同。这一方面说明，"儿"类字是有声母的，其时并未消变为零声母；另一方面说明"儿"类字声母的音值与日母其他韵字的声母不同，即：日母支思韵字的声母音值与波斯辅音【ر】[r] 或者【ل】[l] 接近；日母非支思韵字声母音值与波斯辅音ژ[jh] 接近。

《中原音韵》的日母字有 109 个，分布在东锺、江阳、支思、齐微、鱼模、真文、先天、萧豪、歌戈、车遮、庚青、尤侯、侵寻、廉纤等 14 个韵中。除支思韵的"儿而洏、尔迩耳饵珥駬、二贰饵"12 个字和

齐微韵中韵母是 [ui] 的"蕤、蚋芮锐烻"5 个字，韵母都有 [-i-] 介音或者韵母是 [i]。宁继福《中原音韵表稿》将日母支思韵"儿"类字的声母的音值拟作 [ʈ]，将支思韵以外的日母字的声母音值拟作 [r]。他说："中古日母字在《中原音韵》里实际上已经分化为两类，支脂之三韵开口'儿耳二'等入支思韵，与'之齿师'等字为伍，韵母是 i，声母当为卷舌闪音 ɽ。"（宁继福 1985：215）

王力《汉语语音史》指出：《中原音韵》日母字只有在支思韵读 [ʈ]，其余一律读 [r]。"日母在元代分化为 [r ʈ] 二母，[r] 母后来又转化为 [ʈ]，同时 [ʈ] 母（耳母）转变为卷舌元音 [ɚ]，二母仍不相混。"（王力 1985/2018：357）"儿而耳尔二贰'等字原属日母，在元代读 [[ʈ]，到明清时代转入影母（零声母），读 [ɚ]。《等韵图经》把'尔二而'放在影母下，可以为证。同时，其他日母字则由齐微韵转入支思韵，填补'儿而耳尔二贰'的遗缺，改读为 [ʈ]。"（王力 1985/2018：444）

《回回馆杂字》日母字的拟音也是两种，一种与波斯辅音【ر】[r] 或者【ل】[l] 音近，我们拟作 [ʈ]（支思韵字的声母）；一种与波斯辅音【ژ】[jh] 音近（【ژ】[jh] 是【ش】[sh] 的浊音），我们拟作 [z]（非支思韵字的声母）。与波斯辅音【ر】[r] 或者【ل】[l] 音近的 [ʈ]，在现代汉语普通话中脱落消失，这些支思韵字就变成零声母字了。与波斯辅音【ژ】[jh] 音近的 [z]，成为日母的另一演变方向，变成了今天的卷舌音 [ʐ] 声母。

参照王力、宁继福的研究，中古日母从《中原音韵》到《回回馆杂字》到现代汉语普通话的演变进程如下：

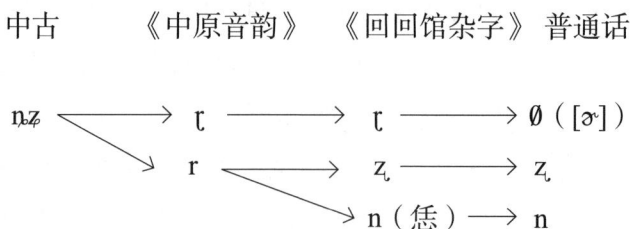

中古　　《中原音韵》　《回回馆杂字》　普通话

$$
\begin{array}{lllll}
\text{ȵʑ} & \nearrow & \text{ʈ} \longrightarrow & \text{ʈ} \longrightarrow & \emptyset\ ([\text{ɚ}]) \\
& \searrow & \text{r} \searrow & \text{z} \longrightarrow & \text{ʐ} \\
& & & \text{n（恁）} \longrightarrow & \text{n}
\end{array}
$$

李思敬以四夷馆本《高昌馆杂字》（1407）和明宪宗成化七年（1471）刊刻的金台鲁氏俗曲等资料为据，认为儿化韵产生的年代当在1407 至 1471 年之间。我们研究了永乐本《回回馆杂字》"儿"类字，认为其声母（日母）并没有消失，只是原有声母的音值改变了。

第七节 《回回馆杂字》声母系统的特点

通过比较研究，永乐本《回回馆杂字》有 22 个声母，即：

p p' m f v

t t' n l

ts ts' s

tʂ tʂ' ʂ ʐ/ɻ

k k' ŋ x ∅

其具体特点是：1. 全浊音清化。2. 疑母独立。3. 微母独立，微母字中加入了疑云影诸母的合口字。4. 日母的音值分为两种，一种是 [ɻ]，与支思韵相拼；一种是 [ʐ]，与非支思韵相拼。日母字"恁"变入泥母。5. 知照合流为一组声母。6. 见晓组、精组未见腭化现象。

第五章 《回回馆杂字》对音汉字的韵母系统

从上文第二章第三节"对音汉字及其所对译之波斯音节"、第三章第二节"波斯元音所对应的汉字音、阳声韵字所对译的波斯音、入声韵字的分布情况"等材料来看，《回回馆杂字》对音汉字的韵母系统有以下几个方面的特点：第一，阴声韵和入声韵字都可以用来对译波斯语的元音；第二，异摄同尾、异摄异尾入声韵字相混；第三，-m 尾韵字，既可以对译波斯语 CVC 音节中的末尾音素 [m]，又可以对译波斯语 CVC 音节中的末尾音素 [n]。本章以波汉对音为材料，探讨明代初年汉语方言入声韵消变、-m 尾韵消变、y 韵产生与否等问题。

第一节 入声韵字对音研究

中古汉语的入声韵字有 [-k -t -p] 三种韵尾。在《中原音韵》里，根据古声母的清浊，发生了如下变化：全浊变阳平，次浊变去声，清音变上声，即"入派三声"。但是周德清在《中原音韵·正语作词起例》明确指出："入声派入平上去三声者，以广其押韵，为作词设耳。然呼吸言语之间，还有入声之别。"同样的表述还有："入声作三声者，广其押韵为作词而设耳，毋以此为比，当以呼吸言语还有入声之别而辨之可也。"关于《中原音韵》有无入声，学者们的观点分为两派：一派认为无，以王力等为代表；一派认为有，以李新魁等为代表，其观点是"汉语共同语入声真正的消失，时代不会太早，直至明代中叶以后，北京音是早一些消失了入声，而中原共同语入声的消失，恐怕要到清代才发生"（李新魁 1991：85）。

借助于明初波汉对音字，我们考察彼时汉语口语音中的入声消失与否的问题。

一、入声字及其所对译之波斯音

《回回馆杂字》用来对音的入声字有 64 个，其中通摄 6 个，江摄 5 个，臻摄 7 个，山摄 19 个，梗摄 8 个，曾摄 11 个，深摄 2 个，咸摄 6 个，对音字中无宕摄入声字，总对音次数约为 105 次。

表 5-1　入声字及其所对译之波斯音

韵摄	汉字	入声韵部	对译之音	对音次数	韵摄	汉字	入声韵部	对译之音	对音次数
1. 通摄	卜	屋一	b	45	2. 江摄	卓	觉	jū	6
			bū	2		朔		shū	3
			bu	2		搠		chū	3
			ba	1		握		ū	1
			bi	1		渥		ghū	1
	僕	屋一／沃	pu	4	3. 臻摄	必	质	bī	6
			pa	2				b-i	1
	木	屋一	mū	2				ba	1
			mu	5		密		mī	2
			m	5				mi	1
	秃		tū	4		吉		gi	1
	速		su	7		日		jh	2
			sa/si	2				jhi	1
	束	烛	shu	1				jha	1

续表

韵摄	汉字	入声韵部	对译之音	对音次数	韵摄	汉字	入声韵部	对译之音	对音次数
3.臻摄	失	质	sh	1	4.山摄	血	屑合	hī	1
	兀	没	vu	1		刺	曷	rā	28
			'u	1				lā	10
	乞	迄	ki	1				la	1
4.山摄	钵	末	bū	2		列	薛开	lī	2
	撇	屑开	pī	4				rī	4
	别	薛开	bī	7	5.梗摄	百	陌开	ba	25
	抹	末	mū	2				bu	1
	灭	薛开	mī	1				bba	1
	脱	末	tū	2				bb	1
	迭	屑开	dī	3		迫		pa	11
	彻	薛开	cha	9				pi	1
	折	薛开	ja	2		拍		pai	1
	咱	曷	zā	7				pay	1
	节	屑开	zī	1		的	锡开	di	4
	撒	曷	sā	16				d	1
	扎	鎋开	jā	6		赤	昔开	chī	2
	噶	曷	gā	7				cha	5
			kā	11				chi	1
			qā	6				sh	50
			qqā	1		石		shi	3
	月	月合						shī	6
	斡	末	wa	10				sha	2
			ghū	1				shā	1

续表

韵摄	汉字	入声韵部	对译之音	对音次数	韵摄	汉字	入声韵部	对译之音	对音次数
5. 梗摄	革	麦开	q	21		忒		tt	2
			ga	11		则	德开	za	24
			qa	11				z	1
			qī	6				zu	1
			ka	2				zi	1
			ku	1		即	职开	zī	11
			gi	1				zi	2
	额	陌开	'a	12				za	1
			'i	3		塞		sa	27
			'	6				sai	1
			gh	12				su	2
			gha	5	6. 曾摄			ga	3
			ghi	1				ka	14
6. 曾摄	默	德开	ma	34		克		g	8
			mu	1				k	34
			m/mm	3			德开	kū	1
	得	德开	d	53				ku	1
			da	43		黑		kh	25
			dd	2				kha	12
			di	1				khi	3
	忒		t	77				ha	10
			ta	40				h	34
			ti	1				hi	1

续表

韵摄	汉字	入声韵部	对译之音	对音次数	韵摄	汉字	入声韵部	对译之音	对音次数
6.曾摄	黑	德开	hī	1	8.咸摄	法	乏	fī	1
	或	德合	khwī	1				fi	2
			khwu	1				ffa	2
			khu	1		塔	盍	tā	1
	勒	德开	la	9				dā	1
			l	37		搭		dā	5
			ra	29		贴	贴	tī	1
			r	2		纳	合	nā	15
	力	职开	ri	4				na	34
			li	2				nay	
			ra	1		哈		khā	10
7.深摄	十	拾	sh	1				hā	13
	拾		shi	1				ha	6
8.咸摄	法	乏	fa	21					
			fā	5					

说明：

1. 上表是入声字及其所对译的波斯音，可以看出，一个入声字对译一个波斯辅音音素，这些入声字都以其声母特征为主要观测点；而有些波斯辅音与长元音、短元音拼读而成的音，也用入声韵字来对译，而其中古韵尾特征完全没有显示出来。

2. 从所对译的元音看，江（宕）摄入声字对译波斯 [ū]，梗摄二等入声字对译波斯 [a i u ai ī]，曾摄一等入声字对译波斯 [a i u ai ī ū]，梗曾摄入声字所对译的元音没有分别。

二、相同波斯音的不同对音汉字（含入声字、非入声字）

由于波斯语的长元音和短元音在对音汉字里没有区别，一个汉字既可对译长元音，又可以对译短元音。另外波斯文书写中存在着一个辅音兼用两次的现象，即该辅音既标识上一个音节的末尾音素，又标识下一个音节的首音素。这里需要说明的是：

1. 为了更好地观察入声韵的演变情况，下表列出入声字及其对音情况，并选择一两个与之语音相同的非入声字作参照；没有入声字对译的波斯音，则不再列出非入声字（其表中皆以"--"标识）；有些波斯音没有相应的入声字对译，表中以"--"标识。

2. 有些波斯单词，辅音相同、元音不同却选用了相同的对音汉字。如果此音所对应的非入声汉字缺乏，我们只能选取这类对音辅音相同、元音不同的音的汉字，表现在表里就是不同的列里的非入声字选用了同一个字；如果相应非入声汉字并不缺乏，则避免用同一个非入声字。

3. 刘迎胜《〈回回馆杂字〉与〈回回馆译语〉研究》波斯单词转写中的 [v w] 使用较为混乱。我们将辅音【ﻭ】用 [v] 表示，半元音则用 [w] 表示。

4. 波斯辅音 [y] 及其与元音相拼读的音的对音汉字没有入声字，故不列。

5. 表中入声字的对音次数见表 5-1，用来对比的阴声韵字的次数附在该字的右下角。

表 5-2 相同波斯辅音使用不同性质的对音汉字

波斯辅音	波斯元音						入声韵字对译一个辅音音素
	a/ā		i/ī		u/ū		
b	卜百必	把 4	卜必别	比 8	卜钵百	--	卜百

续表

波斯辅音	波斯元音						入声韵字对译一个辅音音素
	a/ā		i/ī		u/ū		
p	僕迫	巴5	撇迫	痞2	僕	--	卜
m	默	妈20	密灭	米10	木默抹默	母22	木默
f	法	法3	--	--	--	--	--
d	得搭塔	打12	迭的得	底11	--	--	的得
t	忒塔	他20	忒贴	梯10	秃脱	--	忒
n	纳	--	--	--	--	--	--
l	剌勒	--	列力	里8	--	--	勒
r	剌勒力	--	力	里21	--	--	勒
j	折扎	鲊2	--	--	卓	主5	--
ch	彻赤	叉2	赤	初1	搊	初1	--
sh	石失拾	沙12	石	赊1 史1	束朔	鼠1	石十
jh	惹日	--	日	--	--	--	日
z	咱则即	--	节则即	子23	则	祖	则
s	速撒塞	洗15	速	思50	速塞	苏6	--
g	噶革克	改1	吉革	--	--	--	克
k	噶革克	起1	乞	起5	革克	科11 苦2	克
q	噶革	--	革	--	--	--	革
h	黑哈	--	血黑	希2	--	--	黑
kh	黑哈	--	黑或	--	或	火1	黑
gh	额	--	额	--	斡	五3	额
'	额	--	额	--	兀渥	--	额
v	斡	洼21	月	迁1	兀握	--	

由上表看来：

臻摄入声字与通摄、梗摄入声字相混例：卜、百、必；表现为异摄同韵尾入声韵合并，-k、-t 相混。

山摄入声字与通摄、梗摄入声字相混例：卜、钵、百；表现为异摄同韵尾入声韵合并，-k、-t 相混。

山摄入声字与通摄、曾摄入声字相混例：木、默、抹；速、撒、塞；表现为异摄同尾入声韵合流，-k、-t 相混。

山摄入声字与梗摄、曾摄入声字相混例：迭、的、得；噶、革、克；表现为异摄同尾入声韵合流，-k、-t 相混。

山摄入声字与臻摄、通摄入声字相混例：卜、必、别；表现为异摄同尾、异摄异尾入声韵合流，-k、-t 相混。

山摄、梗摄入声字混同例：撒、迫；彻、赤；表现为异摄异尾入声韵合流，-k、-t 混同。

通摄与曾摄入声字相混例：速、塞；表现为异摄同尾入声韵混同。

宕摄入声韵字与臻摄入声韵字混同：惹、日；表现为 -k、-t 混同。

山摄与通摄入声字相混：秃、脱；表现为 -k、-t 混同。

山摄与梗摄入声韵字混同例：噶、革；表现为 -k、-t 混同。

山摄与曾摄入声字相混：剌、勒；列、力；咱、则、即；节、则、即；血、黑；表现为 -k、-t 混同。

臻摄与江摄入声字混同例：兀、渥；兀、握；表现为 -k、-t 混同。

臻摄与梗摄入声混同例：吉、革；表现为 -k、-t 混同。

臻摄、深摄、梗摄入声混同例：石、失、拾；表现为 -k、-t、-p 尾混同。

曾摄入声字与咸摄入声字混同例：得、搭、塔；忒、塔；忒、贴；黑、哈；表现为 -k、-p 相混。

山摄二等与三等入声字混同例：折、扎；表现为同摄二等与三等入声韵的合并。

梗摄与曾摄入声字相混例：革、克；表现为异摄同尾入声韵合流。

通摄与梗摄入声字混同例：僕、迫；表现为异摄同尾入声韵合并。

通摄与江摄入声韵字混同例：束、朔；表现为异摄同尾入声韵混同。

臻摄与山摄入声韵字混同例：密、灭；表现为异摄同尾韵混同。

由此可见，-k、-t、-p 三种韵尾已然混同无别。同时由于波斯元音的贫乏，波汉对音中元音的对音不够准确，所以出现了上文所看到的宕摄字和臻摄字混同之类的问题，我们不能据此下相关韵摄的韵已经合流的结论。

再者，入声韵所对之音，也有用阴声韵字对译的例证，可见这些混同了 -k、-t、-p 尾的中古入声字，与阴声韵字音相同或相近，可见其韵尾已经脱落了。

下面的例证可以明确用来说明入声韵尾已不存在的迹象：

1. سبک（sabuk），轻，塞卜克。

"卜"是帮母屋韵字，"克"是溪母德韵字，都收 [-k] 尾。从古音角度来说，用"卜"对译 [buk] 正好，但是译音人却用"卜"对译 [bu]，用"克"对译 [k]。如果"卜"还有入声韵尾的话，这个波斯单词的对音汉字就应该是"塞卜"，而无需用"克"专门对译 [k] 音素了。而现在恰恰相反，此种情况正可以说明"卜"的 [-k] 尾脱落了。

2. بت（but），佛，卜忒。

这个例子中，如果"卜"的韵尾已经变作喉塞音 [ʔ] 的话，那么选用"卜忒"来对译بت（but）这个音就有些不合适，可见"卜"是没有任何韵尾的。也就是说其入声韵尾已经完全消失了。

综上，《回回馆杂字》入声韵尾已经混同，并且已经脱落，入声韵变同阴声韵。

三、《洪武正韵译训》"俗音"所标记的入声

朝鲜端宗三年（1455）朝鲜汉学家申叔舟、成三问根据《洪武正韵》编纂的朝汉对音韵书《洪武正韵译训》，把原书的反切音译成"谚

文"（即"正音"），并用谚文标注了当时中国北方话的时音，即"俗音"。《译训》在"正音"里将《洪武正韵》的 10 个入声韵尾都分别对译为 [-k -t -p]，但是在"俗音"里全部用 [ʔ] 对译。李朝世宗在翻译刊行《洪武正韵》的同时，"虑其浩穰难阅"，又命申叔舟编纂简明的韵书，这就是《四声通考》（1455）。该书今已佚，其"凡例"被崔世珍收在《四声通解》（1517）卷末。"凡例"第八条云："入声诸韵终声，今南音伤于太白，北音流于缓弛。蒙古韵亦因北音，故不用终声。黄公绍《韵会》入声，如质韵颶、卒等字属屋韵匊字母，以合韵閤、榼等字属葛（当为曷）韵葛字母之类，牙舌唇之音混而不别，是亦不用终声也。平上去入四声虽有清浊缓急之异，而其有终声则固未尝不同。况入声之所以为入声者，以其牙舌唇之全清为终声而急促也，其尤不可不用终声也明矣。本韵之作，并同析异，而入声诸韵牙舌唇终声皆别而不杂，今以ㄱ、ㄷ、ㅂ为终声。然直呼以ㄱ、ㄷ、ㅂ则又似所谓南音，但微用而急终之，不至太白可也。且今俗音虽不用终声，而不至如平上去之缓弛，故俗音终声于诸韵用喉音全清ㆆ，药韵用唇轻全清ㅸ以别之。"（转引自宁忌浮 2003：76）申叔舟以ㄱ、ㄷ、ㅂ为终声，对应《洪武正韵》的 [-k -t -p]；用喉音全清ㆆ，对应当时"俗音"的 [-ʔ]。其时药韵似乎与效韵的韵尾相同了，故用唇轻全清ㅸ以别之，对应 [-u(o)] 或 [-w]。可见申叔舟编纂《四声通考》时，中国北方话口语音中，入声还有别于平上去诸韵，只是混同了中古的 [-k -t -p] 尾，变成收 [-ʔ] 尾韵了。

小结

早于《洪武正韵译训》将近 50 年的《回回馆杂字》（1407），其波汉对音入声字所反映的是入声韵尾混同、消失的状况，也就是说《回回馆杂字》所据的方音是没有入声韵的方音。但是有无入声调，限于材料的特殊性，无从质言。

第二节　阳声韵字对音研究

　　中古时期汉语阳声韵 [-m -n -ŋ] 三种韵尾对立。深、咸二摄诸阳声韵是《广韵》收 [-m] 尾的闭口韵，侵、覃、谈、咸、衔、盐、添、严、凡 9 个韵系（举平以赅上去）都各自独立。《中原音韵》分韵 19 部，其中侵寻、监咸、廉纤 3 个韵部是 [-m] 尾韵。明代兰茂《韵略易通》（1442）分韵 20 部，其中收 [-m] 尾韵字的韵部是侵寻、缄咸、廉纤。万历年间徐孝《重订司马温公等韵图经》（1606）分韵 13 部，将侵寻韵归入臻韵部，将缄咸、廉纤归并入山韵部。毕拱辰《韵略汇通》（1642）将侵寻韵与真文韵归并为真寻部，将监咸（缄咸）与寒山归并为寒山部，将廉纤韵并入先全部，说明二者之间发生了趋同音变现象。

　　在汉语语音发展过程中，[-m] 韵尾转变成 [-n] 韵尾是一个重大的语音演变。这种演变使得汉语韵尾系统大为简化，汉语韵母数量大为减少。现代汉语广州话、闽南话、客家话还保留 [-m] 韵尾，其他方言 [-m] 尾都已经转化为 [-n] 或 [-ŋ] 了。

　　[-m] 韵尾转化为 [-n] 韵尾，就汉语方言来说，发生的时间很早。唐末湖南邵阳人胡曾《戏妻族语不正》诗曰："呼十却为石，唤针将作真。忽然云雨至，总道是天因。"可见那时方言就已经发生了 [-m] 尾变同 [-n] 尾的音变了。唐代的变文、宋代的词①、金代的诸宫调②、元曲，都有一些 [-m] 与 [-n -m] 与 [-n -ŋ] 通押的例证。《中原音韵》真文韵上

---

① 鲁国尧（1979）指出，辛弃疾《鹧鸪天·绿鬓都无》"侵神人云情深"为韵，《西江月·一柱中擎》"寒山减悭还览"为韵。其中 [-m] 尾字是"侵深减览"，其余是 [-n] 及 [-ŋ] 尾字。

② 如《董西厢》卷七中吕调［古轮台］第二段"嫌变眼眠园乱拚远"为韵，其中"嫌"收 [-m] 尾，其他收 [-n] 尾。

声"牝"(-n)与"品"(-m)同音,寒山韵平声阳"烦繁膰"(-n)与"攀蟄帆樊凡"(-m)同音,去声"饭贩畈(-n)"与"範泛范犯"(-m)同音(这些[-m]尾混入[-n]尾的字限于唇音声母,这就是所谓的"首尾异化"现象,但绝大多数[-m]尾字还没有发生转化)。就明初永乐年间编纂的《回回馆杂字》而言,其波汉对音材料显示,彼时[-m]尾韵字和[-n]尾韵字也存在混同现象。

一、[-m] 尾字波汉对音情况

《回回馆杂字》对音汉字中[-m]尾字有13个。其所对译之波斯音详见下表。

表 5-3 [-m] 尾字对音情况

序号	汉字	中古音地位	波斯音	次数	序号	汉字	中古音地位	波斯音	次数
1	俺	影盐开三平咸	am	1	8	敢	见谈开一上咸	gan	2
			an	5	9	林	来侵开三平深	rm	1
2	堪	溪覃开一平咸	kam	3	10	南	泥覃开一平咸	nam	1
3	贪	透覃开一平咸	tan	25				nan	1
4	簪	精覃开一平咸	zan	4	11	恁	日侵开三上深	nīm	2
5	昝	精覃开一上咸	zan	1	12	深	书侵开三平深	shm	3
6	膽	端谈开一上咸	dan	1	13	钦	溪侵开三平深	kin	1
7	蓝	来谈开一平咸	lam	2					
			ram	1					
			ran	2					

上表中，[-m] 尾的"贪、簪、沓、膽、敢、钦"对译的是波斯语 CVC 音节，其末尾辅音音素是 [n]；而"蓝、南、俺"既对译波斯语 CVC 音节末尾辅音音素 [n]①，又对译末尾辅音音素 [m]；"堪、林、恁、深"对译波斯语 CVC 音节末尾辅音音素 [m]。这种混同了 [-m] 尾字与 [-n] 尾字界限的对音现象说明，彼时汉语方言中 [-m] 与 [-n] 两种韵尾已经混同，标志着 [-m] 韵尾消失。

二、[-n] 尾字波汉对音情况

为了更好地观察语音演变情况，我们也考察了用 [-n] 尾字对译波斯元音与辅音 [m] 相拼的音的情况，这样的字有 9 个。详见下表。

表 5-4　[-n] 尾汉字对译 [-m] 的情况

序号	汉字	中古音韵地位	波斯音	次数	序号	汉字	中古音韵地位	波斯音	次数
1	恩	影痕开一平臻	n	41	5	满	明桓合一上山	mam	1
			m	8				man	1
2	尹	以谆合三上臻	īm	6	6	敦	端魂合一平臻	dum	1
			īn/in	8/3	7	昏	晓魂合一平臻	khum	1
3	因	影真开三平臻	ym	1				hun/han	1
			īn/in	3/1	8	津	精真开三平臻	zum	1
4	罕	晓寒开一上山	ham/hm	3	9	坤	溪魂合一平臻	km	1
			han/ hān	1/1					
			khan/ khān	2/1					

---

① "俺"所对译的音节是 VC 式，该式是 CVC 的省略式。

上表中所列的 9 个对音汉字都是中古 [-n] 尾韵字，其中"敦、津、坤"用来对译波斯元音与辅音 [m] 相拼的音，"尹、因、罕、满、昏"既对译波斯元音与辅音 [n] 相拼的音，又对译波斯元音与辅音 [m] 相拼的音。"恩"字只对译处于音节末尾的波斯辅音音素 [n] 或 [m]。这种现象表明 [-n] 尾汉字既可以对译 [-n] 音，又可以对译 [-m] 音。说明中古 [-m] 尾字已经与 [-n] 尾字混同了，[-m] 尾变同 [-n]。

三、[-ŋ] 尾字波汉对音情况

波斯语没有后鼻音 [ŋ]，但是对音时却选用了部分汉语后鼻音字。这些后鼻音字用来对译波斯 CVC、VC 音节，或用来对译 CVCC 音节的前三个音素所拼读的音。《回回馆杂字》中这样的对音字共有 10 个。

表 5-5　[-ŋ] 尾汉字所对译的波斯音

序号	汉字	中古音韵地位	所对译之波斯音	词例
1	榜	並庚开二平梗	bām	بامداد（bāmdād），早，榜搭得
2	昂	疑唐开一平宕	ghām	پیغمبر,（paighām-bar），圣，拍昂百儿
			ān	آنجا（ān-jā），那里，昂扎
			ghān	چبغان（chabghān），枣，赤卜昂恩
3	邦	帮江开二平江	bān	بانگ（bāng），鸣，邦克
4	郎	来唐开一平宕	ran	مرنبع（muranb'a），方，母郎百额①
			lan	بلند（buland），高，百郎得

① 按，刘迎胜校出此词的正确写法是 مربع（murabb'a）。但是依据汉字译音与波斯文的书写相对照，则应当有 ن（n）音素。译音人在写错的波斯文下用汉字注音，可见译音人也不熟悉波斯文。若以此而论，则用"郎"对译写错的 ن，是能够对应上的，这正是对音人习用的对音方法。

续表

序号	汉字	中古音韵地位	所对译之波斯音	词例
5	桑	心唐开一平宕	san	سنگ（sang），石，桑克
6	往	云阳合三上宕	wān	توانگر（tuwān-gar），富，土往革儿
7	张	知阳开三平宕	jān	کنجانفو（kinjānfū），陕西，〔钦张夫〕[①]
8	汤	透唐开一平宕	tan	تنک（tank），窄，汤克
9	定	定青开四去梗	din	معدن（ma'din 或 ma'dan），矿，母阿定
10	挺	定青开四上梗	tin	بادنجان（bādinjān），茄，把挺扎恩

　　用 [-ŋ] 尾字对译波斯语的 [an in] 之类的音，不是不得已而为之。对照第三章已经列出波斯语鼻音的对音汉字（阳声韵字），我们知道，波斯音 [wān] 的对音字有"湾"；[tan] 的对音字有"贪"，[jān] 的对音字有"展"，[ran/lan] 的对音字有"蓝"，[san] 的对音有"散"。相同（近）的波斯音所用来对音的汉字有前后鼻音的不同，则说明这几个后鼻音字在译音人那里分得不甚清楚[②]。

　　我们再从波斯音节与汉字的对译角度考察以下这三个例证：بانگ（bāng），鸣，邦克；رنگ（rang），色，郎克；تنک（tank），窄，汤克。

　　这三个例子都由一个 CVCC 音节构成。对音方法是前三个音素拼读而成的音用一个汉字对译，其末尾辅音用 [-k] 尾字"克"对译，"克"在这个音节中，只是声母发挥作用。بانگ（bāng），鸣，邦克，这个单词在民间也有依方音用"班克"或"班客"对音的情况，反映出对音字的选用与译音人的口语音有关的特点。

---

① 永乐本《回回馆杂字》"陕西"无音译汉字，刘迎胜（2008）据他本补出"钦张夫"。
② 波斯语无可以与汉语后鼻音对应的辅音。汉语的后鼻音 [ŋ]，译音人用辅音 [k] 拼读。

但是用 [-ŋ] 尾字"榜、昂"分别对译波斯语的 [bām] 和 [ghām]，说明二者的发音接近。大概是这两个字的声母和辅音韵尾发生了同化音变现象，这也属于方言口语音的问题。

小结

在第三章第二节"阳声韵字所对译的波斯音"，我们列出了波斯音 [an ān am ām in īn im īm un um] 的音译汉字，可以看出，山摄字被用来对译 [am]/[ām] 音，咸摄字被用来对译 [an]/[ān] 音，臻摄字被用来对译 [īm]/[um] 音，深摄字被用来对译 [in] 音，而"尹"既对译 [īn] 又对译 [īm]，"昏"既对译 [un]，又对译 [um]。这些现象说明在译音人的方音里，汉语的 [-m] 尾韵字已经变同 [-n] 尾了。简言之，中古 [-m] 尾韵在《回回馆杂字》里与 [-n] 尾韵发生了合流音变，[-m] 尾韵消失。

同时，《回回馆杂字》对音汉字中，用宕摄字对译波斯的 [an ān am ām] 音，用梗摄字对译波斯语的 [in] 音，反映出了译音人方音前后鼻音不分的特点。

第三节　[y] 韵的考察

中古鱼、虞、模三个韵系在《中原音韵》（1324）里合并成了鱼模部。鱼模部的小韵有两类：一类是 [u] 类韵，包含了中古模韵字，鱼韵、虞韵知照系字，虞韵轻唇音字，以及几个中古侯韵、尤韵唇音字（例如"母亩牡戊、浮妇阜富副"等）[1]、几个入声韵字（涉及屋韵唇舌齿音字、沃韵字、烛韵舌齿音字、术韵知照系字、物韵轻唇字、没韵舌齿喉音字等）；一类是 [iu] 类韵，包含了中古鱼韵和虞韵除了轻唇音和知

---

① 举平以赅上去，下同。

照系以外的其他字，以及几个模韵字，还有屋沃烛没术韵的几个入声字。兰茂《韵略易通》（1442）将《中原音韵》的鱼模部分为呼模和居鱼两个韵部，呼模部的韵母是 [u]，居鱼部的韵母是 [y]（蒋冀骋 2021：351~352）。《韵略易通》居鱼部的字包含了《中原音韵》[iu] 韵母的字（但要除去《中原音韵》[iu] 韵母所收的几个模韵字、屋韵一等字、沃韵字、没韵字，因为它们是一等字，不可能有撮口呼；还要除去尤侯两韵，因为它们与此有关的只有唇音字，而唇音字在现代汉语里也没有撮口呼）。

一、"迂"字的对音情况

《回回馆杂字》对音汉字中，隶呼模部的字包括：模韵字"都、堵、杜、土、姑、古、故、苦、祖、鲁、路、虎、乎、户、奴、苏、五"，虞韵轻唇字"府、夫"；鱼韵知照系字"初、主、注、鼠"，屋—唇音字"卜、僕、木"、屋—舌齿音字"秃、速"，烛韵书母字"束"，共29个字。这些字所对译的波斯元音主要是 [ū] 或 [u]。隶居鱼部的字只有"迂"。用"迂"来对音的波斯单词及其音译情况如下：

①آفت سماوی（āfat-i samāvī），水灾，阿法梯．塞妈迂。

这是个复合词。其中سماوی（samāvī）是阿拉伯借词，由三个音节构成，每个音节用一个汉字对译。其中在第三个音节（CV 式音节）中，【و】[v] 代表辅音音素,【ی】[ī] 代表元音音素，二者所拼之音转写为 [vī]，这个音用"迂"来对译。

②یوز（yūz），豹，迂子。

这个单词由 CVC 音节组成，其中第一个辅音音素【ی】[y] 和元音【و】[ū] 相拼而成的音用"迂"对译，第三个辅音音素用"子"对译。

③قوی（qawiy），强，改迂。

这个单词由两个音节构成，其第二个音节是 CV 式音节，代表辅音音素的【و】[v] 和代表元音音素的【ی】[ī] 相拼读的音用"迂"来对译，

刘迎胜将其转写为 [qawiy]。

第 1 和第 3 例中，"迂"所对译的音是【و】和【ى】相拼的音，刘迎胜转写为 [vī] 或 [wiy]，第 2 例中"迂"所对译的是【ى】和【و】相拼的音，刘迎胜转写为 [yū]。

永乐本《回回馆杂字》波斯音节中，用辅音【و】与元音【ى】拼读而成的音还有不同的对音汉字，兹全部抄录于下：

④آویختن（āwīkhtan 或 āwekhtan），挂，阿月黑贪。

⑤بادویزن（bād-wīzan），扇，巴得月簪。

⑥وى（way），他，歪。

⑦نویسنده（nawīsanda 或 nuwīsanda），吏，你（微）伞得。

这四个例子都是用辅音【و】与元音【ى】拼读的音，对译的汉字有"月、微、歪"，这三个合口的对音汉字都不是《中原音韵》鱼模部的字。

可见，此项材料的译音人口里的方音中，呼模韵的字韵母是 [u]。而"迂"字所对译的波斯音显然与呼模韵字所对译的音不同："迂"是 [v] 和 [i] 相拼的音，或者是 [i] 和 [u] 相拼成的音。这项波汉对音材料只有 3 个例证，而对音汉字只有一个"迂"字。由于对音材料的局限性，例证太少，不敢妄言。

二、波斯音【يو】的对音汉字

同时，我们也考察了波斯辅音音素【ى】[y] 和元音【و】[ū] 相拼而成的音的对音汉字。

1. 四夷馆本《回回馆杂字》续增杂字"数目门"收有"سیو，三十，西迂"词条，刘迎胜的转写是 [sīv]，"迂"所对译的是辅音音素【ى】[y] 和元音【و】[ū] 相拼而成的音。

2. 会同馆本《回回馆杂字》收有"阿芙蓉，阿芙欲音"词条，本田实信指出，应为افیون（afīyūn），即"鸦片"这个词的另一种音译。阿波国文库本注音为"阿伏欲音"。《回回药方》卷12有"马竹尼宰木里"（Ma'jun-i Zamuli）方，其中有"阿肥荣，即是黑御米子熬的膏子，味有毒，修合后半年方可服"（刘迎胜 2008：438）。这里的"欲"所对译的波斯音也是辅音音素【ی】[y] 和元音【و】[ū] 相拼而成的音，而"荣"不计韵尾的话，所对译的波斯音也正是辅音音素【ی】[y] 和元音【و】[ū] 相拼而成的音。

3. 会同馆本杂字"鸟兽门"收"金钱豹，郁子法儿"词条。本田实信指出，应为 یوزفر（yūz-far）。其第一部分"郁子"یوز（yūz）即四夷馆本杂字"鸟兽门"之"یوز（yūz），豹，迁子"（袁氏本此字注音为"都子法儿"，其中之"都"当为"郁"字之讹）。

三、[y] 韵尚未产生

"迁"（影/云虞合三）、"欲"（以烛合三）、"郁"（影屋合三）、"荣"（云庚合三）都是三等合口字，都有 [i] 和 [u] 两种介音。其所对译之波斯音不同于呼模部字所对译之波斯音。来自四夷馆本《回回馆杂字·续增杂字》、会同馆本《回回馆杂字》及袁氏本《回回馆杂字》的几个影云以母的合口三等字，其所对译的波斯音都不同于呼模部字所对的波斯音。这一点与来自《回回馆杂字》的"迁"的对译情况相同。其时 [y] 韵尚未产出，但是"迁"类字的对音已经不同于呼模韵字的对音，说明其所属的居鱼韵是独立的。

金基石《汉语 y 韵母与朝鲜文献的对音》根据《洪武正韵译训》（1455）、《四声通解》（1517）、《翻译老乞大·朴通事》（1517），把鱼韵注为"ㅠ"，把模韵注为"ㅜ"，认为"ㅠ"是 [iu] 和 [y] 的中间音或过渡音。其理由有三，一是同时期汉语文献居鱼韵虽然独立，但还未出现现代汉语的 [y] 韵母；二是《四声通考》"凡例"有"'ㅠ'则'ㅜ''ㅣ'之间"的说明，证明'ㅠ'的音值在于 [iu] 和 [y] 之间；三是《洪武正韵译训》全书共有 297 处注有反映当时北方官话语言的"俗音"，但唯独鱼韵和模韵没有"俗音"，因此说 15 世纪居鱼韵已经独立，但其韵母还没有演变成单元音 [y]（金基石 2007：57~58）。《回回馆杂字》波汉对音反映出这一时期汉语的居鱼韵独立，其韵母也还没变成 [y]。

第四节　《回回馆杂字》韵母系统的特点

由于波汉两种语言的元音差异、对音方式的多样，我们不能够据此项材料精确研究明初汉语韵母的演变情况，但是借助于上文对入声韵演变情况的考察，我们大略可以推知舒声韵的如下信息：同摄同尾韵合并，异摄同尾韵合并，韵母数量减少。其他方面的特点是：[-m]尾韵消失，入声韵消失，[y] 韵尚未产生。

这里需要注意以下几个字的读音："咱"读 [tsa]，不读 [tsan]；"打" [ta] 不读 [tin]；"歪"不读晓母，而是读零声母；"乜"的声母是 [n]而不是 [m]；"哈"在《中原音韵》里是疑母字，波汉对音标其声母为 [h]或 [kh]。这些都是根据其所对译的波斯音得出的结论，反映的是明代初年的官话读音。

第六章 《回回馆杂字》对音汉字的语音性质

　　元明清时期的共同语标准音，大致可以分为两大系统：一是书面语的标准音，它既是官府的行政语言，又是一般士大夫诵读诗文的读书音；一是口语的标准音，它是士大夫的交际语言，也是通行于全国各地的共同语口语音。这两个系统关系相当密切，在大的方面比较一致，但在某些音类的发音上，彼此之间尚有一些差异。读书音系统保留前代的语音特点多一些，口语标准音则比较接近现代的共同语。读书音中大体上保留了全浊声母，韵母中还有"官"[uon]与"关"[uan]及"坚"[iɛn]与"间"[ian]的对立；较前期的韵书还保留着[-m]尾的闭口韵；入声韵还保留着[-k -t -p]或[-ʔ]的分别，平声不分阴阳等。而口语标准音，一般消失了全浊声母，"官"与"关、坚"与"间"的对立基本消失，[-m]尾闭口韵也不存在了；入声韵方面，有的书将入声韵字派入平上去三声了，有的书却还仍然保存其入声韵尾，入声韵依然独立存在。当然，读书音和口语音内部也不是那么整齐划一，不同方言区的人之间还存在着一些细小的差异（李新魁 1986：247）。

第一节　元明时期官话音的标准音

　　周德清《中原音韵·正语作词起例》云："余尝于天下都会之所，闻人间通济之言。世之泥古非今不达时变者众，呼吸之间动引《广韵》为证，宁甘受躲舌之诮而不悔，亦不思混一日久，四海同音，上自缙绅讲论治道及国语翻译、国学教授言语，下至讼庭理民，莫非中原之音。"又云："惟我圣朝，兴自北方，五十余年，言语之间，必以中原之音为正……予生当混一之盛时，耻为亡国搬戏之呼吸。以中原为则而又取四海同音而编之，实天下之公论也。"从周德清自己的话看来，中原之音是当时的交际语言。西域拙斋琐非复初《中原音韵》序云："以余观京师之目，闻雅乐之耳，而公议曰：德清之韵，不独中原，乃天下之正音也。"

元代孔齐《至正直记》卷一"中原雅音"条云："北方声音端正，谓之中原雅音，今汴、洛、中山等处是也。南方风气不同，声音亦异。至于读书字样皆讹，轻重开合亦不辨，所谓不及中原远矣。此南方之不得其正也。"范椁（1272~1330）《木天禁语·六关·音节》："马御史云：东夷西戎，南蛮北狄，四方偏气之语，不相通晓，互相憎恶。惟中原汉音，四方可以通行。四方之人，皆喜于习说。盖中原天地之中，得气之正，声音散布各能相入，是以诗中宜用中原之韵，则便官样不凡。"[①]可见当时的通行四方的语音是中原之韵。

杨耐思《试论〈中原音韵〉的语音基础》指出："中原之音是当时的共同语音，通行于当时的中原广大地区，应用于广泛的交际场合。"（杨耐思 1981：75）

苏联汉学家龙果夫《八思巴字与元代汉语》指出，"我们没有充足的理由说'古官话'的语音组织是纯一的。在另一方面，我们的这些材料使我们可以说有两个大方言（或者是方言类）。从声母系统看，它们是极端彼此分歧的：一个我们叫做甲类，包括八思巴碑文、《洪武正韵》、《切韵指南》；另一个我们叫做乙类——就是在外国名字的译音

---

① 按：马御史即马祖常，字伯庸。又，《四库提要》疑此书为伪托，因其内容多见于赵㧑谦（1351~1395）《学范》。《学范》卷二"气象·音节"云"马伯庸谓不可用哑韵如五支、二十四盐"，与《木天禁语》"音节"条"马御史云……则便官样不凡，押韵不可用哑韵，如五支、二十四盐，哑韵也"相类似。未见《学范》有本文所引《木天禁语》之文字。

和波斯语译音里的。并且，甲类方言（就是八思巴碑文所代表的）大概因为政治上的缘故，在有些地方也当做标准官话，可是这些地方的口语是属于乙类的①。结果这些地方有些字有两种并行的读音——一种是官派的，像八思巴文所记载的；另一种是近代的土话，像波斯语译音所记载的。"（龙果夫 1930/2004：197~198）罗常培赞成龙果夫的观点，他明确指出："这两个系统一个是代表官话的，一个是代表方言的；也可以说一个是读书音，一个是说话音。前一个系统虽然不见得是完全靠古韵书构拟出来的，可是多少带一点儿因袭的和人为的色彩，它所记载的音固然不是臆造的，却不免凑南北方言想作成'最小公倍数'的统一官话……不过北方一系的土话特别发展，两者抗衡起来，前一种'虽时时争持于纸上，实则节节失败于口中'罢了。"（罗常培 1959/2004：417~418）近代汉语官话存在着读书音和口语音两个体系。《蒙古字韵》和《洪武正韵》反映的是官话读书音，《中原音韵》所反映的是北方官话口语音，这是非常明确的事实。

　　李新魁《论近代汉语共同语的标准音》："从汉语发展的具体历史事实来考察，汉语共同语的标准音实际上一直表现于两个方面，一个是书面共同语的标准音，一个是口语共同语的标准音。"又，"这两种标准音既有联系又有差别。在先秦时代，它们可能比较一致，但也不可避免地存在一些差异。汉魏南北朝以来，汉语的共同语一直存在两套读音的标准，书面语的标准音就是历代相传的读书音，这种读书音在南北朝以至唐代，大体上就是《切韵》和《广韵》所反映的读音系统。不过，这种书面的读音是与口语共同语的语音密切相关的，而口语的标准音就一直以中原地区的河洛语音（一般称之为'中州音'）为标准。两者在语音系统上没有大的出入，只是在某些具体的字音上，口语的说法与书面的读法不完全一致"（李新魁 1980：44~52）。元代汉语的

---

① 按：甲类方言保存浊音，乙类方言浊音清化。

标准音是中州音，即河洛音，明清时代的"正音、雅音、汉音、官音"都是指中州音。

杨耐思《元代汉语的浊声母》考察了《古今韵会举要》《七音三十六字母通考》《蒙古韵略》《蒙古字韵》，以及陈晋翁《切韵指掌图节要》、吴澄《切韵指掌图节要序》、元代《新编纂图增类群书类要事林广记》之"六十字诀"、陶宗仪《南村辍耕录》"射字法"所记二十八字母等，指出：这几种资料所记录的声母系统，就声母的数目来说各有不同，就声母的名称来说也互有差异，就语音基础来说，也可能不尽相同，但是在声母的清浊方面，却反映出一个明显的共性，即浊声母自成一类。他同时考察了元代所传的梵汉对音、藏汉对音、蒙汉对音，从汉语与非汉语的对音上发现，这些语音材料也反映了元代的浊声母自成一类。他在总结龙果夫、服部四郎、罗常培诸家观点的基础上指出，元代的两个语音系统，一个保存浊音，一个浊音清化，这两个系统应该都是当时实际存在的汉语"官话"的标准音，或者说，是当时"官话"语音的两个侧面。"这两个系统在交际活动中应用的范围有所不同，保存浊音的系统主要应用于读书识字、官方文件的宣读、对外语言文字的音译，等等。这个系统可以称作教学语言。浊音清化系统主要应用于口语交际。"（杨耐思 1988/2012：121~128）即浊音清化系统为口语音，存浊系统为读书音。

郑张尚芳《〈蒙古字韵〉所代表的音系及八思巴字一些转写问题》指出："（中原雅音）即五代、北宋、晚金的都城所在的中州汴洛一带士大夫的官话正音，其性质是宋金元官话。"又，"汉语虽方言众多，可是各地自古一致推重中州的雅音，上自孔子，中至北齐入隋的颜之推，下至元代周德清，无不以中原雅音作为文学语言标准来进行教育、审音、文学活动……其实从上古到近代汉语，语音史所研究的音系一直以中州雅语的读书音系为对象。《切韵》所谓'南北是非'，颜之推说的很清楚，是指金陵及洛下（金陵音指的是东晋从洛阳移民传到金陵而形成的南派洛音），说的本是南北两派中州读书音的某些差别对比，并不涉及金陵土著吴语及其他南方方言。至今汉语方言尽管分歧很大，但读书音的文读系统总是靠拢中州雅音标准的……《蒙古字韵》上承北宋邵雍《皇极经世·声音倡和图》，下接明代朝鲜申叔舟《四声通考》转记的汉语'俗音'（'俗'对谚文正统读法而言，实为汉语古官话雅音），都具有一些共同语音特点：塞类声母分清浊；照系不分庄章组；梗曾合一、江宕合一，'子自思寺'属 i 类韵而又列入一等；有入声但承阴声韵，铎觉韵承效摄不承果假摄（《声音倡和图》虽然字数少，但同时的《切韵指掌图》《四声等子》也有相类的结构，可以互相补充）"（郑张尚芳 1998/2012：524~527）。

要之，元代汉语的标准音是中州雅音，并且有读书音和口语音的分别：读书音以《蒙古字韵》为代表，口语音以《中原音韵》为代表。《中原音韵》代表中原之音，流行在广大地区，适用于各种交际场合，是元代共同语的口语音。

同样，明代汉语的标准音（官话音）也包括读书音和口语音两个体系。读书音以《洪武正韵》《韵略易通》《韵略汇通》《等韵图经》等为代表，是自隋唐金元宋以来历代文人递相传承的"正音、雅音"，是历代官修韵书所遵循的规范音，其语音基础是自古以来递相传承的河洛之音、中原雅音、中州音；官话口语音的基础是共同语口语标准音，其方言基础也是中州音。

第二节　学界对明代官话语音基础的探讨

侍建国（1998/2009：403）《官话语音的地域层次及其历史因素》提出早期官话有三个形态，即早期中原官话（以汴洛地区为中心）、早期北方官话（以幽燕地区为中心），以及早期南方官话（以金陵地区为中心）。明代出现的韵书韵图、种类繁多的官方组织编纂的各种"译语"，以及明末出现的罗马字母记录汉语官话语音的字典，反映出了明代官话语音的大致面貌：

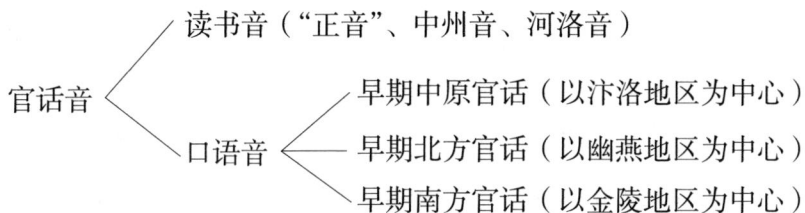

$$
官话音
\begin{cases}
读书音（"正音"、中州音、河洛音）\\
口语音
\begin{cases}
早期中原官话（以汴洛地区为中心）\\
早期北方官话（以幽燕地区为中心）\\
早期南方官话（以金陵地区为中心）
\end{cases}
\end{cases}
$$

关于明代官话的语音基础问题，学界主要有以下几种看法。

北京方言说。

罗常培、吕叔湘《现代汉语规范问题》主此说。文章认为北京是元明清三代的国都，北京话当是明代官话的基础方言，今普通话就是在元明清官话的基础上发展而来的。

明代虽以北京为帝都，但是北京音不可能成为共同语的语音基础。理由是：其一，明朝建立后的最初 54 年定都南京，到明成祖时才迁都北京。期间迁各路民众以充实北京。据曹树基《中国移民史》（第六卷）研究，这一时期仅是从南京迁入北京的人口总数就达 72 万人，远远超过了北京的土著。俞敏《北京音系的成长和它受的影响》也说：明代北京人口已经不是元朝全盛时期的那些人及其后代，明末清军入关后，又有东北地区大批移民涌入北京，这种状况从根本上决定着明代共同语的标准音不可能是北京音。

其二，明初乐韶凤、宋濂、王僎、李叔允、朱右等人奉明太祖之命编纂《洪武正韵》，书成于洪武八年（1375）。宋濂序云："一以中原雅音为定。复恐拘于方言，无以达于上下，质正于左御史大夫臣汪广洋、右御史大夫臣陈宁、御史中丞臣刘基、湖广行省参知政事臣陶凯，凡六膳稿，始克成编。"《洪武正韵·凡例》云："欲知何者为正声，五方之人皆能通解者，斯为正音也。"《洪武正韵》以中原雅音为标准，这说明流行于元明清时期的"中原雅音"是当时共同语标准音，而它绝不是北京音。

南京方言说。

日本学者远藤光晓《〈翻译老乞大朴通事〉里的汉语声调》（1984）提出"南京话在当时最有可能占有标准音的地位"，但又说"这个假设还需要由今后大量的研究来检验"。鲁国尧《明代官话及其基础方言问题——读〈利玛窦中国札记〉》（1985）认为，明初定都南京，确立了南京方言的政治地位和语言优势。永乐迁都后，明成祖又携带大批南京人士北上，南京话在北京城区扎下根来，"南京话在明代占据一个颇为重要的地位，或许即为官话的基础"。持此观点的还有曾晓渝《试论〈西儒耳目资〉的语音基础及明代官话的标准音》、张卫东《试论近代南方官话的形成及其地位》、（美）杨福绵《罗坚明、利玛窦〈葡汉辞典〉所记录的明代官话》等。张竹梅《试论明代前期南京话的语言地位》认为明代前期南京话不具备官话语音基础的条件。

中原雅音说。

中原雅音是明代共同语的标准音，这也是明代文人学士们的共识。沈宠绥《度曲须知》云："诸臣承诏，共辑《洪武正韵》，一以中原雅音为准焉。夫雅音者，说者谓即《中原音韵》是也。"吕坤《交泰韵》之《凡例·辨五方》云："中原当南北之间，际清浊之会，故宋制中原雅音，合南北之儒，酌五方之声，而一折衷于中原。谓河洛不南不北，当天地之中，为声气之萃。我朝《正韵》，皆取裁焉。周氏德清，高安人也，力诋沈约，极服中原。"又其《凡例·辨古今》云："但《正韵》之初修也，高庙召诸臣而命之云，韵学起于江左，殊失正音，须以中原雅音为定。而诸臣自谓从雅音矣，及查《正韵》，未必尽脱江左故习。如序叙、象像、尚丈、杏幸、棒项、受舅等字，俱作上声。此类颇多，与雅音异。万历中，余侍玉墀，见对仗奏读，天语传宣，皆中原雅音。"《明史·乐韶凤传》："明年，帝以旧韵出江左，多失正，命与廷臣参考中原雅音正之。书成，名《洪武正韵》。"吕坤、张廷玉所说，可补宋濂序文之说。

李新魁《论近代汉语共同语的标准音》及《汉语共同语的形成和发展》认为自古以来读书音是递相传承的河洛之音、中原雅音、中州音。元明以来直到清中叶汉语共同语的标准音仍然是中州音，清代中叶以后，北京话才提升到民族标准语的地位。郑张尚芳《中国古代的普通话》也主此观点。

第三节　明代前期几种官话语音材料所反映的语音特点

一、传统韵书所反映的读书音标准音的特点

（一）《洪武正韵》（1375）

《洪武正韵》有31个声母、76个韵母、平上去入四个声调①。

声母：见、溪、群、疑；帮、滂、并、明；非、奉、微；端、透、定、泥、来；精、清、从、心、邪；照、穿、床、审、禅、日；影、喻、晓、匣。

声母的特点是：全浊音保留，非敷合流，微母、疑母、喻母独立，知照合流。

韵部32个（举平以赅上去）：东、支、齐、鱼、模、皆、灰、真、寒、删、先、萧、爻、歌、麻、遮、阳、庚、尤、侵、覃、盐；屋、质、曷、辖、屑、药、陌、缉、合、叶。其中阴声韵部12个，阳声韵

---

① 《洪武正韵》是以毛晃父子的《增修互注礼部韵略》为基础而编纂的，其韵母系统与《中原音韵》相似。本书所列参照蒋冀骋《近代汉语音韵研究》。

部 10 个，入声韵部 10 个，入声韵配阳声韵。

韵母音值如下：东 uŋ iuŋ；支 i ï（ɿ、ʅ）；齐 əi；鱼 y；模 u；皆 ai iai uai；灰 uəi；真 ən iən uən yən；寒 on uon；删 an ian uan；先 ien yen；萧 ieu；爻 au；歌 o uo；麻 a ia ua；遮 e ie ye；阳 aŋ iaŋ uaŋ yaŋ；庚 əŋ iəŋ uəŋ yəŋ；尤 əu iəu；侵 em iem；覃 ɑm iɑm；盐 iam；屋 uk iuk；质 ət iət uət yət；曷 ot uot；辖 at iat uat；屑 iet yet；药 ak iak uak yak；陌 əŋ iəŋ uəŋ yəŋ；缉 ep iep；合 ɑp iɑp；葉 iap。

声调：有平、上、去、入四声，平声不分阴阳。入声独立。

语音性质：反映当时实际语言的书面共同语。

（二）《韵略易通》（1442）

声母特点：明代兰茂《韵略易通》所记的明代官话有 20 个声母。该书的声母用了一首《早梅诗》来代表：

> 东风破早梅，向暖一枝开。冰雪无人见，春从天上来。

这首诗每个字所代表的声母及其音值如下：p p' m f v；t t' n l；tʂ tʂ' ʂ ʐ；ts ts' s；k k' x ∅。

特点：1. 全浊声母消失；2. 微母存在；3. 疑母消失；4. 卷舌音产生；5. 舌面音 [tɕ tɕ' ɕ] 尚未产生。

韵母特点:《韵略易通》有 20 个韵部：东洪、江阳、庚晴、寒山、端桓、先全、真文、侵寻、缄咸、廉纤、支辞、西微、遮蛇、皆来、家麻、萧豪、戈何、呼模、居鱼、幽楼，将《中原音韵》的"鱼模"分成了"居鱼"和"呼模"两类。按传统韵书，入声韵附于阳声韵后，计 10 类。

韵母音值：东洪 uŋ iuŋ；江阳 aŋ iaŋ uaŋ iuaŋ；庚晴 əŋ iəŋ uəŋ iuəŋ；寒山 an ian uan；端桓 uɔn；先全 ien iuɛn；真文 ən iən uən iuən；侵寻 əm iəm；缄咸 am iam；廉纤 iɛm；支辞 ɿ ʅ；西微 i ei uei；遮蛇 iɛ ɜuɛ；皆来 ai iai uai；家麻 a ia ua；萧豪 au iau；戈何 ɔ uɔ；

呼模 u；居鱼 y；幽楼 əu iəu。

我们根据蒋冀骋《近代汉语音韵研究》中《韵略易通》20 韵部的拟音，补充出其入声韵的音值。《韵略易通》入声韵部的韵目，我们仿照《洪武正韵》名之，这项内容尚待就教于方家。各入声韵部的音值如下：屋 uk iuk；药 iak ak uak iuak；陌 əŋ iəŋ uəŋ iuəŋ；辖 at iat uat；曷 ɒc tɒu；屑 iɛt iuɛt；质 ət iət uət iuət；缉 əp iəp；合 ap iap；葉 iɛp。

声调特点：声调分平、上、去、入。平声分阴阳，但不标明"阴、阳"，而是用空圈隔开。

语音性质：反映当时实际语言的书面共同语。

二、朝汉对音材料所反映的口语标准音的特点

朝鲜李朝很重视研究汉语汉字。世宗和中宗时代，朝鲜出现了大量用朝鲜谚文记录当时汉字音的文献，为我们研究近代汉语语音提供了丰富的资料。我们选取了申叔舟编纂的《洪武正韵译训》（1455）和《四声通考》（1455）中的"俗音"，对比其语音系统的特点及其语音性质。

（一）《洪武正韵译训》"俗音"所透露出来的汉语语音信息

《洪武正韵译训》（以下简称"译训"）是根据《洪武正韵》初刊本的框架编写的，其"正音"是谚解《洪武正韵》初刊本（七十六韵本）的语音，"俗音"是申叔舟所记的 15 世纪中期汉语官话的时音（"俗音"是对谚文正统读法而言的，实为汉语古官话雅音）。《译训》在完整保留初刊本《洪武正韵》的基础上，把原文的反切音译成谚文（"正音"），并用谚文标注当时的时音（"俗音"）。传世的《译训》是一个残本，十六卷里缺了平声的一、二卷，包括东、支、齐、鱼、模、皆、灰 7 个韵，后来朴炳采根据全书体例补全了残缺的两卷。《洪武正韵译训》首次用谚文著录中国传统韵书音和当时的汉语时音。其"凡例"

第一条云：

> 以图韵诸书及今中国人所用定其字音，又以中国时音所广用而不合图韵者，逐字书俗音于反切之下。

这里的"图"即韵图，"韵"即韵书。中国的韵书韵图在朝鲜多有流传，单申叔舟在该书的序文和"凡例"中提到的就有《蒙古字韵》《古今韵会举要》。韵图没有提及书名，但序文有"宋儒作谱"云云，并援引了《七音序》的话。"今中国人所用"即指中国话的时音，这些在当时的中国广为通行而不合于韵图、韵书的音，《译训》冠之以"俗音"，而合于中国韵图韵书所定的字音则是"正音"。"正音"和"俗音"分别代表了当时的官话读书音与口语音。

根据宁忌浮《洪武正韵研究》，《译训》全书有 297 处标有"俗音"，《正韵》的 76 个韵部，除了鱼、模、先、遮等 12 个韵部，其他都注有"俗音"[①]。这些"俗音"反映出如下一些重大的语音演变现象。

声母方面：有 22 个声母。其特点是：1. 浊音清化，规律是：平声送气，仄声不送气（张俊华 2010：108）。申叔舟《洪武正韵译训》序云："四声为平上去入，而全浊之字平声近次清，上去入近于全清，世之所用如此，然亦不知其所以至也。"2. 非敷合流，泥娘合流。3. 知照合流，知庄章组声母字由于韵母洪细不同，因而谚文的拼写也不同，ʧ-组配细音，tʂ-组配洪音。4. 疑母和喻母有分有合，但疑母和喻母基本上可以互读。影母和喻母之间有合并的关系。影母和疑母对立无交叉。疑母部分字独立。

韵母方面：有 52 个韵母。具体特点是：

第一，闭口韵消失。-m 尾读成 -n 尾。例如"侵"字俗音与"亲"

---

① 张俊华（2010）指出，现存《洪武正韵译训》只有一个版本且是个残本，后经朴炳采补缺，书法家权东载依原书抄写，1975 年经高丽大学出版。张俊华统计出此版本《译训》标注"俗音"共 309 处。

字同音；"覃"字俗音与删韵"坛"字同音，"盐"字俗音与"延"字同音。

第二，入声韵尾 -k、-t、-p 混同，古入声韵尾除了药韵都写作 -ʔ。

第三，支韵齿音字的韵母为 -ɿ、-ʅ，与牙喉唇音字分立（牙喉唇音字无"俗音"）。

第四，齐韵字与支韵牙喉唇音字韵母相同，读为 -i。齐韵"齐"字注有"正音"和"俗音"之别。

第五，寒韵开口喉牙音字读入删韵。

第六，萧韵爻韵合并。

第七，东韵屋韵齿音三等字读同一等。如"宗、纵"同音，"丛、从"同音，"崇、虫"同音，"速、夙"同音，"缩、叔"同音。

第八，东韵牙音三等字除"穷"小韵字其他都读同一等。

第九，庚韵合口字及二等唇音字有些已读入东韵。如"轰、烘"同音，"荣"与"融"同音，"永"与"勇"同音，"詠"与"用"同音、"猛"与"蠓"同音。

第十，皆韵开口牙喉音字，韵母由 -iai 读为 -iei，如"皆、谐、緒"。

第十一，阳韵庄组字读合口。如"庄、疮、床、霜"（宁忌浮 2003：78~80）。

声调方面：平分阴阳，全浊上声变去声，入声不派入三声，入声韵尾保留，声调有阴平、阳平、上声、去声、入声。

语音性质：学者一般认为"正音"是以《洪武正韵》为基础的读书音，而"俗音"是 15 世纪的中国时音。孙建元（1989）认为《洪武正韵译训》的"俗音"是当时的官话读音，宁忌浮（2003：78）认为"俗音"是当时北京地区的活语言。张玉来（2005）认为是包括北京地区在内的广大地区通行的官话音。

（二）保存《四声通考》"俗音"的几种文献

《四声通考》，申叔舟编，端宗三年（1455）书成，今佚，仅存"凡例"附在《四声通解》卷末。

《四声通解》，崔世珍编，其序作于正德十二年（1517）。该书是为了适应16世纪朝鲜人学习汉语的需要，参考《蒙古字韵》《古今韵会举要》《集韵》《中原音韵》等书，补充《四声通考》而编纂的韵书。该书谚文注音分"正音、俗音、今俗音"三种，其"凡例"第八条云："注内只曰'俗音'者即《通考》元著俗音也；曰'今俗音'者，臣今所著俗音也……入声诸字取《通考》所著俗音，则依《通考》作字，加影母于下；若著今俗音及古韵之音，则只取初、中声作字，不加影母。"

又，《翻译老乞大》《翻译朴通事》（合称《翻译老乞大　朴通事》），崔世珍编，其书成时间尉迟治平（1990）考定为1513年。崔世珍在原本《老乞大》《朴通事》的每一个汉字下加注谚文拼音和旁点（声调标记），谚文注音分为左音和右音，并且把汉语句子翻译成朝鲜语。这两本书过去一直失传。《翻译老乞大》上卷乃韩国人白淳所藏，于1972年影印刊出；下卷乃韩国人赵炳舜所藏，于1974年影印刊出。《翻译朴通事》只存上卷，其中、下卷今佚。《翻译朴通事》上卷乃韩国人赵诚穆所藏，于1959年影印出书。该书《凡例》之"正俗音"云："今之反译书正音于右，书俗音于左。俗音之有两三呼者，则或书一音于前，又书一音于后，而两存之。"同书《凡例》之"谚音"云："在左者即《通考》所制之字，在右者今以汉音依国俗撰字之法而作字者也。"（崔世珍1985：625~627）

根据崔世珍《四声通解》《翻译老乞大　朴通事》之《凡例》，可知申叔舟的《四声通考》所记之"俗音"，又被他称为"俗音、左音"（即15世纪的汉语时音），以别于他的"今俗音"（16世纪的汉语时音）。

申叔舟《四声通考》"俗音"亦见于《老乞大谚解》（1670）、《朴通事谚解》（1677），后者是《老乞大》《朴通事》的注疏本。

（三）《四声通考·凡例》所反映的语音信息

申叔舟《四声通考》中，以下几条可以说明其书语音特点[①]。

全浊上去入三声之字，今汉人所用初声与清声相近，而亦各有清浊之别。独平声之字，初声与次清相近，然次清则其声清，故音终直低，浊声则声浊，故音终稍厉（《凡例》二）。

凡舌上声，以舌腰点腭，故其声难而自归于正齿，故《韵会》以知彻澄娘归照穿床禅，而中国时音独以娘归泥，且本韵混泥娘而不别。今以知彻澄归照穿床，以娘归泥（《凡例》三）。

唇轻声非敷二母之字，本韵及蒙古韵混而一之，且中国时音亦无别，今以敷归非（《凡例》四）。

凡齿音，齿头则举舌点齿，故其声浅；整齿则卷舌点腭，故其声深。我国齿声ㅅㅈㅊ在齿头整齿之间，于训民正音无齿头整齿之别，今以齿头为ㅅㅈㅊ，以整齿为ㅅㅈ ㅊ以别之（《凡例》五）。

本韵疑喻母诸字多相杂，今于逐字下从古韵喻只书ㅇ母，疑则只书ㆁ母以别之。本韵之作，并同析异，而入声诸韵牙舌唇终声皆别而不杂，今以ㄱㄷㅂ为终声，然直呼ㄱㄷㅂ则又似所谓南音，但微用而急终之，不至太白可也。且今俗音虽不用终声而不至如平上去之缓弛，故俗音终声于诸韵用喉音全清ㆆ，药韵用唇轻全清ㅸ以别之（《凡例》八）。

凡字韵四声以点别之，平声则无点，上声则二点，去声则一点，入声亦一点（《凡例》十）。

其语音特点可大致归纳如下：第一，朝汉对音有"正音"和"俗音"之别。"正音"入声韵以 -p、-t、-k 收尾，"俗音"则收喉塞音尾 -ʔ，

[①] 以下《四声通考·凡例》的内容，转引自胡明扬（1980/2011：158）和孙建元（1989）。

药韵则收 u(o)/w 尾。第二，非、敷合流。第三，舌上音归入正齿音。第四，有两套齿音声母，齿头用 ⼂ 等表示，正齿和舌上用 ⼂ 等表示。第五，疑母、喻母、影母分立。第六，有平、上、去、入四声，有声调标点。第七，浊音清化，遵循平送仄不送的演变规律。

（四）《四声通考》"俗音"的语音系统

胡明扬（1980/2011：157~171）《〈老乞大谚解〉和〈朴通事谚解〉中所见的〈通考〉对音》归纳了申叔舟《四声通考》的音系。认为《通考》"俗音"的声母有 24 个，韵母有 41 个。

《四声通考》"俗音"声母音值如下：

p p' m f v

t t' n l

ts ts' s

tʃ tʃ' ʃ ʒ

tʂ tʂ' ʂ ʐ

k k' x Ø

《通考》声母的特点是：有微母，没有疑母。知庄章组声母演变为 tʃ、tʂ 两组[1]。有微母则说明这个音系是北京以外的其他官话音系。

《四声通考》"俗音"韵母音值如下表。

表 6-1 《四声通考》"俗音"韵母表

单韵母	ɿ, ʅ, ʇ	i	u	iu
	a	ia	ua	
	ə	iɛ		iuɛ
	o		uo	

---

① 蒋冀骋（2021：337）认为当为一组声母，即只有 tʂ 声母。

	ɿ, ʅ, ir̩	i	u	iu
复韵母	ai	iai	uai	
	au	iau	uau	
	ei		uei	
	ou	iou		
鼻韵母	an	ian	uan	iuan
	on		uon	
	ən	in	un	iun
	aŋ	iaŋ	uaŋ	iuaŋ
	əŋ	iŋ	uŋ	iuŋ

《通考》韵母系统的特点是：1.中古一等合口桓韵与寒、删、山、仙、先有区别。2.有入声。几乎所有的阴声韵都有相应的入声韵相配，见胡明扬文所载《同音字表》。

基于《四声通考》的声母和韵母特点，可以推知这一对音材料依据的可能是江淮方言，也可能就是南京话（蒋冀骋 2021：380~381）。

第四节 《回回馆杂字》的语音基础

一、《回回馆杂字》音系的特点

声母方面：1.全浊音清化。2.微母、疑母独立。影喻及部分疑母开口字合流成为零声母，合口的影喻母字及部分疑母合口字读入微母。3.见晓组、精组未发生腭化。4.知照合流。5.日母字读音分两类，一类是[z]，与非支思韵相拼；一类是[ʐ]，与支思韵相拼。6.[n]与[l]不混。

韵母方面：1.入声韵尾消失，入声韵字并入相应的阴声韵。2.[-m]

尾韵消失；[-n] 与 [-ŋ] 有混同现象。3. 居鱼韵独立。[y] 韵母尚未产生。

与《洪武正韵》（1379）的语音系统相比，《洪武正韵》全浊音保留，微、疑、喻母独立，知庄章合流。[-m] 尾韵独立，入声韵有 10 个韵部。《回回馆杂字》的语音系统显然不同于前者。

与兰茂的《韵略易通》语音系统相比，《韵略易通》全浊声母消失，微母独立，疑母消失，影喻合流，知庄章合流。有 [-m] 尾韵，有入声韵。《回回馆杂字》的语音系统与兰茂《韵略易通》也不相同。

与申叔舟《洪武正韵译训》及《四声通考》所记的"俗音"音系相比，申叔舟所记的"俗音"浊音清化，有微母，无疑母；影喻合流，知照合流（但音值有两套）。有入声韵，韵尾是 [ʔ]；无 [-m] 尾韵；[y] 韵母尚未产生。申叔舟所记"俗音"的音系也与《回回馆杂字》音系不同。

《洪武正韵》《韵略易通》反映的是明代读书音的书面语音系统，《中原音韵》反映的是元代北方话读书音的口语音，相比之下，《中原音韵》的音系与《回回馆杂字》的音系比较接近（《中原音韵》全浊声母消失，微母独立，疑母独立，知庄章合流，影喻合流，有 [-m] 尾韵［宁忌浮 1985：8~9］，无入声韵，有入声调[1]），但二者还有所不同，主要表现在《回回馆杂字》日母字分化为二、微母字中包含了来自疑、影、喻的合口字。日母字、微母字的这种特点与下文即将讨论的波斯文献《史集·中国史》的汉字音所反映的特点更加接近。

那么，《回回馆杂字》音系主要表现的是明代哪一种方音呢？首先，《回回馆杂字》音系不是明代官话的书面语音系，而是明代官话的口语音。其次，《回回馆杂字》没有全浊声母，没有入声韵，与《中原音韵》一样，是通行于北方的中原雅音。对比其他波汉对音材料，我们可以断定，《回回馆杂字》的方音基础是北方地区中原雅音

---

[1]　《中原音韵》有入声。陆志韦、杨耐思、李新魁、郑张尚芳等持此观点。

的口语音。

二、《回回馆杂字》音系性质的考察

（一）考察语音基础的几种方法

在辨别语音基础的方法这一问题上，前人曾有过多方面的探讨。有全浊声母辨别法，有果摄开口一等字辨别法，有入声字辨别法。

服部四郎《元朝秘史蒙古语音译汉字研究》（1946）用"浊声母辨别法"考察蒙汉对音汉字的语音基础，指出"浊音字在蒙古语中大体可以分为两种，一种是拼写蒙古语有声乃至半有声语音，另一种拼写无声带气音。这说明，音译汉字的基础音系很有可能属于浊声母已经消失的北方音系。"

花登正宏《古今韵会举要研究》（1997）一书指出，《中原音韵》是北方音系，《古今韵会举要》是南方音系，"在近代音中，《中原音韵》和《古今韵会举要》这两种雅音是并存的"。北方音系的全浊声母已经消失，而南方音系的全浊声母依然存在，这是南北雅音系统的区别。佐佐木猛《读〈古今韵会举要研究〉》（2003）指出，《古今韵会举要》平声的全浊字，事实上已经分裂，其浊声母存在有可能是遵从传统韵书所致。

中村雅之《〈华夷译语〉（甲种本）音译汉字的基础方言》（2007）运用"果摄开口一等字辨别法"证明甲种本《华夷译语》音译汉字的基础方音是南京音。其依据是果摄一等开口字的韵母在北方音系中是不圆唇的 [ɤ]，而在南京音系中是圆唇的 [o]。

藤堂明保从官话入声韵尾的演变形式这一角度来讨论明代官话的语音基础。其文章《ki- tsi- の混同は 18 世纪に始まる》（1952/1987）指出："从古官话形成以来，入声弱化现象在音缀构造上可以分为两种。第一种是，韵尾 -p、-t、-k 变为 -i、-u 或者完全消失，变为与平、上、去三声完全相同的语音形式；第二种是，入声韵尾变为闭塞音 [ʔ]，后来变为促音一直流传下来。"同时他还说，梗摄一二等入声韵 -k 尾变为 -i，宕摄入声韵尾 -k 变为 -u，这种音变形式属于白话音的现象。而入声韵尾变为闭塞音的音变形式属于文言音的现象。

更科慎一《甲种本〈华夷译语〉音译汉字基础方言问题》（2007）首次提出用曾梗摄一二等入声字的拼写方式辨认《华夷译语》《蒙古秘史》音译汉字的基础音系。布日古德《〈华夷译语〉（甲种本）音译汉字基础音系研究》（2012）认为《华夷译语》音译汉字基础音系是以北方官话音系为基础的方言音体系，并且属于北京口语音系。

曾摄一等和梗摄二等入声韵字，《重订司马温公等韵图经》在"拙摄"（第十六《开口篇》），陆志韦的拟音是 [ɛ]，现代北京话文读音一般念作 [ɤ]。陆志韦认为北京话的 [ɤ] 是后起的。而《华夷译语》乙种本的材料显示，这些入声字的主要元音是央元音 [ə] 或者是靠后的 [ɤ]，而不是 [ɛ]。

（二）《回回馆杂字》语音基础的验证

依照上面所列的判断方法，我们考察《回回馆杂字》的语音基础问题。

1. 梗曾摄一二等入声字、宕江摄入声字韵尾的演变

《回回馆杂字》对音字中无宕摄入声字，但有江摄入声字；其时江宕已经合流。故我们考察江摄、曾摄一等、梗摄二等入声字所对译的波斯音，以此来辨别对音汉字的语音基础。具体情况是：

江摄入声觉韵字所对译的波斯音是 u 或 ū。梗摄二等陌、麦韵字对译的波斯音有 a、i、ī、u。曾摄一等德韵字对译的波斯音有 a、i、ī、u、ū。所用的对音字及其对音次数详见第五章第一节。

这几个入声韵字所对译的波斯音都是单元音，不存在韵尾变 -u 和 -i 的问题，也不存在保留喉塞音 [ʔ] 的问题。那么，利用藤堂明保的"梗曾宕（江）入声韵演变"的验证方法，无法求证《回回馆杂字》对音汉字的语音基础。

2. 果摄一等开口字的对音

《回回馆杂字》对音汉字中果摄一等开口字有"阿、多、他、罗、那、我"6个，所对译的波斯音是："阿"对译 ā/a/ʻa/ghā/gha；"多"对译 du、"他"对译 tā/ta；"罗"对译 rū、"那"对译 nū；"我"对译 wa。可以看出，果摄一等开口字所对译的波斯音有 a、ā、ū、u 几种。"阿、他、我"对译波斯语的 a、ā 音，"多、那、罗"对译波斯语的 ū、u 音；前者是展唇音，后者是圆唇音。

从其他音韵资料看，果摄一等开口字的韵母在北方音系中念作 ɤ，在南京音系中念作 o。《回回馆杂字》果摄一等开口字的韵母既可以对译展唇音，又可以对译圆唇音，并不符合北方音系或南京音系的特点。也由此可以知道，中村雅之"果摄一等开口字对音"的验证方法不适合于波汉对音。

3. 全浊声母的演变

《回回馆杂字》全浊声母已经消失，这一点与《洪武正韵》不一致，后者有完整的全浊音。

根据全浊声母是否存在，可以将官话语音系统大致分为南方音系和北方音系：南方音系有全浊声母，北方音系则无。据此可知《回回馆杂字》语音基础当是北方官话的某一方言。《回回馆杂字》对音汉字无浊音声母的特点与代表元代北方官话口语音的《中原音韵》相一致，也与代表明代官话口语音的申叔舟《洪武正韵译训》《四声通考》两书所记"俗音"相一致。

4. 其他验证方法

从南北语音差别大的方面讲，我们还可以比较以下问题：n、l 混否的问题，ts 与 i、y 是否相拼的问题，-n、-ŋ 混否的问题，入声韵存否的问题。在这些方面，《回回馆杂字》音系表现是：n、l 不混，用精组字对译波斯辅音 z、s 与元音 i 相拼的音，-n、-ŋ 有混的例证，入声韵消失。

n、l 不混，说明不是南京音；入声韵消失，说明是北方口语音；而 -n、-ŋ 相混则是南北方言中都存在的问题。用精组字对译波斯辅音 z、s 与元音 i 相拼的音，或者用见母字、晓母字对译波斯辅音 g、h、kh 与元音 i 相拼的音，说明其时见晓组、精组声母还是可以和细音相拼，尚未发生腭化现象。而这一点不足以用来作为划分明代初年南方音系和北方音系的标准。

三、永乐本《回回馆杂字》的语音基础

汉语官话音有读书音和口语音的分别。读书音代表传统读音，其语音相对滞后发展；口语音是当时活语言的时音，是活生生的方音。在永乐本《回回馆杂字》时代，读书音与口语音的区别相当于申叔舟等朝鲜汉学家标识的"正音"和"俗音"的区别。该书的编写目的是为了口头翻译、交流与学习，应该是用当时通行的口语音。基于该书反映出来的全浊音消失、泥来不混、入声韵消失等特点，我们可以断定其语音基础是中原雅音之口语音，与乙种本的其他《华夷译语》一样，都是明代前期官话口语音的反映，这个官话口语音的语音基础是历代递相传承的读书音的口头表达，其方言基础是中原雅音，即中州音、河洛音。

第七章　波斯拉施特《史集·中国史》波汉对音研究

第一节　《史集·中国史》的编纂及其音韵学价值

元明以来，中国文献中逐渐出现了用波斯字母拼写汉字词的现象。这种文字的主要使用者是包括波斯在内的中亚各民族，即元明以来的"色目人"。在中国境外，波斯学者撰写的著作中也往往有汉语词汇。例如 14 世纪初年波斯政治家、史学家拉施特（1247~1318）先后受伊利汗合赞汗（1295~1304 在位）和完者都（1304~1316 在位）之命编纂的《史集》中所包含的《中国史》中，就存在大量中国历史名词。

《史集》全书分为三卷，讲述世界各民族历史的《世界史》收在第二卷第二部第一编（拉施特 / 余大钧 2017：100）。《世界史》包括《富浪史》（即欧洲史）、《以色列及子孙史》（即中近东史）、《印度史》、《乌古思史》（即操突厥语各民族史）、《中国史》等。在编纂《世界史》的过程中，拉施特从各民族所有典籍中摘取精华，聘请各民族学者参加纂修，并尽可能对由此获得的资料进行考证审核。在《史集》总序中，拉施特介绍了自己编纂《世界史》的原则：对各民族的所有学者和权威人士进行周咨博询，并从古籍中作了摘录；编纂相关民族的历史时，均未作任何变更、改写和妄自修改，所编纂的内容，均为各民族经典著作中所见的记载。

《史集·中国史》（成书于 1304 年）是根据两位来到波斯的中国学

者所带的汉文史书编纂的。

拉施特《史集·中国史》包括"开篇、前言、乞台和摩秦的历史"三个部分。根据其"开篇、前言"的介绍，可以知道波斯人眼中当时中国疆域所包含的几个大的区域：北部地区，叫作乞台，也叫作"秦"；东南部地区，称作"摩秦"；西南地区有大理，位于忻都（印度）和吐蕃之间。中国北部有两个游牧民族，一个是契丹，一个是女真。

"乞台和摩秦的历史"，记录了上自盘古，下迄南宋（包括辽、金）共 36 个王朝、267 位正统君王的世系，并保存了从汉文典籍中描摹下来的历代帝王画像；还记录了非正统王朝的君王世系。《史集·中国史》所列举的历朝历代皇帝，大多与念常《佛祖历代通载》记载的相符，而与"二十四史"等正史所记不尽相同①。

《史集·中国史》约有汉语历史名词 447 个（不计重复）。其中帝王世系的名词约有 353 个。除了帝王世系，《史集·中国史》还有其他汉语特有的历史名词，范围涉及朝代名、诸侯国名、历史人物名及称号、宫殿名等。这些历史名词基本上都是用波斯字母拼写的，大致反映了元代汉语语音面貌。

根据王一丹（2007：114~180）《波斯拉施特〈史集·中国史〉研究与文本翻译》之下卷"拉施特《史集·中国史》文本翻译"的拉丁转写，对照刘迎胜（2013：242~276）《小儿锦研究》（一）所列《史集·中国史》汉语历史名词波斯文及拉丁转写，我们整理出了 269 个汉字的波斯拼音，在此基础上初步研究了拉施特《史集·中国史》的波汉对音，详见下文。

---

① 《佛祖历代通载》，元临济宗沙门念常撰。原二十二卷，明北藏分作三十六卷，内容依旧。是一部编年体佛教史书，《四库提要》有著录。明《北藏》《嘉兴藏》、清《龙藏》《频伽藏》及《续藏》皆收。《大正藏》将其收入第 49 卷。卷首附有至正元年（1341）虞集序和至正四年（1344）觉岸序两篇，以及凡例目录一篇。该书从第 2 卷开始，以中国历朝世代为线索，从盘古至元统元年（1333），广载佛教史实，对僧人译经、撰述及传教活动，佛教与儒、道的关系，历代皇帝臣僚兴废佛教事迹及有关撰述文书等，一一按年代顺序记述。以干支纪年，并附注帝纪年号。

第二节　《史集·中国史》波斯拼音词例

آ (A)

اودینک (Ū dīnk)，沃丁；او کیا (Ū kīā)，沃甲；او لون کی (Ūlūn kī)，五龙纪；او لی (Ū lī)，恶来；ای وانک (Ay wānk)，哀王

ب (B)

با وانک (Bā wānk)，霸王；بنکو (B(a)nkū)，盘古；بو سی (Bū sī)，褒姒；بو کیانک (Bū kīānk)，不降；بینک وانک (Bīnk wānk)，平王

ت (T)

تلجو (Tān jū)，丹朱；تاو وانک (Tāw wānk)，悼王；تای تانشی (Tāy tān šī)，大庭氏；تای دینک (Tāy dīnk)，太丁；تای شانک لاو کون (Tāy šānk lāw kūn)，太上老君；تای کانک (Tāy kānk)，太康；تای کیا (Tāy kīā)，太甲；تای کینک (Tāy kīnk)，太庚；تای وو (Tāy wū)，太戊；تن خوانکشی (T(a)n khwānkšī)，天皇氏

ث (S)

ثو دین (Sū dīn)，祖丁

ج (J)

جو شی (J(i)nk wānk)，成王；جوسن شی (Jūs(a)n šī)，朱襄氏；جو جیو (Jū šī)，邹氏；جو شونک خی (Jū jīū)，楚州；جو وانک (Jū šūnk khī)，楚熊绎；جو وو وانک (Jū wānk)，楚王；جو وانک (Jū wānk)，赵王；جون خو کاو یانک شی (Jū wūwānk)，周武王；جونک دین (Jūn hū kāw yānk šī)，颛顼高阳氏；جون یانک شی (Jūn jh(a)n)，中壬；جونک کانک (Jūn yānk šī)，中央氏；جونک وانک (Jūnk dīn)，仲丁；جونک ون (Jūnk kānk)，仲康；جی وانک (Jūnk wānk)，庄王；جی یو (Jūnk w(a)n)，中元；جین دین (Jīwānk)，昭王；جینک مینشو (Jī yū)，蚩尤；(Jīn dīn)，贞定；(Jīnk mīn šū)，郑

桓叔；جيو سن (Jīu s(i)n)，纣辛；جيو کوه(Jīu kūh)，朝歌；جيو ون وان(Jīuw(i) n wān)，周文王

ح (H)

حن وانک (Hān wānk)，韩王；حوتانکیه（Hūtānkīah），河亶甲

خ(KH)

خاون (Khā w(a)n)，下元；خنسای (Khin sāy)，行在；خن (Khan)，韩；خوا ژن (Khwā jhīn)，化人；خوشانک (Khū šānk)，和尚；خو کی (Khū kī)，雍己；شیخوانک (Šī khwānk)，始皇；خون دون شی (Khūn dūn šī)，混沌氏；خوی (Khūy)，槐；خویانک شی (Khū yānk šī)，昊英氏；خه خون کی (Kh(a)h khūn kī)，合熊纪；خی سو شی (Khī sū šī)，赫胥氏

د (D)

دا کی (Dā kī)，妲己；دای کیم (Dāy Kīm)，大金；دای لیو (Dāy līw)，大理；دی جی (Dī jī)，帝直；دی جینک (Dī jīnk)，帝承；دی خوانکشی (Dī khwānk šī)，地皇氏；دی کو کاو شینک شی (Dī š(u)n yūw yū šī)，帝舜有虞氏；(Dī kū kāw šīnk šī)，帝喾高辛氏；دی لای (Dī lāy)，帝来；دی لم (Dī l(i)m)，帝临；دی یو تاو تانک شی (Dī mīnk)，帝明；دی نای (Dī nāy)，帝哀；(Dī yū tāw tānk šī)，帝尧陶唐氏；دین وانک (Dīn wānk)，定王

ر (R)

ر شی خو حوی (Ršī hūkhūi)，二世胡亥

ز (Z)

زو کینک شی (Z(a)n khwānk šī)，人皇氏；زو کیا (Zū kīā)，祖甲；(Zū kīnk)，祖庚

ژ (Jh)[①]

جون ژن (Jūn jh(a)n)，中壬；خوا ژن (Khwā jhīn)，化人；سامشی ژن (Sām

[①] 刘迎胜《小儿锦研究》（一）未列出以 ژ(Jh) 字母作为词首音素的汉语词。为方便考察，我们此处重复列出上面这几个词。

šī jh(i)n)，三世（子）婴；واى ژن (Wāy jh(a)n)，外壬

س (S)

سن تانشو (S(i)n tānšū)，晋唐叔；ساى شودو (Sāy šūdū)，蔡叔度；
سن شيحوانک (S(i)n jūnšū)，秦颛项；سن شن (S(u)n š(i)n)，全真；سن جون شو
(S(i)n šīhwānk)，秦始皇；سن فن کون (S(i)nf(i)nkūn)，晋文公；سن وانک
(S(i)n wānk)，秦王；سو جيو (Sū jīū)，徐州；سو سن (Sū s(i)n)，祖辛；سو سين
(Sūsīn)，小辛；سو شو داو (SūŠūdāw)，曹叔铎；سو مين کى (Sūmīnkī)，叙命
纪；سو ى (Sū vīzīkhī)，宋微子启；سون لوشى (Sūnlūšī)，尊卢氏；سو وىزىخى
(Sū ī)，祖乙；سو يى (Sū yī)，小乙；سوى ژن شى (Sūy jh(a)n šī)，燧人氏；
سيوانک (Sī Lūūwānk)，齐吕望；سى وانک (Sī wānk)，思王；سى لوو وانک
(Sī wānk)，齐王；سيان (Sīānk)，相；سينک جيو (Sīnk jīū)，青州；سينکسينک
(Sīnksīnk)，先生；سيو کيا (Sīū kīā)，小甲

ش (Sh)

شتى کى (Šānk wānk)，襄王；شانک ون (Šānk w(a)n)，上元；شانک وانک
(Š (a)tī kī)，摄提纪；شنون (Š (a)nūn)，神农；شن انو (Š (u)n wān)，轩辕；
شن ون (Š (a)n w(a)n)，轩辕；شو تى (Šū tī)，叔带；شو کانک (Šū kānk)，少
康；شو خو کم تن شى (Šū khwū k(i)m t(a)n šī)，少昊金天氏；شو لنک (Šū l(a)
nk)，叔梁；شون سينک وانک (Šūnsīnk wānk)，慎靓王；شووسو (Šūūsū)，守
绪；شيخوانک (Šīkhwānk)，始皇；شيا وانک (Šīā wānk)，孝王；شيا يو ون (Šīā
yū w(a)n)，夏禹王；شينک تانک (Šīnk tānk)，成汤

ع ('Ein)

عان وانک ('Ān wānk)，安王

غ (Ghein)

تاى غان جو (Tāy ghān jū)，泰安州

ف (F)

فنککينک (Fank kīnk)，盘庚；فو کى (Fū kī)，伏羲；فى وانک (Fī wānk)，
惠王；فين جو (Fīn jū)，汾州；فا (Fā) 发

ک (K)

کانک وانک (Kānk wānk)，简王；کاو (Kāw)，皋；کنک وانک (K(a)nk wānk)，康王；کنک وانک (Kank wānk)，匡王；کو فوزی (Kū fūzī)，孔夫子；کو وانک (Kū wānk)，考王；کون کونشی (Kūn kūnšī)，共工氏；کون وانک (Kūn wānk)，共王；کوتن شی (Kūt(a)n šī)，葛天氏；کونک (Kūnk)，扃；کونک وانک (Kūnk wānk)，顼王；کونکیا (Kūnkīā)，孔甲；کی (Kī)，启；کی (Kī)，桀；کی وانک (Kī wānk)，景王；کین (Kīn)，廑；کین دین (Kīndīn)，康丁；کین وانک (Kīn wānk)，敬王

ل (L)

لا کین (Lā kīn)，洛京；لانک جیو (Lānk jīū)，梁州；لم سن (L(a)m s(i)n)，廪辛；لن کن کی (L(a)n k(a)n kī)，莲迳纪；لو بان (Lū bān)，鲁班；لوو جو کونک (Lūū Jū kūnk)，鲁周公；له وانک (L(i)h wānk)，烈王；لی لن شی (Lī l(a)n šī)，骊连氏；لی وانک (Lī wānk)，厉王；لینک وانک (Līnk wānk)，灵王

م (M)

منزی (Manzī)，蛮子；مونک (Mūnk)，芒；مو وانک (Mū wānk)，穆王；مویه فوجین (Mūnya Fūjīn)，摩耶夫人[①]

ن (N)

نم کینک (Nam kīnk)，南庚；نن وانک (Nan wānk)，報王；نوجی (Nūjī)，女直；نیکو (Nīkū)，尼丘；نیواشی (Nīvāšī)，女娲氏

و (Ū)

وان (Wān)，万；وانک وانک (Wānk wānk)，桓王；وای بینک (Wāy bīnk)，外丙；وای ژن (Wāy jh(a)n)，外壬；ون وانک (W(a)n wānk)，元王；وو تای بای (Wū tāybāy)，吴太伯；وو خواشی (Wū khwāšī)，无怀氏；وو دین (Wū dīn)，武丁；وو یی (Wū yī)，武乙；وی کانک شو (Wī kānk sū)，卫康叔；

---

① 此处转写多了一个 n 音素。"摩耶"是印度历史人物名的波斯译音，"夫人"是汉语称谓词。

(Wī wānk)，魏王；ويل وانک (Wīl wānk)，威烈王

ه (H)

هم کان شی (H(a)m kān šī)，阴康氏；هین وانک (Hīn wānk)，显王；هی وانک (Hī wānk)，釐王

ی (Y)

یانک جی (Yān wānk)，燕王；یانجو کون (Yān Jūkūn)，燕召公；(Yānk jīū)，扬州；یین جیو (Yīn jīū)，兖州；ینک کی (Yank kīā)，阳甲；یو جیو (Yū jīū)，豫州；یو وانک (Yū wānk)，幽王；یو و یوشی (Yūw yūšī)，有虞氏；یی وانک (Yī wānk)，懿王；یی وانک (Yī wānk)，夷王

第三节　《史集·中国史》波汉对音及其音韵特点

一、汉语声母与波斯辅音的对应关系

（一）唇音

帮母字"霸班襃保丙伯不"皆用波斯辅音【ب】[b] 对译。並母字"毗平"用波斯辅音【ب】[b] 对译；"盘"，盘古之"盘"，用【ب】[b] 对译，而盘庚之"盘"则用波斯辅音【ف】[f] 对译。明母字"蛮芒明命摩牟穆"用【م】[m] 对译。

非母字"发夫"用【ف】[f] 对译。奉母字"伏"用【ف】[f] 对译。微母字"万罔望微文无武戊"用【و】[w] 对译，而"文"又有用【ف】[f] 对译的情况：晋文公，سن فنک ون。

对音汉字中无滂母和敷母字。材料显示，並奉清化，非敷奉合流。"文"的对译反映了汉语 [v] 和 [f] 的混同。

（二）舌音

端母字"妲打帝丁沌"用【د】[d] 对译，"带丹亶"用【ت】[t] 对译。

透母字"太泰汤天"用【ت】[t] 对译。定母字"地定铎"用【د】[d] 对译,"大"既用【د】[d] 对译,又用【ت】[t] 对译;"悼庭唐提"用【ت】[t] 对译。泥母字"南农"用【ن】[n] 对译。娘母字"赧尼女"用【ن】[n] 对译。

知母字"贞中朝"用【ج】[j] 对译。澄母字"陈召赵郑直仲纣杼"用【ج】[j] 对译。

对音汉字中无彻母字。材料显示澄母清化,泥娘合流。

（三）齿音

1. 正齿音

庄母字"庄邹"用【ج】[j] 对译。初母字"楚"用【ج】[j] 对译。生母字"生"【س】[s] 对译。

章母字"昭只州周朱颛"用【ج】[j] 对译,全真之"真"（سن شن）,用【ش】[š] 对译。昌母字"蚩赤"用【ج】[j] 对译。船母字"神"用【ش】[š] 对译[1]。书母字"少摄始世释守叔舜"用【ش】[š] 对译。禅母字"上尚氏",用波斯辅音【ش】[š] 对译,而"成"既用【ش】[š] 对译,又用【ج】[j] 对译;"承"用【ج】[j] 对译。

对音汉字中无崇母字。材料显示,船、禅清化,知庄章合流。生母字"生"的声母与心母相同。

2. 齿头音

精母字"子"用【ز】[z] 对译,"晋尊"用【س】[s] 对译,"祖"既用【س】[s]、【ث】[s] 对译[2],又用【ز】[z] 对译。按:刘迎胜将"祖丁, ثودين"转写为 [Zū dīn],误,当为 [Sū dīn],此处据改。清母字"蔡青"用【س】[s] 对译。从母字"曹靓齐秦全在"用【س】[s] 对译。心

---

① [š] 在第二章"波斯字母与拉丁字转写对照表"里写作 [sh],同。

② 波斯字母有一音多形的特点。具体到 [s],有 ص、ث、س 三个字母与之对应。

母字"三思宋先相小泻胥宣"用【س】[s] 对译;"显"用【ﻫ】[h] 对译;
"襄辛"既用【س】[s] 对译,又用【ش】[š] 对译,其中"辛"用【س】[s]
对译 4 次,用【ش】[š] 对译 1 次。邪母字"似松燧徐叙绪"用【س】[s]
对译。

材料显示,从、邪清化,心母字有读同晓匣声母的现象(显王,
هین وانک),心母字也有读同书禅母的现象(襄王, شانک وانک;帝喾高
辛氏, دی کو کاو شینک شی)。

（四）牙音

见母字"高皋歌葛庚公工共古骨机己纪冀迦甲简降金京景迳敬扃
君娲"用【ک】[k] 对译。见母字"娲"的波斯字母拼音是او,其辅音字
母是【و】[w]。"娲"字在《广韵》《集韵》《洪武正韵》为见母,唯《中
原音韵》收在家麻平声,与"蛙洼漥哇蜗"同音,卓从之《中州乐府
音韵类编》亦为影母,波斯字母拼音显示其时"娲"为影母家麻韵字。

溪母字"康考孔喾匡顷丘"用【ک】[k] 对译,"启"既用【ک】[k]
对译,又用【خ】[kh] 对译:宋微子启, سو وی زی خی。群母字"桀廑"
用【ک】[k] 对译。疑母字"外魏吴元"用【و】[w] 对译;"颜尧虞"用
【ی】[y] 对译;"五"的波斯字母拼音是【او】[ū],不标辅音。

材料显示,群母清化,疑母字有变入微母和影母的情况,见母字
"娲"变成了微母字。

（五）喉音

影母开口三四等字"燕扬央乙懿英幽"用【ی】[y] 对译;"威",合
口三等字,用【و】[w] 对译;"恶沃"拼音都是【او】[ū],不标辅音;"阿"
的拼音有【ﺍ】[a] 和【و】[ū] 两种,不标辅音;"哀"的拼音有【نای】[nāy]
和【ای】[ay] 两种;"安"的拼音有【عان】['ān] 和【غان】[ghān] 两
种;开口三等字"阴"的拼音是【هم】[h(a)m];"婴",三世（子）婴,
سام شی ژن,用【ژ】[jh] 对译;"雍"用【خ】[kh] 对译。

晓母字"赫化"用【خ】[kh] 对译；鳌王，هیوانک,"鳌"用【ح】[h] 对译；"孝轩"用【ش】[š] 对译；伏羲，فوکی,"羲"用【ک】[k] 对译；"项"既用【خ】[kh] 对译，又用【ش】[š] 对译。匣母字"昊和合胡怀槐混下行"用【خ】[kh] 对译；"亥河"用【ح】[h] 对译；"韩皇"既用【خ】[kh] 对译[①]，又用【ح】[h] 对译；郑桓叔，جینکمینشو,"桓"用【م】[m] 对译，桓王，وانک وانک,"桓"用【و】[w] 对译；完颜阿骨打کدایا وکوان یان,"完"用【و】[w] 对译；惠王，فی وانک,"惠"用【ف】[f] 对译；夏禹王，شیا یو ون,"夏"用【ش】[š] 对译。

云母字"王卫辕"用【و】[w] 对译；"尤有禹"用【ى】[y] 对译；合熊纪，خه خون کی,"熊"用【خ】[kh] 对译；楚熊绎，جو شونک خی,"熊"用【ش】[š] 对译。以母字"兖阳耶夷豫"用【ى】[y] 对译；楚熊绎之"绎"用【خ】[kh] 对译。

材料显示，影母字有变入微母的情况，匣母清化，影母一等开口字"哀安"有读同泥母、疑母的情况，三等开口字"阴雍"的声母与晓匣母混同，三等开口字"婴"的声母读同日母。晓母字"孝项轩"与书禅母的读音混同。匣母字"完桓"被标成了微母（"桓"也有被标作明母的情况），"夏"的声母与书禅母的读音混同，"惠"字有读成非母的情况。云母字"熊"的声母既与书禅母混同，又与晓匣母混同。以母字"绎"的声母与晓匣母混同。

（六）半舌、半齿音

来母字"来蓝老骊里理厉莲连梁烈临禀灵留龙卢鲁吕罗洛"，皆用【ل】对译。

日母字比较复杂："二"用【ر】[r] 对译；"壬"用【ژ】[jh] 对译；"人"既用【ژ】[jh] 对译，也用【ز】[z] 对译，又用【ج】[j] 对译。

---

① "皇"用 [kh] 对译 4 例，用 [h] 对译 1 例。"韩"则各 1 例。

材料显示，来母字不用波斯前腭浊颤音【ر】[r]对译。日母字"二"也有用【ر】[r]对译的情况。日母字主要用前腭浊舌面擦音【ژ】[jh]对译，但也有用【ز】[z]、【ج】[j]对译的情况。

二、波斯拼音反映出来的元代汉语声母特点

（一）浊音清化

1.並母清化。此项研究材料中没有滂母字。帮母字"霸班褒保丙伯不"、並母字"盘毗平"，皆用波斯字母【ب】[b]对译。波斯语有双唇清塞音【پ】[p]，但没有用来对译汉语的帮母。帮並不分，说明並母已经清化。波斯语【ب】[b]是双唇浊塞音，用以对译汉语的双唇清不送气塞音[p]和浊塞音[b]，说明拉施特从听感上不能分辨出汉语的[p]声母不同于波斯语的【ب】[b]。同时，並母字"盘毗平"皆平声字，在浊音清化的过程中，演变成了[p']，但波斯语音没有送气音，故拉施特选用【ب】[b]来对译其声母。

2.奉母清化。奉母字和非母字都用【ف】[f]对译，可见奉母已经清化了。

3.定母清化。端母字"妲打帝丁沌"、定母字"地定铎"，都用【د】[d]对译；透母字"太泰汤天"、定母字"悼庭唐提"都用【ت】[t]对译。定母已然演变为两类：一种读与端母同，一种读与透母同，可见定母清化了。

4.澄母清化。此项材料中没有彻母字。拉施特知母字"贞中朝"、澄母字"陈召赵郑直仲纠杼"皆用【ج】[j]对译，可见澄母已经清化。

5.船、禅清化。船母"神"、禅母"上尚氏"与书母"少摄始世释守叔舜"诸字都用波斯字母【ش】[š]对译，说明船禅已经清化。

6.从、邪清化。波斯语没有与汉语相应的齿头清塞擦音[ts ts']，

只有齿间浊擦音【ظ、ض、ذ、ز】[z] 和齿间清擦音【ص、س、ث】[s] ①。
从母字"曹靓齐秦全在"与清母字"蔡青"皆用【س】[s] 对译，说明
从母已经清化。汉语的 [s] 是齿头擦音，心母字"三思宋先相小泻胥宣"
与邪母字"似松燧徐叙绪"，都用【س】[s] 对译，取其近似而已，同时
也反映了邪母清化的问题。

7. 群母清化。波斯语有后腭清塞音【ک】[k] 和后腭浊塞音【گ】
[g]。拉施特用【ک】[k] 对译汉语的舌根音见 [k]、溪 [k']、群 [g]，一方
面说明群母已经清化了；另一方面波斯辅音没有送气与不送气的对立，
故只能取其近似来对译。

8. 匣母清化。汉语的晓匣母字都用【خ】[kh] 对译，说明匣母已经
清化了。波斯语的【خ】[kh] 是浊喉擦音，发音方法与汉语的晓匣声母
并不相同，对音也只是取其近似而已。

此外，此项对音材料中没有崇母字，故本节没有讨论崇母的清化
问题。但依照语音体系整体的演变大势，我们可以推测崇母也已发生
了清化音变。

（二）微疑影喻等声母字发生了合流音变

中古微疑影晓匣云以诸母字，一般情况下在现代汉语普通话里变
成了零声母字。拉施特《中国史》波汉对音反映出元代汉语中上述诸
声母字已发生了合流音变。

---

① 按：[s z] 都是一音多形。

表 7-1 微疑影喻等声母对译情况

序号	声母	汉字	音韵地位	波斯对音【و】[w]	波斯对音【ى】[y]	波斯对音 其他	备注
1	微	万	微元合三去山	√			
2		望	微阳合三去宕	√			
3		微	微微合三平止	√			
4		文	微文合三平臻	√			
5		无	微虞合三平遇	√			
6		武	微虞合三上遇	√			
7		戊	微侯开一去流	√			
8	疑	外	疑泰合一去蟹	√			
9		魏	疑微合三去止	√			
10		吴	疑模合一平遇	√			
11		元	疑元合三平山	√			
12		颜	疑删开二平山		√		
13		尧	疑萧开四平效		√		
14		虞	疑虞合三平遇		√		
15		五	疑模合一上遇			√	五龙纪，اولونک；无辅音
16	影	燕	影先开四平山		√		
17		扬	影阳开三平宕		√		
18		央	影阳开三平宕		√		
19		乙	影质开三入臻		√		
20		懿	影脂开三去止		√		
21		英	影庚开三平梗		√		
22		幽	影幽开三平流		√		

续表

序号	声母	汉字	音韵地位	波斯对音			备注
				【و】[w]	【ى】[y]	其他	
23	影	威	影微合三平止	√			
24		恶	影模合一去遇 影铎开三入宕			√	恶来,اولى;无辅音
25		沃	影沃合一入通			√	沃丁,اودىنک;无辅音
26		阿	影歌开一平果			√	啜里只.阿保机,جولجياباکه; 完颜阿骨打,وان يان وکدايا; 无辅音
27		哀	影咍开一平蟹			√	哀王,اى وانک; 帝哀,دى ناى
28		安	影寒开一平山			√	泰安州,تاى غان جو; 安王,عانوانک
29		阴	影侵开三平深			√	阴康氏,هم کانشى
30		婴	影清开三平梗			√	三世(子)婴,سام شىژن
31		雍	影锺合三平通			√	雍己,خو کى
32	云	王	云阳合三平宕	√			
33		卫	云祭合三去蟹	√			
34		辕	云元合三平山	√			
35		尤	云尤开三平流		√		
36		有	云尤开三上流		√		
37		禹	云虞合三上遇		√		
38		熊	云东合三平通			√	合熊纪,خهخون کى; 楚熊绎,جوشون کخى

续表

序号	声母	汉字	音韵地位	波斯对音			备注
				【و】[w]	【ى】[y]	其他	
39	以	兖	以仙合三上山		√		
40		阳	以阳开三平宕		√		
41		耶	以麻开三平假		√		
42		夷	以脂开三平止		√		
43		豫	以鱼合三去遇		√		
44		榆	以虞合三平遇	√			
45		绎	以昔开三入梗			√	楚熊绎，جوشونک خى
46		陶	以宵开三平效			√	帝尧陶唐氏，دى يو تاو تانک شى
47	匣	完	匣桓合一平山	√			完颜阿骨打，وان يان وکدايا
48		桓	匣桓合一平山	√			桓王，وانک وان；郑桓叔，جينک مينشو（用[m]对译"桓"的声母）
49	见	娲	见佳合二平蟹见麻合二平假	√			女娲氏，نى واشى

参考表中汉字声母的波斯对音，基本上可以确定这就是元代这些字的声母。总体上拉施特《中国史》波汉对音反映出以下特点：

1. 微母存在，其音值是 [v]。微母字中加入了其他声母来源的字，具体如下：（1）中古微母合口三等字，例外字是"戊"（合口一等字）。（2）中古疑母合口字，例外字是"五"（无辅音）。（3）中古影母合口字，例外字是"恶沃雍"（无辅音）。（4）中古喻母合口字，例外字是"兖豫"。（5）见母字"娲"、匣母字"完"变成了微母的字。

2. 影母字中加入了其他声母来源的字，具体如下：（1）疑母开口字，例外字是"虞五"。"五沃恶"这三个合口字的波斯字母拼音都相同，而且其首字母都不是辅音【و】[w]，即零声母。（2）喻母开口字，例外字是"禹"。

3. 疑母存在。疑母开口二三等字读入影母，合口字读入微母，但是汉语方言中还有将一等开口字"哀"读作泥母 [n]、一等开口字"安"读作 [ŋ] 的现象，则说明其所接触到的方言中，疑母是存在的[①]。

4. 影母字"阴"的声母用波斯辅音【ﻫ】[h] 对译，"绎雍"的声母用波斯辅音【خ】[kh] 来对译，对于这个拼音，其语音基础应该不是汉语的，大概是汉语方言受到蒙古语发音影响所致。还有疑母字"额"在蒙古语里也被加了 h 辅音。此观点尚待论证。

5. 哈喇章（Qarājānk）、哈喇契丹（Qarākhatāy）的对音汉字"哈"为中古疑母字，对译波斯辅音 [q]，据此可证"哈"字当时的声母是 [x]，而不是 [ŋ]。此种读法一直沿用到现代汉语普通话。

6. 影母字"婴"，拉施特用【ج】[jh] 对音，反映了发音人的方音特点。

（三）知庄章合流

中古知庄章三组声母在《中原音韵》发生了合流音变，这一特点在拉施特《中国史》的波汉对音中也体现了出来。

---

① 影母字"哀"的声纽读成 [n]，是方言类化现象。影母"安"的对音辅音是【ﻍ】和【ﻉ】，也正说明"安"不是零声母，而是被类化成了疑母 [ŋ]。

表7-2　知庄章组声母对音情况

序号	声母	汉字	音韵地位	波斯对音				备注
				【ج】[j]	【ش】[š]①	其他		
1	知	贞	知清开三平梗	√				
2		中	知东合三平通	√				
3		朝	知/澄宵合三平效	√				朝歌, جيو كوه
4	澄	陈	澄真开三平臻	√				
5		召	澄宵开三平效	√				
6		赵	澄宵开三上效	√				
7		郑	澄清开三去梗	√				
8		直	澄职开三入曾	√				
9		仲	澄东合三去通	√				
10		纣	澄尤开三上流	√				
11		杼	澄鱼合三上遇	√				
12	庄	庄	庄阳开三平宕	√				
13		邹	庄尤开三平流	√				
14	初	楚	初鱼合三上遇	√				
15	生	生	生庚开二平梗			[s]		先生, سینکسینک
16	章	昭	章宵开三平效	√				
17		只	章支开三平/上止	√				
18		州	章尤开三平流	√				
19		周	章尤开三平流	√				

① [š] 在本书第二章"波斯字母与拉丁字转写对照表"里写作 [sh], 同。

序号	声母	汉字	音韵地位	波斯对音			备注
				【ج】[j]	【ش】[š]	其他	
20	章	朱	章虞合三平流	√			
21		颛	章仙合三平山	√			
22		真	章真开三平臻		√		全真，سن شن
23	昌	蚩	昌之开三平止	√			
24		赤	昌昔开三入梗	√			
25		啜	昌薛合三入山	√			啜里只．阿保机， جولجی اباكه
26	船	神	船真开三平臻		√		
27	书	少	书宵开三上／ 去效		√		
28		摄	书叶开三入咸		√		
29		始	书之开三上止		√		
30		世	书祭开三去蟹		√		
31		释	书昔开三入梗		√		
32		守	书尤开三上／ 去流		√		
33		书	书屋合三入通		√		
34		舜	书谆合三去臻		√		
35	禅	成	禅清开三平梗	√	√		成王，جنكوانك; 成汤，شینک تانک
36		承	禅蒸开三平曾	√			帝承，دی جینک
37		上	禅阳开三上／ 去宕		√		

续表

序号	声母	汉字	音韵地位	波斯对音			备注
				【ج】[j]	【ش】[š]	其他	
38	禅	尚	禅阳开三去/平宕		√		
39		慎	禅真开三去臻		√		
40		氏	禅支开三上止		√		

波斯语没有送气与不送气的对立，尽管波斯语有腭清塞擦音【چ】[ch]，但由于波斯人无法从听感上分辨汉语的舌齿塞擦音送气与不送气的不同，故知庄章、彻初昌、澄诸母字都用波斯语的前腭浊塞擦音【ج】[j] 对译，例外字是"真"。此项材料中无彻母、崇母字。

书母字、禅母字都用波斯语前腭舌面清擦音【ش】[š] 对译，例外字是"成、承"。

生母字用波斯语前腭清擦音【س】[s] 对译，而其他用【س】[s] 对译的汉字都是精组字。

拉施特《中国史》波汉对音大致显示出，元代汉语知庄章合流，但这只能说知庄章三组声母的音值相似故而对音也大致相似。另外生母字"生"的注音显示该组声母有混同成心母字的情况。

三、波斯拼音反映出来的元代汉语韵母特点

第三章已经指出，波斯语的元音系统和汉语的元音系统很不相同，使得我们不能利用波汉对音来较为确切地研究汉语的韵母特点。从总体对音上看，拉施特《史集·中国史》波斯字母汉语译音这项材料反映出以下特点：江宕合流、梗曾合流、闭口韵独立、入声韵消失。下面我们就闭口韵、入声韵问题予以讨论。波斯人在拼写汉语梗曾通诸摄韵字时也有特殊的表现，这里一并讨论。

（一）[-m] 尾韵独立

中古深咸二摄的 [-m] 尾字，在《中原音韵》里分成了三个韵部，即侵寻、监咸、廉纤，反映出 [-m] 尾韵独立存在的实际情况。拉施特《中国史》专有名词波汉对音，也反映出了这个特点。

表 7-3　[-m] 尾字的波斯对音

序号	汉字	韵	波斯单词	汉字韵尾的对音音素
1	阴		阴康氏，همكان شى	-m
2	壬		外壬，جون ژن ；中壬，وای ژن	-n
3	临	侵	帝临，دی لم	
4	廪		廪辛，لم سن	
5	金		大金，دایكیم；少昊金天氏，شو خو كم تن شى	-m
6	三	谈	三世（子）婴，سام شى ژن	
7	蓝		蓝毗尼，لم بينى	
8	南	覃	南庚，نم كینک	

表中只有侵韵"壬"字，波斯对音用【ن】[n] 对应其末尾辅音，其他一律用【م】[m] 对译。这种情况说明实际语言中 [-m] 尾韵依然存在。

（二）入声韵消失

拉施特《中国史》共 29 个对音入声字，其表现是入声韵消失。其证据有二：

1. 阴入同音。例如：褒不（بو）、蚩赤（جى）、迦甲（كیا）、乙夷懿（یى）、沃五恶（او）分别同音。

2. 入声韵字的对音显示，其声母之后的部分只有用元音【ا】[ā]、【ه】[a]、【ى】[ī]、【و】[ū] 作韵母的情况，没有辅音音素。例如：沃（او）、叔（شو）、铎（داو）、伏（فو）、葛（كو）、喾（كو）、穆（مو）；桀（كى），

伯（باى）、赫（خى）、直（جى）；妲（دا）、发（فا）、合（خه）、烈（له）、
洛（لا）。

（三）[-ŋ]/[-n] 尾韵各自独立，但方言中二者有混同的情况

1. [-ŋ] 尾字的拼音情况

波斯语只有【ن】[n]、【م】[m] 两种鼻辅音。对于汉字的 [-ŋ] 尾字，
波斯对音的情况如下表所示。

表 7-4　[-ŋ] 尾字的波斯对音

序号	汉字	韵	波斯单词	用 n+k	用 n	不用 n、k
1	工		共工氏，کون کون ش		√	
2	公		鲁周公，لوو جو کونک；燕召公，یان جو کون	√	√	
3	孔	东	孔甲，کون کیا；孔夫子，کو فو زی		√	√
4	熊		合熊纪，خه خون کی；楚熊绎，جو شونک خی	√	√	
5	中		中壬，جونکون؛中元，جونژن	√	√	
6	仲		仲康 کانک جونک	√		
7	农	冬	神农，شنون		√	
8	宋		宋微子启，سو ویزیخی			√
9	共		共王，کون وانک		√	
10	龙	锺	五龙纪，اول لون کی		√	
11	松		赤松子，جی سون زی		√	
12	雍		雍己，خو کی			√
13	降	江	不降，بو کیانک	√		

续表

序号	汉字	韵	波斯单词	用 n+k	用 n	不用 n、k
14	皇		天皇氏, تن خوانک ش	√		
15	康		卫康叔, وى کانک شو; 康丁, کین دین	√	√	
16	芒	唐	芒, مونک	√		
17	汤		成汤, شینک تانک	√		
18	唐		帝尧陶唐氏, دى یو تاو تانک شى; 晋唐叔, سن تانشو	√	√	
19	匡		匡王, کنک وانک	√		
20	梁		梁州, لانک جیو	√		
21	上		太上老君, تای شانک لاو کون	√		
22	尚		和尚, خوشانک	√		
23	王		楚王, جوو وانک; 周文王, جیو وان ون	√	√	
24	望	阳	齐吕望, سى لوو وانک	√		
25	相		相, سیان		√	
26	襄		朱襄氏, جو سن شى; 襄王, شانکوانک	√	√	
27	央		中央氏, جون یانک شى	√		
28	扬		扬州, یانک جیو	√		
29	阳		阳甲, ینک کیا	√		
30	庄		庄王, جونک وانک	√		
31	丙	庚	外丙, وای بینک	√		
32	庚		太庚, تای کینک	√		

续表

序号	汉字	韵	波斯单词	用n+k	用n	不用n、k
33	京		洛京，لا كين		√	
34	景		景王，كى وان			√
35	敬		敬王，كين وانك		√	
36	明		帝明，دى مينك	√		
37	命	庚	叙命纪，سو مين كى		√	
38	平		平王，بينك وانك	√		
39	生		先生，سينكسينك	√		
40	行		行在，خن ساى		√	
41	英		昊英氏，خو يانك شى	√		
42	打		完颜阿骨打，وان يان وكدايا			√
43	成		成王，جنك وانك	√		
44	靓		慎靓王，شون سينك وانك	√		
45	顷		顷王，كونك وانك	√		
46	婴	清	三世（子）婴，سام شى ژن		√	
47	贞		贞定，جين دين		√	
48	郑		郑桓叔，جينك مينشو	√		
49	丁		武丁，وو دين；太丁，تاى دينك	√	√	
50	定		定王，دين وانك		√	
51	迳		莲迳纪，لنكن كى		√	
52	扃	青	扃，كونك	√		
53	灵		灵王，لينك وانك	√		
54	青		青州，سينك جيو	√		
55	庭		大庭氏，تاى تان شى		√	

上表所列字都来自中古通、江、宕、梗、曾诸摄，这些字的韵尾波斯人通常是用【ن】[n]+【ک】[k] 的方式来对译的，也有只用【ن】[n] 来对译的情况，还有两种辅音都不用的情况。最后这种情况比较少。用【ن】[n] 来对译汉语的 [-ŋ] 尾，反映的是将后鼻音读成前鼻音的现象。不用 [n] 或 [n]+[k] 的形式对译汉语 [-ŋ] 尾字，反映的是汉语鼻音韵尾脱落的现象。这两种现象在汉语方言里都存在。

2. [-n] 尾韵字的对音情况

拉施特《中国史》波汉对音中，汉语臻摄、山摄字通常都用 [n] 作为其尾字母，但也存在用【ن】[n]+【ک】[k] 的方式来对译的情况。

表 7-5　[-n] 尾字的波斯对音

序号	汉字	韵	波斯单词	用 n+k	不用 n、k
1	陈	真	陈留王，جیو لی وان		√
2	辛	真	帝喾高辛氏，دی کو کاو شینک شی	√	
3	盘	桓	盘庚，فنککینک	√	
4	桓	桓	桓王，وانک وانک	√	
5	简	山	简王，کانک وانک	√	
6	先	先	先生，سینکسینک	√	

汉字的 [-n] 尾字通常用 [n] 来对译，但从上表的对音看，还有用 [k] 对音的情况，也有不用 [n] 和 [k] 对音的情况。前者体现了前后鼻音不分的现象，后者体现了辅音韵尾脱落的现象。

四、《史集·中国史》汉字音的语音基础

拉施特《史集·中国史》汉语专有名词波汉对音显示出其所据的汉语方音有以下特点：声母方面：浊音清化。知照合流，泥娘合流。微母独立，但收字范围扩大。疑母开口与影喻母合流，合口与微母合

流，但还有开口一二等字读作 [ŋ-] 的现象。影喻合流，零声母收字范围扩大。韵母方面：入声韵消失，[-m] 尾韵独立，[-n] 与 [-ŋ] 有混同的情况。

拉施特《史集·中国史》专有名词的汉字音，所依据的是寓居波斯的金朝人的语音，这些音出自母语为汉语的人之口[①]。《史集·中国史》波汉对音这样的材料是对当时活语言的真实描写，体现了当时汉语北方话口语音的面貌。结合这一语音系统中全浊声母清化、入声韵消失、鼻音韵尾有脱落的现象等特点，我们认为，《史集·中国史》汉字音反映了 14 世纪初年汉语北方话口语音的实际面貌，代表的是当时通行于中国北方的口语音。

《史集·中国史》汉字音全浊音清化，微母独立，入声韵消失，[-m] 尾韵独立，这些特点与《中原音韵》相同；不同的是微疑影喻等诸母字有不同的语音表现，具体情况如下：

1.《中国史》的对音微母字收字范围扩大了，即加入了疑影喻诸母的合口字，以及个别见匣母合口字。

2. 疑母字的音变现象较复杂：有开口字读入影母、合口字读入微母的情况，但同时还有将影母字"哀"读作泥母、"安"读作疑母的现象，说明发音人的方言中，疑母是存在的。

3. 有 [-i-] 介音的影母字"阴、雍"的声母分别用波斯辅音【ﻫ】[h]、【خ】[kh] 对译；以母字"绎"的声母也用波斯辅音【خ】[kh] 来对译，这种音变的发生大概是受到蒙古语发音的影响。又，影母字"婴"，拉施特用【ژ】[jh] 对音；而波斯辅音【ژ】[jh] 用对音的，都是中古日母字，这说明发音人的方音中有将零声母字读作日母字的特点。中古喻母字在普通话中读成 [z] 声母的例如"融、荣、容"、中古疑母字在普通话中读成 [z] 声母的例如"阮"，《中原音韵》泥母字"挼"读 [z] 音，

---

① 如上文所述，金代的文学语言是中原雅音。

中古喻母"用"天津话 [z] 音，可见这种语音变化由来已久，渊源有自。

拉施特《史集·中国史》保留了部分汉语专有名词元代的语音。由于这项材料是零散的、不系统的，也由于波汉对音的种种局限，故不能深入研究元代汉语语音的所有问题。

五、余论：其他波汉对音材料

（一）元代其他波汉对音材料

元代波汉对音材料中，除了拉施特《史集·中国史》波汉对音材料，目前所知的还有拉施特编著的《关于中国科学技术的伊利汗珍宝之书》（*Tanksūqnāma-i Īl-khān dar Funūn-i' Ulūm-i khatāyī*）之《脉诀》（成书不晚于 1313 年）。后者是中国医学著作《脉诀》的波斯译本，其中有大量的中医术语的波汉对音。关于波斯译本《脉诀》，北京大学时光教授著有《〈伊利汗中国科技珍宝书〉校注》（时光 2016），日本学者远藤光晓著有《元代音研究——〈脉诀〉ペルシセ语訳による》（远藤光晓 2016）。

在蒙元时代，中国典籍尤其是医学典籍传入波斯，被翻译成波斯文进行研究和传播，反映了东西方文化的密切交流。除了《脉诀》，唐代孙思邈的《千金方》也在元代被译成波斯文（孙卓瑶 2014）。此项材料也有待于从语言学角度予以关注。

其他与元代相对应的波汉对音材料散见于波斯人著作的还有很多。例如波斯史学家志费尼（'Alā al-Dīn 'Atā Malik Jūvaynī，1226~1283）《世界征服者史》（*Tārīkh-I Jahān-gushā*，1252~1260）等，后者提到很多中国地名，如"乞台、唐兀、土番、南京、河中府、太原府"，其他更多见的是用波斯字母拼写蒙古人名和地名，这些蒙古专名的波斯译音可以与《元史》等著作中的汉译专名相印证。

（二）陶宗仪的波斯字母表

元末明初陶宗仪《书史会要》卷八"外域"条云："其母凡二十有

九。横行而写，自前向后，复归于前。"其字母及读音如下①：

一 阿里夫　乙 黑輕呼　ﻰ 斜　ﻰ 戴平聲　ﻰ 加喉音夫　ﻰ 蛙鳥

ل 別重呼　乙 黑重呼　昔重呼因　賽平聲　楷喉音夫　醯

ﻰ 鐵重呼　ﻰ 打重呼勒　ﻰ 昔因　ﻰ 阿因　ﻰ 藍　ﻰ 捺麻失里

ﻰ 些　ﻰ 查勒　ﻰ 沙　ﻰ 孩因　ﻰ 眉因　ﻰ 耶

乙 直寅　ノ 來台　ﻰ 查　ﻰ 廢平聲　ﻰ 奴

　　上面一共29个波斯字母，字母下用汉字标明了字母的读音和读法。其中，【ﻻ】（捺麻失里）是字母【ل】（蓝）和字母【ا】（阿里夫）的连写形式，其他28个都是独立字母。刘迎胜《小儿锦研究（一）——历史、文字与文献》（第165~166页）依照 F.Steingass *A Comprehensive*

---

① ［明］陶宗仪《书史会要》、［明］朱谋垔《续书史会要》，《中华艺术文献丛刊》，浙江出版联合集团、浙江人民美术出版社，2012年第238页。

Persian English Dictionary 的转写体系，用拉丁字母转写了这 29 个波斯字母，并给出了它们的名称①：

（1）ا（A）阿里夫 [alif]

（2）ب（B）别（重呼）[be]

（3）ت（T）铁（重呼）[te]

（4）ث（S）些 [se]

（5）ج（J）直寅 [jīm]

（6）ح（H）黑（轻呼）[he]

（7）خ（Kh）黑（重呼）[khe]

（8）د（D）打（重呼）勒 [dāl]

（9）ذ（Z）查勒 [zāl]

（10）ر（R）来（台②）[re]

（11）ز（Z）斜 [ze]

（12）س（S）昔（重呼）因 [sīn]

（13）ش（Š）昔因 [šīn]

（14）ص（Ṣ）沙 [sād]

（15）ض（Ẓ）查 [zād]

（16）ط（Ṭ）戴（平声）[tā]

（17）ظ（Ẑ）赛（平声）[ẑā]

---

① 刘迎胜指出，陶宗仪《书史会要》收录 29 个字母，其中 28 个是阿拉伯字母，另一个是字母ل（Lām）与字母ا（Alif）合成的复合字母لا（Lā）。但波斯字母的数量是 32 个，陶宗仪的记录与此不符。刘迎胜认为这是因为波斯人在阿拉伯文基础上创制的 4 个字母，被归并在与之相近的阿拉伯字母之下，当时还未被看作独立字母，所以没有单独列出。详见刘迎胜《唐元时代中国的伊朗语文与波斯语文教育》，《新疆大学学报》1991 年第 1 期，第 22 页。

② "台"，刘迎胜指出其当为"舌"字之误。"舌"字标明发音时应当颤舌。依照陶宗仪标明字母发音部位和发音方法的做法，"舌"字当与"重呼、平声、喉音"等一样，附于标音汉字之后，并小写之。

（18）ع（'A）阿因 ['ein]

（19）غ（Gh）孩因 [ghein]

（20）ف（F）废（平声）[fā]

（21）ق（Q）加（喉音）夫 [qāf]

（22）ك（K）揩（喉音）夫 [kāf]

（23）ل（L）蓝 [lām]

（24）م（M）眉因 [mīm]

（25）ن（N）奴 [nūn]

（26）و（W）蛙乌 [wāw]

（27）ه（H）醯 [he]①

（28）لا（L）捺麻失里 [lām-asli]②

（29）ى（Y）耶 [yei]

（三）明代其他波汉对音材料

明代波汉对音材料集中体现在《回回馆杂字》中，除此以外，还有其他方面的零散材料。具体如下：

1. 永乐本《回回馆杂字》汉语借词的波斯拼音

كنجانفو（kinjānfū），陕西，钦张夫（即"京兆府"的谐音）；لاى（lāy），罗，刺衣；جا（čā），茶，本音；بكة（buka），墨，百克。

2. 四夷馆本续增《回回馆杂字》汉语借词的波斯拼音

وانگ（wāng），王，本音；بيكيا（bīkiyā），比甲，本音；سيلان（sīlān），膝襕，洗刺恩；جين（Čīn），中国，赤尹。

3. 会同馆本《回回馆杂字》

نمتاى（namtāy），喃台（南京）。

---

① 对照陶宗仪所录文字及读音，字当作"醯"，抄录之误。

② لا（Lā）是字母ل（Lām）与字母ا（Alif）的复合字母。

4.《回回馆来文》中波斯字母的汉字译音

دای منگ（Dāī Ming），大明；وانک（vānk），王；دودو（Dūdū），都督；
سوجو（Sūjīū），肃州；قمجو（Qamjū），甘州；یوچاک（yūnkčānk），永昌。

5. 明成祖永乐五年（1407）致沙哈鲁国书波斯文本中的汉语词（组）

دایمینک（Dāī Mīnk），大明；کمخا（kimkhā），金花；فوما（Fūmā），
驸马；دو جیحوی بای ارکینتای（Dū Čīhūy Bāī Arkīntāī），都指挥白阿儿忻台；
سوجو（Sūjū），锁住（人名）。

6. 永乐五年《噶玛巴为明太祖荐福图》中汉语词（组）或句子的
波斯拼音

دای مینک（dāy mīnk），大明；لینک کوی سی（līnk kūy sī），灵谷寺；
یونك لاو（yūnk lāw），永乐；ژویی（jhū yī），如意；شالی（šā lī），舍利；
لو خانان（lū khān-ān），罗汉（复数）；او لو خانان（ū lū khān-ān），阿罗
汉（复数）；هیاو لینک（hīāw līnk），孝陵；ژولای（jhū lāy），如来；صی وو
（wū tāy），五台（山）；دای زانک کینک（dāy zānk kīnk），大藏经；
（šī wū），西庑；تای زو（tāy zū），太祖；هیاو هه خوانک خو（hīāw ha khwānk
khū），孝慈（高）皇后；ژولای دای باو فا وانک سی تین دای شین زه زای فو（jhū
lāy dāy bāw fā wānk sī tīan dāy šīan za zāy fū），如来大宝法王西天大善自
在佛。

这几项明代对音材料显示了以下汉语音韵特点：

1. 入声韵消失。"剌、克、白、乐、肃、寺、谷"等入声字的拼音，
其辅音后只有【ا】、【ی】、【و】这几个元音字母。

2. [-m] 尾韵独立。"喃、甘、金"三字的拼音显示其韵尾是 [-m]。

3. 汉语 [-ŋ] 尾用波斯辅音 [n+k] 对应。

第八章　小儿锦语音研究

第一节　小儿锦字母及其汉语拼音

一、何谓"小儿锦"

"小儿锦"是一种拼音文字，它采用阿拉伯字母等来拼写汉字词，是汉语西北方言的一种拼音文字。这种拼音文字现在几乎已经消失。

关于小儿锦的产生，大体有两种说法：第一种认为，唐宋时期来华的人为了学习汉语，曾用阿拉伯字母作为拼写汉文的工具。此说目前虽无史料及文物佐证，但揆情度理，似有可能。第二种认为，小儿锦的出现大概不会早于明代中期。为方便记录，人们根据汉语的发音特点，用阿拉伯字母拼写汉字音，记录下汉语的意思，由此就逐渐地形成了一套用阿拉伯字母、波斯字母，外加几个自创字母来书写汉语的文字系统——小儿锦字母系统。

刘迎胜《小儿锦研究》（2013）第一册"历史、文字与文献"指出14世纪初波斯学者拉施特《史集·中国史》所记录的汉语专有名词，就是用波斯字母拼写汉字音的形式表现出来的，他将这类波斯字母的拼音也归到小儿锦之列。这种归类方法是可取的。王一丹《波斯拉施特〈史集·中国史〉研究与文本翻译》（2007：34）介绍了拉施特对传播中国文化的贡献：拉施特专门组织培养汉语人才，让他们学习汉字及中医术语。中医著作《脉诀》被拉施特翻译成波斯文，中医术语都采用波斯字母汉语拼音的形式拼写。拉施特用波斯字母拼写汉字音的做法，与 20 世纪中期民间用阿拉伯字母拼写汉字音的做法一样，都是用字母拼写汉语。

二、小儿锦字母

小儿锦字母一般由 36 个字母组成，包括 28 个阿拉伯字母、4 个波斯字母、4 个自造字母[①]。刘迎胜在整理多种小儿锦字典的基础上，指出小儿锦字母有 40 个左右，其中还有一个汉字"七"作为拼写汉语声母 [tɕʻ] 的特殊字母。波斯字母和自创字母都是在阿拉伯字母的基础上加注不同的音点而成。具体字母及其拉丁转写如下表。

表 8-1　小儿锦字母表

序号	字母	名称	拉丁转写	备注
1	ﺍ	Alif	ā, a	
2	ﺍ	Hamza A	'; a/i/u; 'a/'i/'u; 'an/'in/'un	
3	ﺀ	Hamza	'; 'a/'i/'u; 'an/'in/'un	
4	ﻰ	Hamza Yey	'; 'a/'i/'u; 'an/'in/'un	
5	ﺏ	Be	b	
6	پ	Pe	p	波斯字母
7	ﺕ	Te	t	
8	ﺙ	Şe	ṡ	
9	ﺝ	Jīm	j	
10	چ	Če	č	波斯字母

[①] 小儿锦自创的字母，采用波斯阿拉伯字母体系的写法，在其字母底座形式上增加音点以别于其他字母，并采用波斯阿拉伯字母的命名原则予以命名，保证了字母体系的一致性。

续表

序号	字母	名称	拉丁转写	备注
11	ح	He	h	
12	خ	Khe	kh	
13	ڿ	Če	č	小儿锦独创
14	د	Dāl	d	
15	ذ	Ẕāl	z	
16	ذ	Ĉāl	ĉ	小儿锦独创
17	ر	Re	r	
18	ز	Ze	z	
19	ژ	Jhe	jh	波斯字母
20	س	Sīn	s	
21	ش	Šīn	š	
22	ص	Ṣād	ṣ	
23	ض	Ẓād	ẓ	
24	ض	Ćād	ć	小儿锦独创
25	ط	Ṭā	ṭ	
26	ظ	Ẑā	ẑ	
27	ظ	Çā	ç	小儿锦独创
28	ع	'Ein	'	
29	غ	Ghein	gh	
30	ف	Fe	f	
31	ق	Qāf	gh/q	
32	ك	Kāf	k	
33	گ	Gāf	g	波斯字母
34	ڮ	Jāf	(j)	小儿锦独创

续表

序号	字母	名称	拉丁转写	备注
35	ل	Lām	l	
36	م	Mīm	m	
37	ن	Nūn	n	
38	و	Wāw	w	
39	ۏ	Üäü	ü	小儿锦独创
40	ه	双眼 He	h	
41	ة	小 Te	t	小儿锦不用此字母
42	ى	Yey	ī	
43	ٿ	Qi	q	小儿锦独创

说明：

（1）ا (Alif)，拼写汉语时转写为 [a]。

（2）ا (Hamza A)，在小儿锦拼音中，亦依其上下添加的音符，分别转写为开口 ['a]、齐齿 ['i]、合口 ['u]，开口鼻音 ['an]、齐齿鼻音 ['in] 与合口鼻音 ['un]。

（3）ء (Hamza)，在小儿锦中被转写为 [']；依其上下添加的音符，分别转写为：开口 ['a]、齐齿 ['i]、合口 ['u]，开口鼻音 ['an]、齐齿鼻音 ['in] 与合口鼻音 ['un]。

（4）ى (Hamza Yey)，在小儿锦中被转写为 [']；并依其上下添加音符分别转写为开口 ['a]、齐齿 ['i]、合口 ['u]，开口鼻音 ['an]、齐齿鼻音 ['in] 与合口鼻音 ['un]。

（5）ب (Be)，转写为 [b]，拼写汉语的双唇不送气清塞音 [p]。

（6）پ (Pe)，转写为 [p]，拼写汉语的双唇送气清塞音 [p']。

（7）ت (Te)，转写为 [t]，主要用来拼写汉语的舌尖中送气清塞音

[tʻ]，但是也有拼写舌面前不送气清塞擦音 [tɕ] 的情况。

（8）ﺙ (Ṣe)，转写为 [ṣ]，用来拼写的汉字有"席蟋新星醒相箱象香仙限现胸消道销硝小雪羞宣修绣"等①，这些字今汉语普通话都读作舌面前清擦音 [ɕ]。例外字：参撒塞。

（9）ﺝ (Jīm)，转写为 [j]，用来主要拼写汉语的舌尖后不送气清塞擦音 [tʂ]。例外字：阻诅责侧；劲；绰丑阐。

（10）ﭺ (Če)，转写为 [č]，主要用来拼写汉语舌尖后送气清塞擦音 [tʂʻ]。例外字：参册葱；脚亲求；嗅。

（11）ﺡ (He)，转写为 [h]，主要用来拼写汉语舌面后清擦音 [x]。例外字：显蝎癣。

（12）ﺥ (Khe)，转写为 [kh]，主要用来拼写汉语舌面后清擦音 [x]。例外字：巷吓席。

（13）ﺝ (Ċe)，小儿锦独创字母，转写为 [ċ]，主要用来拼汉语舌尖前送气清塞擦音 [tsʻ]。例外字：持嗽。

（14）ﺩ (Dāl)，转写为 [d]，用来拼写汉语的舌尖中不送气清塞音 [t]。例外字：讨替。

（15）ﺫ (Zāl)，转写为 [z]，用来拼写汉语汉语舌尖前不送气清塞擦音 [ts]、舌尖前送气清塞擦音 [tsʻ]。

（16）ﺫ (Ĉāl)，转写为 [ĉ]，用来拼写汉语舌尖前送气清塞擦音 [tsʻ]，例外字：渗。

（17）ﺭ (Re)，转写为 [r]，用于拼写汉语词的用例只有 1 例，其他都是用于拼写外来词的。拼写汉语的例证是：رُوحَ [ru hua]，柔和。该词也用 ژ(Jhe) 字母拼写。

（18）ﺯ (Ze)，转写为 [z]，用来拼写汉语汉语舌尖前不送气清塞擦

---

① 为方便考察方音特点，我们在这里详细列出了小儿锦字典所收的普通话声母为 [tɕ tɕʻ ɕ] 及零声母的字，下同。

音 [ts]，以及舌面前不送气清塞擦音 [tɕ]，用来拼写的汉语词有"挤迹脊将酱劲尽精井净静煎剪贱就蛴聚箭酒尖俊绝嚼借接"，例外字：七认。

（19）ژ(Jhe)，转写为 [jh]，主要用来拼写汉语的舌尖后浊擦音 [z]。例外字：耀晄子参。

（20）س (Sīn)，转写为 [s]，用来拼写汉语舌尖前清擦音 [s]，以及舌面前清擦音 [ɕ]，用来拼写的汉字有"息熄席习喜细蜥洗稀希心新信星腥行醒性兴鬚序巡迅仙线险宣相镶想襄箱象小笑修羞秀道"。例外字：侍。

（21）ش (Šīn)，转写为 [š]，主要用来拼写汉语的舌尖后清塞音 [ʂ]，以及舌面前清擦音 [ɕ]，字例有"显贤胸玄宣凶蟋相想习需续笑修朽锈"。例外字：所啬色渗。

（22）ص (Ṣād)，转写为 [s]，用来拼写汉语词舌尖前清擦音 [s]，舌面前清擦音 [ɕ]，字例有"续蓄鲜寻宣选癣"。

（23）ض (Ẓād)，转写为 [ẓ]，用来拼写汉语舌尖前不送气清塞擦音 [ts]，及同部位送气清塞音 [tsʻ]。该字母下仅 2 个词条。

（24）ض(Ćād)，转写为 [ć]。用来拼写汉语舌尖前送气清塞擦音 [tsʻ]，例外字：左。

（25）ط (Ṭā)，转写为 [ṭ]。主要用来拼写汉语舌尖中送气清塞音 [tʻ]，例外字：聪。

（26）ظ (Ẓā)，转写为 [ẓ]，用来拼写汉语舌尖前不送气清塞擦音 [ts]。

（27）ظ (Çā)，转写为 [ç]，用来拼写汉语舌尖前不送气清塞擦音 [ts]及同部位送气清塞擦音 [tsʻ]。

（28）ع ('Ein)，转为 [ʻ]，用来拼写汉语情况如下：①拼读零声母字，字例有"一儿耳音银五"。②拼读汉语的 [kʻ]声母字，字例有"看苦叩糠咳开"。

（29）غ (Ghein)，转写为 [gh]，拼写汉语时有以下情况：①拼写现代汉语零声母字，字例"额爱鹅恩嗯安鞍暗岸哀袄傲懊呕阉"。②拼写汉语的后鼻韵尾 [-ŋ]，例如：تَوزِعغ [tau z'ingh]，淘井；بِغسِغ [bingh singh]，秉性。③拼写汉语的元音。例如：زغ [zghi]，贼；زغَا [zghan]，赞；زغَو [zghau]，枣。

（30）ف (Fe)，转写为 [f]，用来拼写汉语唇齿清擦音 [f]。

（31）ق (Qāf)，转写为 [gh]，主要用来拼写汉语舌面后不送气清塞音 [k]。例外字：亲我脓。

（32）ك (Kāf)，转写为 [k]，用来拼写汉语舌面后送气清塞音 [k']，以及舌面前送气清塞擦音 [tɕ'] 及不送气清塞擦音 [tɕ]。拼写 [tɕ'] 的字例有"骑旗乞起启奇器亲前虔钳全去取求阙枪墙强倾轻青清"。拼写 [tɕ] 的字例有"急军卷校"。例外字：膝替。

（33）ڭ (Gāf)，转写为 [g]，拼写舌面前清塞擦音 [tɕ tɕ']，拼写 [tɕ] 的字例是"鸡饥机讥基极吉几己嫉计记继寄纪街戒结节解洁揭斤金矜近筋巾谨禁军俊惊井竞经精警鞠拘惧举居锯句聚交胶蛟狡教轿叫郊嚼镢脚姜缰江讲九久韭舅鸠家加假价坚肩艰间监茧简剑健建拣检碱减贱圈卷"；拼写 [tɕ'] 的字例是"期欺骑奇起棋旗祈气茄器倾清情庆轻裙禽穷圈劝铅谦钳欠牵敲窍桥求"。例外字：丢给苦事。

（34）ﭺ (Jāf)，转写为 [j]，用来拼写舌面前不送气清塞擦音 [tɕ]，如：لِنﺟ [lin ji]，邻居。

（35）ل (Lām)，转写为 [l]，用来拼写汉语舌尖中浊边音 [l]。

（36）م (Mīm)，转写为 [m]，用来拼写汉语双唇浊鼻音 [m]。

（37）ن (Nūn)，转写为 [n]，用来拼写汉语舌尖中浊鼻音 [n]，还用来拼写普通话读作零声母的开口呼、齐齿呼字，字例有"安暗恩奥眼医"。例外字：牛掳。

（38）و (Wāw)，转写为 [w]，用来拼写汉语方言唇齿浊擦音 [v]，字例是"温文蚊闻稳窝我龌乌无五务恶挖娃瓦袜外微威帷位尾围伟苇为伪唯胃未豌玩完碗晚挽万湾丸王网忘旺往"。

（39）ۉ(Üäü)，转写为 [ü]，用来表示汉语元音 [y]，字例有"鱼玉遇预欲愚耀药钥岳月约越冤园圆远愿怨院勇用永晕云芸"。例外字：我入。

（40）ھ（双眼 He），代表辅音时转写为 [h]，代表元音时转写为 [a] 或 [e]。用来拼写汉语舌面前清擦音 [ɕ]，字例是"稀吸喜戏休朽刑兴行晓咸贤弦闲显凶雄胸悬学血靴蝎鞋胁香乡项降瞎夏匣下狭向"。例外字：巧。

（41）ة（小 Te），转写为 [t]。

（42）ى (Yey)，拼写汉语时转写为 [i]，字例是"炎言淹盐严颜研眼掩燕嚥焰咽烟援远圆冤愿疑鸦牙鸭哑亚摇鹞腰咬要窑油由有忧幼游羊养样痒佯扬阳阴因饮隐瘾鹦应益宜一依易夜野叶语余阅月钥韵"。例外字：熔容。

（43）ٿ（Qi），转写为 [q]，只用于拼写汉语 [tɕ'] 声母字。例外字：膝。

三、小儿锦字母与汉语声母对照表

表 8-2　小儿锦字母与汉语声母的对应关系

序号	汉语声母	小儿锦字母	备注
1	[p]	ب [b]	
2	[p']	پ [p]	
3	[m]	م [m]	
4	[f]	ف [f]	
5	[v]	و [w]	
6	[t]	د [d]	
7	[t']	ت [t]	
		ط [t]	

续表

序号	汉语声母	小儿锦字母	备注
8	[n]	ن [n]	
		ل [l]	仅1例
9	[l]	ل [l]	
10	[k]	ق [gh]	
		گ [g]	
11	[k']	ك [k]	
		ع [']	
12	[x]	ح [h]	
		خ [kh]	
13	[tɕ]	گ [g]	
		ز [z]	
		چ [č]	
		ك [k]	
		ج [j]	
		گ [j]	
		ت [t]	
14	[tɕ']	گ [g]	
		ك [k]	
		七	
		چ [č]	
		ق [gh]	

序号	汉语声母	小儿锦字母	备注
15	[ɕ]	ه [h]	
		ح [h]	
		خ [kh]	
		س[s]	
		ش [š]	
		ص [s]	
		ث [ṣ]	
		چ [č]	
16	[ts]	ذ [z]	
		ز [z]	
		ظ [ç]	
		ظ [ẑ]	
		ض [ẓ]	
		ج [j]	
17	[ts']	خ [ċ]	
		ذ[ĉ]	
		ض [ć]	
		ظ [ç]	
		چ [č]	
		ذ [z]	
		ض [ẓ]	
		ج [j]	
18	[s]	س[s]	
		ص [ṣ]	

续表

序号	汉语声母		小儿锦字母	备注
19	[tʂ]		ج [j]	
20	[tʂʻ]		چ [č]	
			ج [j]	
21	[ʂ]		ش [š]	
22	[z]		ژ [jh]	
			ر [r]	仅1例
23	Ø	（安暗恩奥眼医）	ن [n]	
		元音 y（鱼药月圆用之类）	ؤ [ü]	
		i	ى [i]	
		a	ء/ى [ʼ]	
		u		
		（一儿耳音银五）	ع [ʻ]	
		（额鹅恩嗯安鞍暗岸哀祅傲懊呕阉）	غ [gh]	

四、小儿锦拼音词例

小儿锦汉字词，有纯粹用小儿锦字母拼写的，也有用外来词与小儿锦拼音组合而成的。本节所录词汇节选自刘迎胜《小儿锦研究》之"词源"部分，意在展现小儿锦拼音的基本面貌，为我们的研究顺利开展做一铺垫。我们在刘迎胜转写的基础上，对照汉语语音、语义，研究其拼音特点、撰作者的方音特点等问题。

اAlif 与 ا Hamza A

آبتُوغ[āb tungh]，水桶；آبكُو [āb kū]，水牛。

ء Hamza 与ى Hamza Yey

إ ['i]，衣；إ ['i]，姨；إ ['i]，蚁；إ ['i]，溢；إُج ['u ji]，无知；إِخَان ['in čan]，隐藏；إِدَا ['in da]，应答；إِغَا ['ighan]，眼；ئيَايُو ['ian yua]，眼药；إِ七يَا ['i qian]，一千。

ب Be

بَاكِى [ba ki]，拔起；بَاكَه [ba gi]，拔起；بَاكَه [ba gi'i]，拔起；بِغمَا [bingh ma]，兵马；بِغ [b'ingh]，兵、病①；بَجِغ [bi jingh]，病症；بِجى [bin jin]，病症；بزِيَا [bi zian]，卑贱；بِسَى جَان [bi sai čan]，比赛场。

پ Pe

پَانهِىَ [puan hia]，螃蟹；پايلِيَو [pāy liau]，脚镣；پِجُوَا [pin čuan]，平川；پُغَاوَآن [pughan wan]，盼望；پِغَو [pi ghau]，皮袄；پِيُوَا [pi yuan]，避远；پِؤ غ [pi üghan]，避远。

ت Te

تَاتُو [tan tu]，贪图；تاشَانئِى [ta šan lai]，他上来；تَانزِيَان [tan zian]，糖浆；تءِغِيَاب [t'iingh āb]，清水；تِدَو [ti dau]，剃刀；تَغَاتَا [taghan ta]，坍塌；تِيَاجَتَن [tian ju tan]，天主堂。

ث Şe

ثَانءِ [şian 'in]，相应；ثِصِيَا [şin sian]，新鲜；ثِيَلبِيَا [şian bian]，镶边；ثِيتَن [şiun tan]，胸膛；ثِيُوأَدُو [şiuan du]，宣读؛ ثِيوْدَوْيُوأ [şiu dau yuan]，修道院。

ج Jīm

جَاش [jan ši]，战事；جَانجِا [jian jia]，帐债；جَانفَان [jian fuan]，帐房；جُءِ [ju 'i]，主意；جُبَو [ju bau]，珠宝；جُدَان [ju dan]，阻挡；جَدَو [ji dau]，正道；جِغدُوغ [jing dungh]，震动；جِغَقُو [jigha ghuwa]，摘果；جُقُو [jun ghua]，中国；جمال [jamāl]，俊；جوْچ [ju či]，主持。

---

① "兵、病"拼音相同。此种同音字用同一拼音的情况很多，以下不一一举例。

چ Če

چَ [či]，车；جَاظُو [ča çiua]，差错；چِبْ [čin bu]，城堡；چِگْيُو [čin giu]，亲戚；چُوغِخْغِ [čungh ċghi]，纯粹。

ح He

حِیز [hi z]，蝎子；حُوَانْوَان [huan wan]，皇王；حُو [hu]，猴。

خ khe

خَ [kha]，海；خَا [khan]，喊；خَاشِ [khan šin]，喊声；خَاشِیَان [khan xian]，酣想；خَانِلی [khan lia]，行列；خَشِغَا [khan šighan]，汗衫；خْغِغَان [khghi ghan]，黑暗；خُوَانُوغِ [khua tungh]，黄铜；خُوَیْقْ [khuai ghu]，踝骨。

ڠ Ċe

خَانِلُو [ċan liu]，苍鹭；خُصِءْ [ċ ş'i]，次序；خْغَاكُوئ [ċghan kiuiu]，惭愧；خُوَغِمْ [ċungh min]，聪明。

د Dāl

دَّ [da]，蛋；دَان [dan]，党；دَانْیَا [dan pua]，党派；دَاخْغَا [da ċghan]，大餐；دِتُو [di tu]，地图；دُجُو [du ju]，堵住；دِدَی [din dai]，等待；دَکَّی [dan gia]，冻结；دُوَاکِیَا [duan gian]，短剑；دُونِیَا [dua nian]，多年；تَ مَا [dai man]，怠慢。

ذ Ẓāl

ذَاذَاْ [zaun da]，尊大；ذَغَاوْ [zghan wu]，参悟；ذِمُوْ [zin mau]，蹭磨。

ڎ Ĉāl

ڎَاوْ چَان [ĉau čian]，草场；ڎْغَکُوی [ĉghan kui]，惭愧；ڎْغَا یُوْ [ĉgha yu]，菜油；ڎِئ غِمْ [ĉuingh min]，聪明；ڎْغَاءْ [ĉghan 'u]，参悟。

ر Re

رُوْخُوْ [ru hua]，柔和①。

---

① 小儿锦中用ر（Re）拼写汉语 [z] 声母的情况唯此一例，其他都是用该字母拼写波斯单词زور [rūz]，日子。

ز Ze

زأَجِد [zan čin di]，赞 成 的；زِء [z'i]，挤；زِءغ [z'ingh]，增；زِءغَا
[zi'ighan]，剪；زْءُوقُ [z'ui ghua]，罪过；زْزءغ [z z'ungh]，自尊；زِش [zin
ši]，认识；زَغَوخُوا [zaghau khuwa]，造化；زکِّخُوَا [z gin hua]，紫荆花。

ژ Jhe

ژ [jh]，热；ژَّ [jha]，忍；ژَاشَىٰ [jhan šai]，染色；ژِغَوْ [jhinghau]，绕；
زِغ [jhingh]，扔；ژْءغِوْ [jhghiu]，揉；ژِكِیُوَا [jhin kiuan]，人权；ژُوخُوَ [jhu
khua]，柔和。

س Sīn

سُن [s]，丝；س [sin]，心；سِءغ [s'ingh]，星；سِجَا [sin ča]，巡查；
سِشِیُو [sin šiuin]，心胸；سِیَانج [sian ju]，襄助。

ش Šīn

شَ [ši]，赊；شَاتَّا [ša tan]，沙滩；شِأجَوْ [šan jau]，显照；شَانصّ [šian
ṣun]，伤损；شدَ [ši da]，使得；شِغ [šigh]，水；شِغِ [šingh]，牲；شِغِ
[šingh]，胜；شِلِ [šin lin]，森林；شِوْشُو [šiu šu]，寿数。

ص Ṣād

صّ [ṣun]，孙；صِءیَا [ṣ'ian]，鲜；صَوْ [ṣua]，锁；صُوَّان [ṣuan na]，酸
奶；صُوغِیگ [ṣuingh gi]，松鸡；صِیَامْ [ṣian min]，宣明。

ض Ẓād

ضّ کِی [ẓun gi]，踪迹；ضْطِو دَو دِ [ẓua ṭiu dau dia]，从头到尾。

ض Ćād

ضّمْ [ćun min]，聪明；ضُوبَوْ [ću bau]，粗暴；ضَیْنِ [ćai nin]，才能。

ط Ṭā

طَبَادِثِىّ [ṭan ban di ṣian]，同伴弟兄；طّسِ [ṭun sin]，通行；طُوخِوْ [ṭui
hiu]，退后；طُوژْوْغ [ṭu jhungh]，驼绒；طُوکَوْ [ṭua kau]，托靠；طّنیأ [ṭun
nian]，童年；طُوغ [ṭungh]，聪。

ظ Ẑā

ظَّدَا [ẑun da]，尊大；ظِّیَا [ẑun ian]，尊严。

ظ Çā

ظَو [çaua]，错；ظُوبَاو [çū buau]，粗暴；ظُوزِیوی [çua ziui]，作罪。

ع ‘Ein (Ê)

عَاشِیْو [‘ean šiu]，看守；عَانپِی [ean pi]，糠皮；ع دُوخُوَا [ei dua hua]，一朵花；ع دُوْ [ei duwa]，耳朵；عِخُوَا [ei huan]，耳环；زِ ع [ei z]，儿子；عُخْغِوْ [ê ćghiu]，咳嗽；عِوْتِوْ [eiu tiu]，叩头。

غ Ghein

غ [gha]，额；غَا [ghan]，安；غَّا [ghan]，阉；غِدِیَا [ghin dian]，恩典；غَلِیَا [gha lian]，哀怜；غَوْخُوی [ghau khui]，懊悔；غَلِوْ [gha liu]，额颅。

ف Fe

فُ [fu]，父；فْ [fun]，坟；فَ [fan]，风；فَادُو [fan dui]，反对；فَالِیَا [fa lan yan]，发蓝眼；فِپوآن [fi puan]，肥胖；فُرْ [fu rin]，妇人；فِوْغِ [fi üngh]，费用。

ق Qāf

قَ [gha]，改；قّ [ghan]，干；قَّالَغَا [ghan laghan]，橄榄；قَدَا [gha da]，疙瘩；قَدَو [ghan dau]，公道；قْغَ [ghgha]，盖；قلِیَ [gh lia]，割裂；قُمِغ [ghu mingh]，沽名。

ك Kāf

كَاوْخُوآن [kau ćiuan]，靠床；کِسَا [kin sā]，倾洒；کِ کِءِوْ [ki gi’ü]，器具；گَّلْ [kun lun]，昆仑；کِلِیوْ [ki liu]，急流；كُوَادَا [kuan da]，宽大；کِیقْوْ [kin ghau]，清高。

گ Gāf

گُوی [gi wi]，气味；کِءِ پِیَا [gi’i pian]，欺骗；گِءِدَّ [gi’i da]，鸡蛋；گِءِغِی [gi’i ghi]，饥饿；گِءِج [gin ji]，禁止；گَّوْغِزْ [güngh z]，裙子；گِیُو گِ [giu gi]，求祈；کِیوْلِیَآن [giau lian]，桥梁；کِیُوْ مِءُوْ گَّ [giuin mui]，

俊美。

ل Lām

لَاوْ [lan ü]，蓝玉；لِلِ [lin ji]，邻居；لِثْ [li ṣi]，利息；لُجُوْا [lun juan]，轮转；لَغَادَآن [laghan dan]，拦挡；لَغَازْ [laghan z]，篮子；لِوْفَان [liu fan]，楼房。

م Mīm

مَاجَان [man jian]，幔帐；مَايُوأً [man yuan]，埋怨；مُّبِى [mun bi]，蒙蔽；مَجُوّ [ma čun]，麦虫。

ن Nūn

نَادِياً [nan dian]，暗点；نَازخَا [nan zi ha]，男子汉；نَانِ [nan nin]，安宁；نْءْخُو [nin hui]，恩惠。

و Wāw

وّ [wun]，稳；وَ [wa]，窝；وَاشُوْا [wan šaua]，玩耍；وَايُوْ [wan yau]，弯腰；وّجُوْغْ [wun jungh]，稳重。

وّ Üāü

وّءْ [ü 'in]，鱼鹰；بُوِيْوْ [ü bui]，预备；وْغْ [ügh]，药；وُّغَا [üghan]，园；وّغْچِى [ügh či]，钥匙；وَّه جَأكِى [yua jan ki]，我站起。

ه 双眼 He

هِه[hi]，稀；هِءغْ [h'ingh]，行；هِءغُوثْ [hi'ghiu ṣi]，休息；هِيَاد [hian di]，贤德；هِيَانءْ [hiü tan]，胸膛；هِءغُّوا [h'ingh ghua]，悬挂；هِءغُوْ [h'ighiu]，巧。

ى Yey

يَا [ia]，鸦；يَا [ian]，淹；يَازِيغْ [ian zingh]，眼睛；يَانقَوْ [ian ghau]，羊羔；يَمَوْ [ia mau]，夜猫；يُوَاوَانْ [iuan wan]，冤枉；يُوْچِوْ [iu čiu]，忧愁。

七 Q

غَا七 [qghan]，前；ءِغُوْ七 [q'ingh ghau]，清高；عَ قْ七 [q gh'a]，膝盖；يَانتِوْ七 [qian tiu]，墙头。

从以上所列举的拼音词例可以看出，小儿锦拼写方法是在辅音字母上添加静符、动符、软音符、鼻音符等发音符号，这种拼写方法显然是受到阿拉伯语拼写方法的影响。阿拉伯语共有 28 个字母，12 个发音符号，所拼读而成的音多达 336 个之多。小儿锦的辅音字母若以 36 个计算的话，能拼读而成的音更多。

比较元明两代的波斯字母汉语拼音和 20 世纪的小儿锦拼音，有以下相同之处，即：都不标识声调，都是多个字母对应一个汉语声母，都不分清浊。不同之处在于：1. 元明两代的波斯字母汉语拼音不标识发音符号，而小儿锦拼音通过在辅音上添加发音符号来表示与辅音相拼读的元音。2. 波斯人拉施特既用 [n] 标识汉语的后鼻音，也用 [n] 和 [k] 两种音素同时拼读汉语的后鼻音；明代《回回馆译语》的来文等材料中拼读汉语的后鼻音的做法与拉施特相同。小儿锦拼写汉语后鼻音的情况有两种，一种是用 [n] 替代后鼻音 [ŋ]，一种是在字母 غ[gh] 上添加鼻音符。从以上三种汉语拼音材料看，都有前后鼻音不分的特点。从是否加发音符号的角度看，元明两代的拼音显然受到了波斯文拼写方式的影响，而小儿锦则是受到了阿拉伯文拼写方式的影响。

第二节　小儿锦拼音的使用情况

小儿锦是汉语书面语的一种记录符号，是一种拼音文字，曾在民间使用过，如今已经消亡，成了死文字。小儿锦主要采用阿拉伯字母给汉字注音，与今天用汉语拼音给汉字注音的功能一样；所不同的是小儿锦不标注汉语声调，汉语拼音方案的一个字母往往可以对应多个小儿锦字母。

一、小儿锦拼音方式

从词汇上看，小儿锦文献所使用的词汇中，有各地通用的基本词汇，也有方言词汇。从语法上看，其合成词的构成以及句子的构成完全遵从汉语的语序。如"盘问的人"，小儿锦拼音是پأوُدِزْ [pan wun di jhin]，依照汉语词序逐词拼写，反映的是汉语的语法特点。从语音上看，因不同撰写者的口音不同而呈现出不同的拼音方式。小儿锦字典所收录的汉语词汇的注音有以下四种方式：

（一）阿拉伯字母＋发音符号

阿拉伯语没有脱离辅音而独立存在的元音字母，元音是依附辅音与发音符号拼读而成的。在阿拉伯字母上加注不同发音符号，可以拼写出不同的汉字音，例如：

1. 兵马，李殿君拼作بِغْمَا [bingh ma]；《伯亚尼》和《伊哈雅仪》写作بِمَا [bin ma]。2. 成全，《伯亚尼》拼作چِكِيُوْ [čin kiuan]。3. 城市，李殿君拼作چِغْش [čingh ši]。4. 战事，《中文消经》拼作جَاش [jan ši]。像这样用阿拉伯字母加注发音符号的方式拼写汉字音是小儿锦文献常态化的书写方式[①]。

（二）直接借用阿/波语词[②]

小儿锦字典中，借自阿拉伯语或波斯语的词数量并不多。据韩中义（2015）统计，李殿君的字典中约有 6000 个汉字，直接借用阿拉伯语词 15 个，波斯语词 44 个。例如：1. 马，اسب [asb]；2. 神，اوثان [aušān]；3. 俊，جمال [jamāl]；4. 雨水，باران [bārān]；5. 心，دل [dil]；6. 驴，حمار [himār]；7. 绳，حبل [habl]；8. 征战，جنک [jank]；9. 路，راه [rāh]；10. 金，رز [zar]。这些词语都是直接写波斯语/阿拉伯语原词，不用小

---

① 用小儿锦拼写汉字音的人不同，其所选用的字母及其所拼读的汉字音略有不同，故行文中有时标注出处。

② 为行文方便计，我们将"阿拉伯语词、波斯语词"简写为"阿/波语词"。下同。

儿锦拼音。

小儿锦字典中还有用两个阿 / 波语词组合起来拼写汉字词的情况，如"大人、水牛"。大人，كبيركس [kabīr kas]，是由阿拉伯语"大"与波斯语"人"构成的合成词；水牛，آبكو [āb kū]，"水"和"牛"都是波斯语词。"大人"和"水牛"这两个词的小儿锦注音都依照汉语的语序构成了偏正结构，其合成词的构词方法反映的是汉语的特点。

（三）阿 / 波语词 + 小儿锦

小儿锦字典中还存在着这样给汉语的双音节词注音的方式：一个语素采用阿拉伯语或波斯语词，另一个语素用小儿锦拼音。按照阿 / 波语词的不同功能，"阿 / 波语词 + 小儿锦"呈现出三种组合方式：

1. 阿 / 波语词表示其自身意义的组合

在《词源》中，这样的词或词组有 73 个。例如"水闸、墨水、浮水"等词中的"水"，一般借用波斯语词آب [āb] 表示，另外的成分则是小儿锦，例如：水闸，آب جا [āb jia]；浮水，فآب [fu āb]；墨水，مُوآب [mui āb]。再如：大树，كبيرشُو[kabīr šu]；脚镣，پایلِیُو[pāy liau]；金钱，گِ درم[gin diram]，这些双音节词中的"大、脚、钱"，都是阿 / 波语词，所表示的意义仍是其本来的意义。刘迎胜称这类阿 / 波语词为"表意借词"。

2. 阿 / 波语词表示一个音节的组合

音节是能够独立运用的最小的语音单位，一个汉字就是一个音节。小儿锦拼音中有一些阿 / 波语词，其本身的意义与其在双音节里的语素义毫不相干，现举例分析如下：

（1）脚，پای [pāy]，波斯语词。因为汉语"脚"与"角"同音，于是借用"脚"的波斯文形式作为"角"与其他语素搭配时的书写形式，如：皂角，زَغوپای[zaghu pāy]；鬓角，بپای [bin pāy]。这里的پای [pāy]显然不是"角"，而是仅仅借用了同音的汉字词"脚"的波斯文来记录"皂角、鬓角"的"角"。

（2）生，زاد [zād]，波斯语词。因为"生"与"牲"同音，于是借用"生"的波斯文来书写"牲"：牲畜，زاد سء[zād s'i]。

（3）名，نام [nām]，"名、明"同音，故借"名"的波斯文来记写"明"的音：明，نام [nām]；并与语素"宣"的小儿锦构成"宣明"，هیّا نام [hian nām]。

像"皂角、牲畜、宣明"此类双音节词中的阿/波语词，其本来意义分别是"脚、生、名"，小儿锦拼写者在书写时，用以对应与其同音的"角、牲、明"。

3. 阿/波语词表示一个音素的组合

音素是构成音节的最小语音片段，阿/波语词表示一个音素，指的是此类拼音法于阿/波语词后，加上阿拉伯字母及其发音符号，使阿/波语词所对应的汉译词的读音与其前后的阿拉伯字母相拼切，从而达到注音的目的。在这里，阿/波语词大致被当作一个音素来对待。例如：

入，روزء[rūz'u]。"入"由"日（~子）"+u 拼合而成，而"日（~子）"写作روز [rūz]，波斯语。漆，سبعء [sab''i]，前半部分سبع [sab']为阿拉伯语，意为"七"；后半部分为元音ء ['i]，前后两部分相拼之音为"漆"。

此类拼音法硬性规定用某个汉字做声母，但是其表现形式却又不是汉字，而是该汉字所对应的阿/波语词。此类情形与小儿锦字典的另一种拼写方法"汉字'七'+小儿锦"的构词方式有相似之处。

（四）汉字"七"+小儿锦

汉字"七"被当作字母用以拼写现代汉语普通话声母 [tɕʻ]，例如：清水，غَاب七 [qingh āb]；肚脐，دٚ七ء[du q'i]；第七，دٚ七ء[di q'i]；院墙，وَغْ七نَبن[üghan qian]；清修，غِنیٚ七 [qingh ṣiu]，这种拼音方式只有李殿君字典中有，如此注音的词有 45 个。

二、小儿锦的性质

如上文所述，小儿锦用阿拉伯字母拼写汉语的词有四种方式，其中第三种"阿/波语词+小儿锦"因为拼音中出现了阿/波语词，且阿/波语词记录汉语时而表义、时而不表义，对我们理解小儿锦的性质有一定影响。

现代汉语基本词汇中有单音节词，有双音节词，后者是由前者发展而来，故一个单音节词可以和多个双音节词从意义上对应或关联。例如"月"，可以与"月亮、月份、每月、月光"等双音节词的意义相关联。在将阿/波语词译成汉语时，可以选择单音节的词记录下来，也可以选择双音节的词记录下来。上文所论及的"脚、名、生"都是单音节词，它们作为一个音节被假借来，与另一个音节构成一个双音节词。假借来的音节，仅仅表音；与另一个音节组合后，才共同组合成新的意义，而这个意义与阿/波语词的意义毫无关联。

对于被作为一个音节使用的阿/波语词，韩中义（2007）认为是"同音异义"，刘迎胜认为是"同音相训"，是"兼具表音和表意的拼音文字"（2013：465、495~496）。我们认为，类似于"皂角、牲畜、宣明"等小儿锦中使用"脚、生、名"等阿/波语词的构词方法属于"音节构词法"，这种构词法是通过假借实现的。我们既称之为"音节"，就避免了与意义的纠葛，同时也说明了来源。既然是假借构词，当然是通过读音来实现的，与字形所表示的意义无关。用这种方法书写汉语，其性质还是拼音文字。如同汉语词汇中的连绵词和音译的外来词，正是把汉字作为一个音节来使用的。因此，我们认为称其为"同音异义"或"同音相训"都是不妥当的。在这种组合中，借来的仅仅是一个音节，与意义无关；而汉语的音只能通过一个个的书写符号——汉字——来呈现。比如，要记录"黄泉"这个词，小儿锦字典中有三种方法：一种是两个字都用阿拉伯字母拼写，一种是直接写阿/波语词，一种是借与其同音的汉语词所对应的阿/波词形。我们认为，最后一种是权宜之计，字典编纂者期望人们看到这种书写形式时，把其汉译词读出音来，再结合另外一个语素的读音做一番考量之后，读出一个完整的词或短语，就能够读懂其义。若不是目治而是耳治，这个问题就会变得简单些。

我们遵从学界通行的看法，认为小儿锦是拼音文字。即便拼音中有几个阿/波语词甚至汉字"七"参与注音或组词，也都是属于拼音文字的范畴。

三、小儿锦拼音原则及存在的问题

（一）小儿锦拼音原则

阿拉伯语属于闪含语系，由 28 个辅音字母和 12 个发音符号组成，单元音有 6 个，复合元音有 2 个，鼻元音有 3 个，没有声调。用阿拉伯字母拼写汉字音，有诸多不便。阿拉伯字母与汉语的声母、韵母并不能够一一对应，只能采取音近比拟的原则，并且要忽略汉语的声调。索绪尔《普通语言学教程》指出："当一个民族向另一个民族借用它的字母的时候，这一书写体系的资源往往不能适应它的新任务，于是不得已而求助于一些随机应变的办法。"来自阿拉伯语、波斯语的词，民间文献绝大多数采用音译的方法，这样的做法是约定俗成的。用汉字音译阿/波语词，便涉及汉字音与阿/波语词不能准确对音的问题。同样用阿拉伯字母拼写汉字音，也并不能一一对应。例如，阿拉伯字母体系中没有与汉语拼音方案中 ei/e/o 等相对应的音，小儿锦拼写者只能取其近似的音来拼写，例如：贝壳，بَک [bun ka]；摩擦，مُوَخَّغَا [mua cgha]；得到，دَدَ [da dau]，等等。又如，阿拉伯语的鼻元音是 an/in/un，这三种音符与汉语拼音的 en 都不同；同时，汉语拼音中的 ang/eng/ing/ong 等后鼻音，在阿拉伯字母体系中亦没有与之相对应的音。当用小儿锦字母拼写汉语拼音中的 en 音时，则采取接近的原则，用 in 来记音；而汉语拼音中的 ang/eng/ing/ong 也常常分别以阿拉伯语、波斯语的鼻元音 an/in/un 来对应。或者用辅音غ [gh] 来标识后鼻音。例如：珍珠，جٍ [jin ju]；阻挡，جُدَان [ju dan]；重浊，جُجُوَ [jun jua]；震动，جٍغدُوغ [jing dungh]；بِعغ [b'ingh]，病。

还有一些词，如：阵逃，جَتَو [ji tau]；震动，جَدُو [ji dun]；病症，بِجغ [bi jingh]，李殿君所拼的"阵、震、病"的音，有时候连 -n 韵尾都没有标出。汉字音与多种小儿锦拼音形式的对应关系说明，小儿锦只能近似地拼出汉字的音，不可能完全准确地标音；并且撰写人各自口音不同，小儿锦的拼写形式也有所不同。

（二）小儿锦拼音的特点

1. 异词同形。即用相同的小儿锦形式拼写同音异义的汉字。例如轻 / 倾、成 / 承、衣 / 医 / 宜 / 疑 / 姨 / 蚁 / 溢 / 义、绊 / 搬 / 半、穿 / 船 / 橡、银子 / 印子等等，皆用相同的小儿锦拼音。

2. 同词异形。阿拉伯字母中有些字母的发音相近，在说汉语的人那里是分辨不出其区别的。借音近的阿拉伯字母来拼写汉字音的做法，导致因书写者的不同，选用来拼写汉字音的阿拉伯字母会有所不同；即便是同一个人，在词义相同的情况下，给同一个汉字注音，往往也会选用多个不同的阿拉伯字母，造成一个汉字音对应多个小儿锦拼音形式。例如"饱餐"有两种写法：بَوْ دْ خَغَا [bau ċghan]，بَوْ دْعَا [bau ĉghan]（皆出自李殿君）。"拔起"有三种写法：بَاكِى [ba ki]，بَاڭ [ba gi]，بَاڭَء [ba gi'i]，第一种写法见于《伯亚尼》，后两种见于李殿君。"清秀"有四种写法：غِ ثغو 七 [qingh şghiu]，غ شِيُو 七 [qingh šiu]，غِثَى 七 [qingh şiu]，گه ثِيُو [gien şiu]，前三种注音都见于李殿君，后一种注音见于《真境花园》。这种同一个词而有多个小儿锦拼写形式的原因之一是阿拉伯语有些字母的发音比较接近，小儿锦书写者用这些字母拼汉字音时，往往同一音或同一字而选用不同的辅音字母或发音符号。也可能不同的拼写者，因其方音有异而选用了不同的辅音和发音符号。

3. 异字同音。即用相同的拼音拼写不同音的汉字，例如用شُو [šua] 作拼音的有"说、所、刷"等。这三个字在方言土话里发音上有近似之处。

4. 同一个词，所书写的汉字也有不相同的情况。例如“酣想”，意思是抱有侥幸心理的指望、希冀，字还写作“含想”。“襄助”，字还可以写作“相助”。“求济”，字还写作“求祈、求冀”等。当然，因为上文述及的原因，其所对应的小儿锦有时候也有所不同。

5. 此外，还有两个方面需要说明一下：

（1）小儿锦拼音与汉字的音节不一定完全对等。例如：مُونِيو [mu niau]，拼出的音是“木鸟”，而汉字却写成“啄木鸟”（李殿君）；يًاكُوَان [ian kuan]，拼音为“眼眶”，但汉字写作“眼窝子”（《真境花园》）；لى چُو [li ču]，拼音是“利处”，但汉字却写成“益处”（《伯亚尼》）。

（2）由于书写小儿锦的人汉语水平并不高，书写过程中常有写错字的情况，例如：见于《伯亚尼》的“掌菅”（掌管）、“抖胆”（斗胆）、“阙下”（阁下）、“知力”（智力）；见于李殿君的“手饰”（首饰）、“扶养”（抚养）；见于《伊哈雅仪》的“虑诚”（虔诚），等等。除了写错字之外，还有认错字、念错字的情况，例如：“龙涎香”，لُوغِيًاهِيَآن [lungh yan xian]，将“涎”念作 yán；臀、殿同音دِيًا [dian]，则是将“臀”念作 diàn 了。这种用字不规范的现象很普遍，是小儿锦使用者汉语文化程度不高的表现。

小儿锦字母的使用随意性很大，只有“俗成”而缺少“约定”；加之用阿拉伯字母拼写汉语本身就存在很多困难。20 世纪 70 年代以来，随着我国初等教育的推广和普及，人们的语文水平普遍得到了提高，民间书写不再依赖小儿锦了。在这样的历史背景下，小儿锦这种拼音文字就逐渐退出了历史舞台。

第三节　小儿锦字典外来词使用状况研究

小儿锦是汉语书面语的一种记录符号，其书写形式基本上采取阿拉伯字母体系。借助阿拉伯字母、波斯字母书写汉字音以便记录汉语。用阿拉伯字母、波斯字母给汉字注音，做法与今天的汉语拼音一样；所不同的是阿拉伯字母、波斯字母并不能够完全一一对应地拼写汉字音，也不能区别汉语的声调特征。

　　小儿锦字典所收的词条以词为多，也有极少数的短语或句子。每一词条基本上由以下三个部分组成：1.汉字词或词组；2.用阿拉伯字母及其发音符号拼写的汉字音；3.用阿拉伯语或波斯语解释词条的意义。也有个别词条由以下三方面组成：1.汉字词或词组；2.其所对应的阿拉伯语或波斯语词；3.阿拉伯语或波斯语释义。

　　用一种语言翻译另一种语言的工具书，叫双语词典。明代《回回馆译语》是波斯语与汉语的词汇对照翻译，是波汉双语词典；现代的《汉语－阿拉伯语词典》《波斯语－汉语词典》也都是双语词典。小儿锦字典，用阿拉伯语或波斯语解释汉语词汇意义，并用阿拉伯字母给汉字注音，属于双语词典，是学习的工具书。小儿锦字典中收有一些外来词。这些词或是阿拉伯语词，或是波斯语词；或作为词出现在词条中，或作为语素出现在汉语的合成词中，或作为一个音节甚至一个音素出现在小儿锦的拼音结构中。

　　王力《汉语史稿》说："借词和译词都是受别的语言的影响而产生的新词；它们所表示的是一些新的概念。当我们把别的语言中的词连音带义都接受过来的时候，就把这种词叫作借词，也就是所谓音译；当我们利用汉语原来的构词方式把别的语言中的词所代表的概念介绍到汉语中来的时候，就把这种词叫作译词，也就是一般所谓意译。有人以为：音译和意译都应该称为外来语。我们以为：只有借词才是外来语，而译词不应该算作外来语。"小儿锦字典中的外来词，大概有 62 个，有的来自阿拉伯语，有的来自波斯语，具体情况详见下表。

　　我们在第二节中归纳出了小儿锦给汉字注音的四种方式，其中有一种注音方式是"阿/波语词＋小儿锦"式注音。这些阿/波语词汉译

词有的表义,有的表音。根据其表义功能,我们将其分为"释义类阿 /
波语词、被用作一个汉语语素的阿 / 波语词"两类。依照其表音功能,
则又可以分为"被用作一个音节的阿 / 波语词、被用作音素的阿 / 波语
词"两类(马君花 2017)。

一、释义类阿 / 波语词

小儿锦字典有一些词条,只是列出其汉语意义及其所对应的阿 / 波
语词,再用阿 / 波语同义词予以释义,并不用小儿锦注音,详见下表:

表 8-3 释义类阿 / 波语词

序号	阿 / 波语词	转写	汉语意义	来源及意义
1	مؤنث	mu'annaṣ	妇人	阿拉伯语,妇人
2	مع	ma', ma'a	同	阿拉伯语,同
3	ماه	māh	月	波斯语,月亮
4	نام	nām	名,名字	波斯语,名字、名称
5	نجم	najm	星	阿拉伯语,星辰
6	نحاس	nahās,nuhās,nihās	铜	阿拉伯语,黄铜、紫铜
7	نيت	niyyat	举意	阿拉伯语,想、打算
8	يک	yak	一	波斯语,一
9	اسب	asb	马	波斯语,马
10	أَصَمُّ	aṣammu	聋	阿拉伯语,聋
11	اوثان	auṣān	神	阿拉伯语,神
12	نُنا	'au	牛	波斯语,牛
13	باران	bārān	雨水	波斯语,雨
14	باب	bāb	门	阿拉伯语,门

续表

序号	阿/波语词	转写	汉语意义	来源及意义
15	بيمار	bīmār	病，病症	波斯语，有病的、病人①
16	پای	pāy	脚	波斯语，脚、足
17	پر②	pīr	老	波斯语，老人
18	پنج	panj	五	波斯语，五
19	تعريف	ta'rīf	定义	阿拉伯语，说明、解释、确定
20	ترس	tars	怕	波斯语，畏惧
21	تمام	tamām	全	阿拉伯语，全部的、完美的
22	تمام	tamām	全美	阿拉伯语，全部的、完美的
23	تن	tan	身体、身材	波斯语，身躯、身体③
24	جمال	jamāl	俊	波斯语，俊
25	جمع	jam'	聚着	阿拉伯语，聚会、聚集
26	جنک④	jank	征战	波斯语，战争
27	حبل	habl	绳	阿拉伯语，绳子
28	حمار	himār	驴	阿拉伯语，驴子
29	درم	diram	钱	阿拉伯语，钱
30	دل	dil	心	波斯语，心
31	دشمن	dušman	对头	波斯语，敌人
32	دراز	darāz, dirāz	长	波斯语，长
33	روز	rūz	日子	波斯语，天、日
34	راه	rāh	路	波斯语，路

① "病"与"病症"是两个词条，因其词形完全一样，笔者引用时把二者合并成一条。
② 据刘迎胜校正，该词形当写作پير。
③ "身体"与"身材"是两个词条，因其词形完全一样，笔者引用时把二者合并成一条。
④ 据刘迎胜校正，其字形当写作جنگ [jang]。

续表

序号	阿/波语词	转写	汉语意义	来源及意义
35	زاد	zād	生	波斯语，后裔、孩子
36	زر	zar	金	波斯语，黄金
37	زنا	zinā	奸	阿拉伯语，强奸
38	زنا	zinā	行奸	阿拉伯语，强奸
39	سر	sar	头	波斯语，头
40	سياه	siyāh	黑	波斯语，黑
41	قيح	qaih	脓	阿拉伯语，脓
42	قمار	qimār	赌	阿拉伯语，赌
43	قصد	qaṣd	亲奔	阿拉伯语，打算、想要
44	فقير	fqīr	贫穷	阿拉伯语，贫穷
45	كناه ①	kunāh	罪	波斯语，罪过、过错
46	كبر	kibr，kubr	高傲、骄傲	阿拉伯语，骄傲、赞扬
47	كراهة	karāhat	憎恶	阿拉伯语，憎恶、厌恶
48	كس	kas	人	波斯语，人
49	كسى	kasī	人	波斯语，某人 ②

　　上表所列的词条，包含三项基本信息：阿拉伯词汇或波斯词汇、拉丁文转写、所对应的汉语意义。可以看出，表中的阿拉伯词语或波斯词语与汉语的意思是对应的。这类词不是以注音的身份（小儿锦）出现的，而是作为一个词被编入字典的。所以字典中的这些词，与汉英字典的性质一样，是释义功能的。

① 据刘迎胜校正，该词形应为كناه [gunāh]。

② 此词由波斯语كس [kas]"人"+表示不定（indefinite，泛指）意义的ى[-ī]构成，字面意义为"某人"。

二、被当作一个汉语语素使用的阿 / 波语词

在"阿 / 波语词＋小儿锦"结构中，有些阿 / 波语词是被当作汉语的一个语素来使用的，即这个语素本身意义就是其阿 / 波语词的汉语意义，它与汉语的另一个语素共同构成汉语的双音节词。在该双音节结构中，有两个语素，一个用小儿锦拼音形式书写，另一个是阿 / 波语词的汉语意义。如下表：

表 8-4　阿 / 波语词在结构中充当语素的情况

序号	汉语	小儿锦	拉丁转写	分析
1	水桶	آبْتُوغْ	āb tungh	آب，波斯语词，水
2	水闸	آبجأ	āb jia	آب，波斯语词，水
3	水淹	آبَيَا	āb yan	آب，波斯语词，水
4	饮水	ءِماء	'in mā'	ماء，阿拉伯语词，水
5	滚水	قُوّماء	ghun mā'	ماء，阿拉伯语词，水
6	清水①	تءغِيَاب	t'iing āb	آب，波斯语词，水
7	黄水	خُوَاآب	khuan āb	آب，波斯语词，水
8	洪水	خُوَآب	khun āb	آب，波斯语词，水
9	喝水	خَآب	kh āb	آب，波斯语词，水
10	浮水	فَآب	fu āb	آب，波斯语词，水
11	滚水	قُوّآب	ghun āb	آب，波斯语词，水
12	露水	لُآب	lu āb	آب，波斯语词，水
13	墨水	مُوَآب	mui āb	آب，波斯语词，水
14	热水	ژَآب	jh āb	آب，波斯语词，水
15	洒水	سَاآب	sa āb	آب，波斯语词，水

---

① 小儿锦拼音中有一些将汉语声母 [tɕ]/[tɕʰ] 与 [t]/[tʰ] 混同的例子，详下。

续表

序号	汉语	小儿锦	拉丁转写	分析
16	酸水	صّاب	ṣan āb	آب，波斯语词，水
17	酸水	صُوآب	ṣuan āb	آب，波斯语词，水
18	口水	كِوآب	kiu āb	آب，波斯语词，水
19	清水	غآب七	qingh āb	آب，波斯语词，水；"七"，做声母用
20	浅水	آيّا七	qian āb	آب，波斯语词，水；"七"，做声母用
21	水牛	أبكؤ	āb kū	آب和كو，波斯语词，分别是"水"和"牛"
22	石头	ش سر	ši sar	سر，波斯语词，头
23	斧头	فُسر	fu sar	سر，波斯语词，头
24	剃头	تِسر	ti sar	سر，波斯语词，头
25	成全	چِغِتمام	čingh tamām	تمام，阿拉伯语词，完全、完美的
26	求全	كِيُو تمام	giu tamām	تمام，阿拉伯语词，完全、完美的
27	全才	تمام غ̇غ̇	tamām čgha	تمام，阿拉伯语词，完全、完美的
28	全美	تماممُو	tamām mui	تمام，阿拉伯语词，完全、完美的
29	全美	تماممُوى	tamām mui[①]	تمام，阿拉伯语词，完全、完美的
30	银钱	ءغِدرم	'ingh diram	درم，阿拉伯语词，钱
31	金钱	گ̌ درم	gin diram	درم，阿拉伯语词，钱
32	价钱	گ̌يَا درم	gia diram	درم，阿拉伯语词，钱
33	聚着	جمعجٌ	jam' ju	جمع，阿拉伯语词，聚会、聚集
34	抽身	چُو تن	čiu tan	تن，波斯语词，身体、身材
35	处女	چُو زن	ču zan	زن，波斯语词，女人、妇女、妻
36	侍女	شِزن	ši zan	زن，波斯语词，女人、妇女、妻

---

① 漏写 tamām，今补。

续表

序号	汉语	小儿锦	拉丁转写	分析
37	侍女	سَزن	sa zan	زن，波斯语词，女人、妇女、妻
38	实女	شِزن	ši zan	زن，波斯语词，女人、妇女、妻
39	继女	گِءزن	g'i zan	زن，波斯语词，女人、妇女、妻
40	继女	گَزن	gi z(a)n	زن，波斯语词，女人、妇女、妻
41	妇女	فُزن	fu zan	زن，波斯语词，女人、妇女、妻
42	在上	برشان	bar šiān	بر，波斯语词，在……
43	不在	بُوبر	bu bar	بر，波斯语词，在……
44	脚镣	پايليَوْ	pāy liau	پای，波斯语词，脚、足
45	害怕	خخوف	kha khauf	خوف，阿拉伯语词，害怕、恐惧、恐怖
46	毒药	دُو دواء	du dawā'（ diwā', duwā'）	دواء，阿拉伯语词，药
47	路道	راهدَوْ	rāh dau	راه，波斯语词，路
48	烧心	شَوْدل	šau dil	دل，波斯语词，心
49	说隐喻法	شَوَ مَجَاز	šua majāzi	مَجاز，阿拉伯语词，隐喻
50	大树	كبيرشُوْ	kabīr šu	كبير，阿拉伯语词，大
51	大人	كبيركس	kabīr kas	كبير阿拉伯语词，意为"大"；其后半部分كس为波斯语词，意为"人"
52	大亮	كبيرلِيَآن	kabīr lian	كبير，阿拉伯语词，大
53	客人	گَكس	ka kas	كس，波斯语词，人
54	道人	دَوْكسى	dau kasī	كسى，波斯语词，意为"某人"，由كس[kas] 加不定ى [-ī] 构成
55	仆人	پُوْكس	pu kas	كس，波斯语词，人
56	为人	وِكسى	wi kasī	كسى，波斯语词，意为"某人"，由كس[kas] 加不定ى [-ī] 构成

续表

序号	汉语	小儿锦	拉丁转写	分析
57	月经	ماه گِجِغ	māh g'ingh	ماه，波斯语词，月亮、月份
58	月蚀	ماهش	māh ši	ماه，波斯语词，月亮、月份
59	月亮	ماهلِیآن	māh lian	ماه，波斯语词，月亮、月份
60	月月	ماه ماه	māh māh	ماه，波斯语词，月亮、月份
61	绵雨	مِیآباران	mian bārān	باران，波斯语词，雨水
62	中年	مِیاننِیآ	mīyān nian	مِیان，波斯语词，中间
63	红日	خُوَغِیوم	khuangh yawm	یوم，阿拉伯语词，白天、日
64	红日	خُوُیوم	khun yaum	یوم，阿拉伯语词，白天、日
65	明日	مِیوم	min yaum	یوم，阿拉伯语词，白天、日
66	日蚀	یومش	yaum ši	یوم，阿拉伯语词，白天、日
67	日落	یوملُؤ	yaum lua	یوم，阿拉伯语词，白天、日
68	昨日	ظُؤیوم	çua yaum	یَوم [yaum]，阿拉伯语词，日、天
69	野驴	یَحمار	ia himār	حمار，阿拉伯语词，驴子
70	野猪	ی خنزیر	ia khinzīr	خنزیر，阿拉伯语词，猪
71	一把	یکبَا	yak ba	یك，波斯语词，一
72	一口	یککِؤ	yak kiu	یك，波斯语词，一
73	染病	ژَابیمار	jhan bīmār	بیمار，波斯语词，有病的、病人
74	作罪	ظُوَکناه	çua kunāh	کناه，波斯语词，罪过、过错
75	复生	فُزاد	fu zād	زاد，波斯语词，后裔、孩子

上表中的"阿/波语词+小儿锦"结构的词都是双音节词，其组合方式有偏正式、动宾式、补充式、主谓式等复合构词方式，也有重叠构词方式的"月月"；还有附加构词方式的"石头、斧头"。在复合式和重叠式的构词结构中，阿/波语词的汉语意义是作为一个语素来参与

构词的。语素是最小的有音又有义的语言单位。意义包括词汇意义和语法意义两种。在附加式"石头、斧头"二词的构词结构中,"头"只是一个词缀,不表示"头"本来的意义,只表示一些附加的意义,但是小儿锦使用者却用波斯语词汇سر [sar](头、脑袋)来完成记录。"聚着"的"着"是个助动词,用在动词或形容词之后,表示动作的状态。"聚着"是双音节词,属于补充式结构。

三、被用作一个音节的阿 / 波语词

音节是能够独立使用的最小的语音单位,一个汉字就是一个音节。汉字的音节由声母、韵母、声调组成。汉语中有许多同音词,即音节相同的词,但同音不同义,词形也不一定完全相同。阿拉伯字母及其音符与汉语的声母、韵母并不能够一一对应,权宜之计只能依照音近比拟的原则进行注音,而小儿锦还有一个很明显的特点就是不标声调,因而声母韵母相同而声调不同的词,小儿锦注音往往相同。

在我们研究的"阿 / 波语词 + 小儿锦"结构中,有些阿 / 波语词参与构词,但其在结构中的意义与其本来的意义并不相同。先看下表的例证及分析:

表 8-5　阿 / 波语词作为构词音节的情况

序号	汉语	小儿锦	拉丁转写	分析
1	泉眼	تماميْا	tamām yan	تمام,阿拉伯语词,完全、完美的
2	黄泉	خُوآنتمام	khuan tamām	تمام,阿拉伯语词,完全、完美的
3	漆泉	تمام ی七	qi tamām	تمام,阿拉伯语词,全、完全
4	鬓角	بِپای	bin pāy	پای,波斯语词,脚、足
5	皂角	زْغُوپای	zaghu pāy	پای,波斯语词,脚、足
6	牲畜	زاد سءْ	zād s'i	زاد,波斯语词,诞生、出生

续表

序号	汉语	小儿锦	拉丁转写	分析
7	宣明	هيَانام	hian nām	نام，波斯语词，名字、名称
8	瞳人[①]	تُوكس	tun kas	كس，波斯语词，人
9	嗅肉[②]	چۏحم	čiu hamm	حم，阿拉伯语词，热[③]

پاى [pāy]，波斯语，意思是"脚、足"。在"鬓角"这个结构中，"角"用 [pāy] 来书写，与汉语"鬓"的小儿锦拼音构成"鬓角"这个词。这里并没有用到"脚"的意义，而是用到了与之同音的"角"的意义。"脚"与"角"意义毫不相干，却被用来书写"鬓角"，究其原因，是因为在汉语里"脚"与"角"同音。编纂字典的人就以"脚"为"角"，书写汉语，相当于同音别字。

在文字的使用过程中，古汉语有同音通假现象。在民间不明用字规范的人那里，因语音相同而写成同一个汉字的现象比比皆是。"鬓角"所反映的用字问题与"皂角、牲畜、宣明、泉眼、黄泉、漆泉"等所反映的问题都是相同的。

"瞳人"，字典编纂者以"人"的阿/波语词形式 [kas] 来书写，编纂者以为"瞳仁"的写法就是如此，故以"人"的阿/波语词来对应，这同时也反映了其语文水平不高的情况。

关于"嗅肉"，用 [čiu] 对应"嗅"，用 [hamm] 对应"肉"。对照上下文小儿锦词条及其汉语意思，刘迎胜将"嗅"校正为"臭"。而 [hamm]，阿拉伯语是"热"的意思。"肉、热"在编写者的方音中听感上是相同的，故以"热"记"肉"。

---

① "瞳人"，刘迎胜改作"瞳仁"。

② "嗅"，刘迎胜改作"臭"。

③ 据刘迎胜研究，在汉语西北方言中"热"与"肉"发音相似，故以"热"之词形来记"肉"。

这些都是因为方言同音而写别字的现象。这几个例子中的阿/波语词，并不表示其本来的意义，而是借以记录其汉译词的同音词。在《词源》中还有几个单音节词，从形式上看与表8-3里的词一样，但其所列示的阿/波语词的意思与所对应的汉语意思完全不同，如下表所列：

表8-6　借音表义的阿/波语词

序号	汉语	小儿锦	拉丁转写	备注
1	前	درم	diram	درم，波斯语词，钱
2	泉	تمام	tamām	تمام，阿拉伯语词，全部的、完美的
3	明	نام	nām	نام，波斯语词，名称、名字
4	拾（十）	است	ast	است，波斯语第三人称单数，（他/她）是

"前"，小儿锦字典用درم [diram] 书写，而后者是"金钱"的"钱"；"明"，小儿锦字典用نام [nām] 书写，而后者是"名字"的"名"；"拾"用است [ast] 书写，而后者是波斯语第三人称单数"（他/她）是"的"是"。对照"拾"的另一个词条："拾，ش [ši]"（来源于《真境花园》），我们便知道此处"拾"是数字"十"的写法。

可见，小儿锦书写者，在单音节词或双音节词的书写过程中，都有因汉字同音而采用其相应的波斯文形式互相替代的用字习惯。这应当是由于语文水平不高、写别字的原因造成的。

表8-5、表8-6所反映出来的现象，还有其他例子："兴建"之"兴"写成了"心" [sil]；"潼关"之"关"，写成了"官" [amīr]；"泾阳县"之"泾"写成了"经" [kitāb]；"凤翔县"之"凤"写成了"风" [bād]；"坊"写成了"房" [khāna]。

反观"阿/波语词+小儿锦"所构成的双音节词，因不识汉字而将"心"写成"兴"、将"关"写成"官"、将"泾"写成"经"等，也是民间书写不规范而造成的普遍现象，再次说明了书写者汉语文水平低下而写别字的情况。另外，小儿锦书写者是在用汉语的思维方式来书写其内容，惟其如此，才可能出现将"兴"写作同音的"心"（西北方言前后鼻音不分）等现象。

四、用阿／波语词的汉译词作为声母或韵母的情况

在《词源》中，还收录了 3 个这样的词：其书写形式是"阿／波语词＋小儿锦"，而其中的阿／波语词的汉译词被当作声母或韵母来使用。这几个词均来自李殿君的字典。

表 8-7　用外来词的汉译词充当一个汉语的声母或韵母

序号	汉语词汇	小儿锦	拉丁转写	释义
1	入	روزۀ	rūz'u	شرع [šara'a]
2	靴子	ه ماز	himāh z	خف[khaffa]
3	漆	سبع	sab''i	قير[qiira]

روز [rūz]，波斯语，日子，所对应的汉译词"日"在这里被当作声母 [z]，与 [u] 拼出汉语"入"。ماه [māh]，波斯语，月份、月亮，所对应的汉译词"月"在这里被当作韵母 [üe]，与 [hi] 相拼成汉语的"靴"[①]。سبع [sab']，阿拉伯语，意为"七"，在这里被当作声母 [tɕ']，与 ['i] 相拼出汉语的"漆"。

五、"七"字母

在李殿君的字典中，用汉字"七"作声母和小儿锦拼合出汉字音，这样的词条有 45 个[②]，使用情况举例如下：

---

① 阿拉伯语没有与汉语的 [ɕ] 声母完全对应的字母，小儿锦使用者此处用字母（。双眼 He）加齐齿符来表示。
② 所举例证采自刘迎胜《小儿锦研究》之《词源》。

表8-8 汉字"七"被当作声母使用的情况

序号	汉语词汇	小儿锦	拉丁转写
1	前边	七بِيَان	qian bian
2	枪杆	七يَانغَا	qian ghan
3	清秀	七غ شِيُو	qingh ṣiu
4	一千	ء七يَا	i qian
5	事情	ش七غ	ši qingh

"七"，李殿君拼作زِى [zi]，其所对应的阿拉伯语词汇为سَبْع [sab'a]，其意思是"七、第七"。以汉字"七"作为声母与阿拉伯字母构成小儿锦拼音的方式，目前只见于李殿君的字典。这种硬性规定使用汉字的方法，与二合拼音法相似（用汉字音译阿拉伯语、波斯语的读音很难精确，变通的方法就是，以两个汉字拼成一个音，如"吐啊"拼 tua，"杜啊"拼 dua，"素啊"拼 sua，此即二合拼音法）。

六、小儿锦所使用的阿/波语词的读音问题

众所周知，阿拉伯语、波斯语是拼音文字，其语音形式与其意义是一一对应的关系。但是在小儿锦字典汉语双音节词中出现的阿/波语词，有的是作为一个构词单位出现的，如本节第二部分所论；有的是作为一个不记声调的音节出现的，如第三部分所论；有的是作为汉语的声母或韵母出现的，如第四部分所论。由此可见，这种出现在汉语双音节词（或多音节词，如"泾阳县"）结构中的阿/波语词，其功能是辅助拼写汉字音、记录汉字的意义，其音可以用来拼读，拼读时要注意与前后汉字音作比较，以便确定这个形式最终整个念出来时的汉字音是什么。也即，处于"阿/波语词＋小儿锦"双音节结构中的阿/波语词，先看词形，考察其本义；然后考察其结构前后的其他汉语词的意义；待确定整个形式的汉语意思后，再拼出整体汉语词的意思。

整个过程由三个步骤贯穿起来。只把汉语意思读出来或者把汉语的音读出来，明白了事，达到查阅小儿锦工具书的目的即可。

第四节　小儿锦所反映的方音问题

小儿锦的书写者，汉语文水平并不高，也不太会说所谓"官话"。他们用阿拉伯字母或波斯字母拼写汉字音时，是根据他们各自的方音口语拼写的。

用小儿锦书写的词语，拼音字母从右往左，汉字书写从左到右。从现有文献看，来自不同方言区的人所撰写的小儿锦，明显带有方言特色。比如把"尾巴"叫作"尾儿"（عِ ['i ea]），把"好处"叫作"益济"（ءِزی ['i zi]），把"香皂"叫作"胰子"（زِ ['i z]），把"光着头"叫"精头"（زِغتَو [zingh tiwa]），把"光着身子"叫"精身"（زِءِغْش [zi'ingh šin]）；把"杏"读作خِغ [khingh]，把"二月初"读作ءَيوَچُ ['a yua ču]，等等。对此，我们研究这类词语时，应注意其方音及意。

一、[tɕ] 与 [tɕ']、[t] 与 [t'] 混同的问题

此指把汉语普通话声母 [tɕ] 与 [tɕ'] 分别念作 [t] 与 [t']，或者把 [t] 与 [t'] 分别念作 [tɕ] 与 [tɕ']。

把声母 [tɕ] 与 [tɕ'] 分别念作 [t] 与 [t'] 的例子有：

《伯亚尼》字典：眼睛，نِیادِ [nian din]；（我）乞讨[①]，تِی تَو [wo ti tau]；气味，تِیوی [ti wi]；之前，جِیتْیَا [ji tian]；临近，لِدِ [lin din]；卷起，گِیُواتِی [giuan ti]。

李殿君字典：تِءِغِی آب [t'iingh āb]，清水；تِیَاشَو [tian šau]，前哨；

---

① 小儿锦拼音中无"我"的拼音，但汉字词中有该字。

هيَانتيَا [hian tian]，向前；ديوتيَان[diau tian]，刁抢①；ت يَا گِيَو[tian giau]，前窍。

把声母 [t] 与 [t‘] 分别念作 [tɕ] 与 [tɕ‘] 的例子有：

《伯亚尼》：كِيوى [ki wi]，替位；گِيُو بَى [giu bia]，丢蔽②；نْ گِيَا [nin gian]，恩典。

刘迎胜（2013）认为出现汉语声母 [tɕ] 与 [tɕ‘]、[t] 与 [t‘] 混同问题的人，多半操甘肃临夏方音。根据马树钧《河州话的语音特点》，河州话把普通话 [t] 与 [t‘] 声母分别念作 [tɕ] 与 [tɕ‘]，例如：的 [tɕi]、典 [tɕjɛ̃]、掉 [tɕjɔ]、跌 [tɕje]、钉 [tɕjə̃]；体 [tɕ‘i]、天 [tɕ‘jɛ̃]、挑 [tɕ‘jɔ]、铁 [tɕ‘je]、听 [tɕ‘jə̃] 等。柳春《甘肃临夏方言回腔语音格局》指出，普通话 [t] 与 [t‘] 声母与齐齿呼韵母相拼时，在临夏方言中变作 [tɕ] 与 [tɕ‘]。孙立新、傅来兮《陕西方言语音特征与规律研究》指出：蓝田、丹凤、黄陵、西安市长安区和灞桥区及临潼、高陵、眉县、扶风城关部分居民、商州黑龙口等处把古汉语端、透、定母齐齿呼字读作 [tɕ] 与 [tɕ‘] 声母，如蓝田：低=鸡即，题=其齐，碟=杰，条=桥瞧，天=谦千，丁=经精，听=轻清。

这3篇论文所讨论的语音现象是，古端、透、定母诸字在三等开口的条件下发生腭化音变，变成了 [tɕ] 或 [tɕ‘]。这种现象与《伯亚尼》字典中的3个例子语音特点相同。《伯亚尼》和李殿君字典中将 [tɕ] 与 [tɕ‘] 分别念作 [t] 与 [t‘] 的共12例，但是现代临夏话、河州话中，没有将 [tɕ] 与 [tɕ‘] 分别念作 [t] 与 [t‘] 的。李殿君是河南南阳人。南阳话的声母系统中，没有将 [tɕ] 与 [tɕ‘] 分别念作 [t] 与 [t‘] 的现象，可见这不是李殿君家乡话的特点。李殿君一直在西安居住。他口里的语音大概是受西安方音的影响。但是如上文所述，西安话中也并无将 [tɕ] 与 [tɕ‘] 分别念作 [t] 与 [t‘] 的情况。

---

① "刁抢"意为"抢、抢夺"。

② "蔽"，当作"撇"。

另外，今甘肃天水张家川话中，有将"铁"发成"且"、将"天"发成"谦"、将"地"发成"记"等现象。宁夏西吉话、泾源话也有将"丁"发成"金"之类的现象。这些都与"替"注音为 [ki] 一样都是方音的读法。

二、疑喻影母读成 [n] 声母

小儿锦字典中，有古疑影母字读入泥母的现象。读成 [n] 声母的疑母字有"业岸蛾眼言研"，影母字有"安按暗恩爱恶（憎~）医"。其例如下（作为对比，我们在"//"后列出了李殿君的拼音）。

来自《伯亚尼》的例证：تَأَنى [tan nai]，贪爱 // تَأَغ [tan gha]，贪爱；سِینَى [si nai]，喜爱 // هِغَىْ [hi ghai]，喜爱；نَاِن [nan nin]，安宁 // غَانِغ [ghan ningh]，安宁。نَاۇ [nan ü]，暗语，نَایْوْ [nan yau]，暗语；نِ خُو [nin hui]，恩惠；نِیَاپِى [nian pi]，眼皮；یَاِد [nian din]，眼睛 // یَازِى غ [ian zingh]，眼睛；نِ کِیَا [nin gian]，恩典 // غِدِیَا [ghin dian]，恩典；خِعْ نَا [kh'un nan]，昏暗 // خِغ [khi ghan]，黑暗。

来自《伊哈雅仪》的例证：بِنِى [bi nia]，毕业；نَأَپِى [nan pai]，安排；نِیَاِل [nian li]，眼力；نَادِیاً [nan dian]，暗点。

《中文消经》的例证：بِیَانَا [bian nan]，边岸 // غ [gha]，岸；نَاجُوا [nan čuan]，暗传；نِشَان [nin šan]，恩赏 // غِشَان [ghin šan]，恩赏；نِیجى [ni ji]，医治 // ءِ ['i]，医；عِشِغ ['i šingh]，医生；شِوْ ى [šiu yi]，兽医（李殿君）。

其他：پُدِنُوْ [pu din nua]，扑灯蛾（《真境花园》）// غ [gh]，鹅；شِوْ زِنْ نُوْ[šiu zin nu]，受憎恶（《满俩》）//زِغ ءُوز[zingh 'u]，憎恶//زِغ وُز[zingh wu]，憎恶；پِنَا [pin nan]，平安（《满俩》）// غَا [ghan]，安；شِوْ نَا چِى ثِیُو [šiu nan či şiu]，受按次序（《满俩》）。

以上"额鹅蛾恩嗯安鞍岸暗哀祆傲懊呕恶"都是疑影母一二等开口字，《伯亚尼》等字典中读作 [n] 声母，李殿君都读作 [ŋ] 声母（用 gh 表示）。这表明李殿君与《伯亚尼》作者的方言并不相同。

考察用波斯字母【ى】作为首字母与发音符号所拼读的汉字"炎言淹盐严颜研眼掩燕嚥焰咽烟援远圆冤愿疑鸦牙鸭哑亚摇鹞腰咬要窑油由有忧幼游羊养样痒恙扬阳阴因饮隐瘾鹦应益宜一依易夜野叶语余阅月钥韵",这些古疑影喻母开口二三四等字在普通话里变成了齐齿呼字,在李殿君等人的方言里也都念作零声母齐齿呼字。

三、唇音字有 [-u-] 介音的情况

小儿锦拼音中,唇音声母字的合口介音很明显,都是在辅音上加合口符表示。但是相同的汉字,没有合口符的和有合口符的情况皆两见。下面的用例取自《小儿锦研究》,这些用例都来自李殿君。

Bu

بَآنشُو[buan šua],旁说；بُيْغَوْ [bun pughau],奔跑；بَّت [bun ti],本体；بُغَا [bughan],搬；بُغَا [bughan],半；بُغَاجْ[bughan ju],绊着；بْکَ [bun ka],贝壳；بَمَآن [bun man],奔忙；بَّمَآن [bun muan],奔忙；بُوَ [bua],脖；بُوَ [bua],薄；بُوبَ [bui ban],背板；بُوْغَ [bughu],摆；بُوغِ [bungh],盆；بُوْغَا [bughan],班；بُوْغَا [bughan],般；بُوْغَوْ [bughau],豹；بُوْلِ [bua li],玻璃；بُوميَّا [bui mian],背面；بُويْز [bui z],背子①；بُوى [bui],笔；بُوى [bui],备；بُوَيْقُوْ [buai ghun],拜功。

Pu

پُآن [puan],胖；پَآنهِىَ [puan hia],螃蟹；بُءْغِ [pu'ingh],朋；پَّت [pun ti],喷嚏；پُغَاوَآن [pughan wan],盼望；پُغِجْ[pungh ju],碰住；پُوغِ[pungh],碰；پُغْديَوْ[pungh diau],鹏雕；پُغِ ز [pungh z],盆子；پُوغِ [pungh],盆；پُغْشَا [pungh ša],硼砂；پُغَىْ [pughai],牌；پُّو [pun],喷；پُوَ [pua],破；پُوَافِى [puan fi],盘费；پُوَاوْ [puau],跑；پُوْغَوْ [pughau],跑；پُوءِ [pui 'i],披衣；پُوبَ [pui bu],赔补；پُوخْ [pui kh],配合；پُوغَىْ [pughai],迫；پُّيُو [pun yu],

---

① "背子"指脊背、后背。

朋友。

Mu

مُبِى [mun bi]，蒙蔽；مُوَتِج [mua tin ji]，没停止；مُوَچَغَا [mua ċgha]，摩擦；مُوغ [mungh]，猛；مُوغ [mungh]，梦；مُوَقُوآن [mua ghuan]，磨光；مُوَقُوى [mua ghui]，魔鬼；مُوَلآن [mua lan]，沫浪；مُوى [mui]，眉；مُوى [mui]，梅；مُوى [mui]，美；مُوى [mui]，昧。

Fu

فَ [fun]，分；فَ [fun]，坟、粪；فَ [fun]，疯；فَأنَتَع [fuan tea]，房台；فَأنجِ [fuan ji]，纺织；فَأنجى [fuan ji]，纺织；فُخُوآن [fun huan]，凤凰；فُدَعَا [fun da'a]，粪蛋；فُسَا [fun san]，分散；فُغ [fungh]，峰；فُغ [fungh]，丰；فُغ [fungh]，封；فُغ [fungh]，风；فُغ [fungh]，缝；فُغ ز [fungh z]，疯子；فُغِص [fungh și]，风俗；فُغوَ [fungh wa]，蜂窝。

四、小儿锦拼音前后鼻音不分的情况

（一）以 ن [n] 拼汉语 [-ŋ] 韵尾字

إِنچَان ['in ċan]，隐藏；اِئنَآن ['i nian]，姨娘；خَاشِ [khan šin]，喊声；دُوّجَ [dun ja]，冻着；گِنتُو [gin tun]，筋筒，等等。

（二）以 غ [gh] 拼汉语 [-ŋ] 韵尾字

اِئپَوغ ['i paungh]，一捧；خَفَغِ [ċgha fungh]，裁缝；شِيَاتُوغِى [șian tuingh]，仙童；شىغ [șingh]，星；حُغدَا [hungh ċa]，横财；خَوجغِ [khau jingh]，好争；گِئگِئغ [gi'i gi'ingh]，吉庆。

（三）前鼻音字也有用 غ [gh] 拼写的情况

بِيَاغ [biangh]，边；گَوّغ ز [güngh z]，裙子。

上述现象的存在反映了小儿锦字典编纂者的方音前后鼻音不分的特点。

　　我们在这里没有仔细讨论小儿锦韵母的问题。由于小儿锦选取的拼音字母是近似比拟，而拼写的又是西北的方音；加之材料并不系统，书写人由于文化水平参差不齐，口音各异，不同人写下的汉字拼音也并不一致，因此我们无法利用此项材料研究韵母的问题。这是小儿锦的局限性。

第九章　结　语

　　本书利用元明两代波汉对音及小儿锦拼音等语言材料，探讨了不同时代对音文献所反映的汉语语音问题。具体研究工作如下：

　　一、我们考察了永乐本《回回馆杂字》（1407）波斯字母与音译汉字的对应关系，考察了对音汉字与其所对译的波斯音的对应关系，分析了《回回馆杂字》波汉对音方法及其存在的问题，包括：1.波汉两种语言在辅音、元音、音节等方面的差异；2.波斯辅音所对应的汉字音、波斯元音所对应的汉字音、汉语阳声韵字所对译的波斯音、汉语入声韵字所对译的波斯音；3.波汉对音的方法以及其所存在问题的研究。研究发现，永乐本《回回馆杂字》波汉对音的方法主要是音节对音节，即一个波斯音节用一个汉字来对译。但在 CVC、CVCC 式音节中，处于音节末尾的辅音音素往往用一个或两个汉字来对译，对音中突出的问题有：相似语音替代所导致的译音不准确、同一个汉字往往对译不同的波斯音、译音用字不固定等。

　　二、我们在刘迎胜转写、校释的基础上，研究了永乐本《回回馆杂字》（1407）的语音系统的特点。我们的研究结论是：

　　（一）声母方面：有 22 个声母，即：p pʻ m f v；t tʻ n l；ts tsʻ s；tʂ tʂʻ ʂ z̧/ʈ；k kʻ ŋ x ∅。具体特点是：1.全浊音清化。2.微母独立，疑母独立；微母字中有合口的疑喻影母字。3.日母的音值分为两种，一种是 [ʈ]，与支思韵相拼；一种是 [z]，与非支思韵相拼；"儿"类字有辅音声母。4.泥来不混，泥母字中还有来自日母的"恁"。5.知照合流为一组声母。6.见晓组、精组未见腭化现象。

　　（二）韵母方面：入声韵消失，[-m] 尾韵消失。[y] 韵尚未产生，[ɚ]

韵尚未产生。

（三）语音基础：永乐本《回回馆杂字》的编写目的是为了口头翻译、交流与学习，其汉字音是当时通行的官话音的口语音。我们将其语音系统与传统韵书《洪武正韵》《韵略易通》、与朝汉对音文献《洪武正韵译训》《四声通考》的"俗音"等进行了比较研究，并结合学界考察语音性质的方法，根据对音汉字的音系特点，提出了语音基础的假设，即永乐本《回回馆杂字》（1407）对音汉字音反映的是明代永乐年间官话口语音的特点，这一官话的基础是中原雅音，是历代递相传承的中原雅音、河洛音。

三、利用波斯拉施特《史集·中国史》（1304）波汉对音材料研究了元代汉语的语音问题，具体结论是：声母方面：浊音清化，知照合流，泥娘合流。微母独立，但收字范围扩大。疑母开口与影喻母合流，合口与微母合流，但还有开口一二等字读作 [ŋ-] 的现象。影喻合流，零声母收字范围扩大；韵母方面：入声韵消失，[-m] 尾韵独立，[-n -ŋ] 有混同现象。

《史集·中国史》专有名词的汉字音，所依据的是寓居波斯的母语为汉语的金朝人语音。《史集·中国史》波汉对音是对当时活语言的真实描写，直接体现了当时汉语实际口语音的面貌。结合这一语音系统中全浊声母清化、入声韵消失等特点，我们认为，《史集·中国史》汉字音反映了 14 世纪初年汉语北方话口语音的实际面貌，代表的是当时的通行北方地区的汉语口语音。

四、研究了 20 世纪五六十年代民间小儿锦拼音的相关问题，得出结论如下：

（一）用阿拉伯字母拼写汉字词的小儿锦拼音方式有四种：1.阿拉伯字母＋发音符号；2.直接借外来语词；3.外来词＋小儿锦；4."七"字母＋小儿锦。其特点也有四个：1.异词同形；2.同词异形；3.写错字、用错字母的情况较多；4.不同人用小儿锦所拼汉字音有所不同。

（二）用小儿锦拼音编写而成的汉语词汇字典中外来词的功能如下：1.直接释义；2.被当作一个汉语语素使用；3.被当成一个汉语音节使用；4.被当成汉语声母或韵母使用。

（三）小儿锦拼音所反映的方音问题主要有：[tɕ] 与 [tɕʻ] 分别与 [t] 与 [tʻ] 混同，有 [ŋ v] 两种声母；部分唇音字有明显的合口介音，但这些唇音字也有不读合口的情况；前后鼻音不分。

五、从对音材料看，波汉对音与阿汉对音略有不同。

（一）比较元明两代的波斯字母汉语拼音，有以下相同之处：1.都不标识声调，都是多个波斯字母对应一个汉语声母，都不分清浊、不分送气音和不送气音；2.波斯学者拉施特用 [n] 标识汉语的后鼻音，也用 [n k] 两种音素同时来拼读汉语的后鼻音。明代四夷馆《回回馆译语》的"来文"中的汉字词，用波斯 [n] 音素拼读汉语的后鼻音，也有用 [n] 与 [k] 两种音素同时来拼读汉语的后鼻音。

（二）波汉对音与小儿锦拼音不同之处在于：1.元明两代的波斯字母汉语拼音不标识发音符号，而小儿锦拼音通过在辅音上添加发音符号来表示与辅音相拼读的元音；2.小儿锦拼音前后鼻音不分，或者将后鼻音读作前鼻音，或者将前鼻音读作后鼻音，也有在辅音字母ﻍ[gh]上添加鼻音符来拼读汉语后鼻音的情况。从是否使用发音符号的角度看，元明两代的拼音显然受到了波斯文拼写方式的影响，而小儿锦拼音则是受到了阿拉伯文拼写方式的影响。

附论　巴黎本《回回馆杂字》无名氏汉字注音研究

　　本书主要研究波汉对音和小儿锦，主要研究材料来自刘迎胜《〈回回馆杂字〉和〈回回馆译语〉研究》《小儿锦研究》及王一丹《波斯拉施特〈史集·中国史〉研究与文本翻译》。其中刘迎胜《〈回回馆杂字〉与〈回回馆译语〉的研究》一书中附有巴黎本《回回馆杂字》影印件，上有无名氏的拉丁字母注音。我们对无名氏的拉丁字母也进行了梳理，并做了初步的研究，附在文章之末，以期对汉语语音研究有所补益。

　　2001 年，刘迎胜委托当时在法国巴黎访学的新疆大学教授牛汝极协助其复制了巴黎国民图书馆手稿部（Department des Manuscrits，Bibiothéque Nationale，Paris）所藏清抄本《回回馆杂字》部分（当时未复制该清抄本《回回馆译语》的"来文"部分）。该抄本的收藏号是 Chinois 9.188（1）[①]。此抄本所用纸张的页边有木版印刷的"同文堂"三个字。该抄本的每一条波斯词的汉译旁边均用拉丁字母标注汉语读音，并在该汉译下标注拉丁文译文；同时还给波斯词语的音译汉字标明注音。也会在汉译词旁用细小的笔迹加注汉字以明确词义，如在天文门"电"这一词条旁加注小字"闪"，表示这里的"电"指"闪电"。该抄本首页上有三行法文手迹，但不易辨识。该影印件刘迎胜在《〈回回馆杂字〉与〈回回馆译语〉研究》（2008）一书中以影印图片的形式予以刊布，共有 205 张图片。每张图片有 4 个词语，分左右两列，每列上下排列两个单词。波斯文单词在上，汉译在中，译音汉字在下，汉字字序由

----

① 下文我们直接称此项材料为"巴黎本《回回馆杂字》"。

右向左横写。巴黎本《回回馆杂字》与《北京图书馆古籍珍本丛刊》第六册《经部》之《回回馆杂字》（本书或简称"北图本"）同属于永乐本。

刘迎胜指出，从无名氏用拉丁文翻译汉语的内容判断，他有较好的文学修养。考虑到拉丁文在 19 世纪以后使用逐渐减少，其研究时间大约在 18 世纪。伯希和曾经提到，法国传教士钱德明（1718~1793）曾对《回回馆来文》作过法译。如此判断，则在巴黎本《回回馆杂字》上作注的这位无名氏学者，应当也是一个法国人（刘迎胜 2008：6~7，17~18）。

刘迎胜在校释四夷馆本《回回馆杂字》的同时，将无名氏用拉丁字母标注的汉字音一一列在页脚。我们以此为基础，分析无名氏汉字音所反映的汉语语音系统的特点，藉此判断其语音性质，这对于汉语语音研究、方言研究都有重要的意义。

初步统计，无名氏所标注的汉字音不计重复有 935 个。无名氏有认错字、注错音的情况①，我们一仍其旧，抄录于下，并出注说明。一字而有多种注音，则分列字于后；一字而两种读音、两种意义且有不同注音的也分列于字后②；多义字则于括号内说明意义以区别其读音。

第一节　无名氏汉字音及其特点

一、无名氏汉字音

我们将无名氏注音汉字按音序排列于下。

---

① 无名氏认错字因而注错音的有 4 例：把"钝"注作 [tsoun]，把"斡"注作 [kan]，把"毡"注作 [tchan]，把"刺"注作 [tsee]。

② 此种情况只有一个多音字"乐"。

A

阿 nga　矮 yai　爱 ngai　安俺暗鹌岸 ngan　昂 ang/nong/gang

B

卜布 pou　巴把八 pa　百北柏 pe　比必闭鼻 pi　婢 pei/ pi　别 pie
摆败拜 pai　钵薄 po　邦榜 pang　鞭边 pien　表（～里）piao　被（～子）
pei/pi　本 pen　饱 pao　鬓 pin　饼冰病 ping　宝保雹豹 pao　贝背 pei

C

草 tsao　催翠 tsoui　葱聪 tsoung　村 tsoun　醋粗 tsou　词此次辞
tsee　曾 tseng　仓藏（遮～）tsang　残 tsan

叉茶查 tcha　差（～遣）tchai　潮 tchao　彻扯车 tche　吃犀翅 tche
赤 tche/tchi　初出厨杵 tchou　丑 tcheou　蝉 tchan/tchen　虫 tchoung
春 tchoun　船 tchoan　长（～短）tchang　尘辰 tchen　臣 tchin　沉成城
诚 tcheng　川橼 tchouan　鹑 tchoun　场昌肠 tchang　窗 tchouang

D

搭大打鞑 ta　靻 tan　得 te　笛 ty　底 ty/ti　低弟的地 ty　堵都杜
渡读 tou　迭 tie　倒道盗稻刀导 tao　多朵 touo　单（～双）胆丹淡 tan
刁 tiao　颠电殿店 tien　定 ting　墩 toun　钝 tsoun（巴黎本作"钝"，
刘迎胜误作"纯"）　豆斗（星～）teou　镫灯凳等 teng　顶叮 ding　带（腰
～）歹怠 tai　缎短断 toan　东冬洞冻动 toung

E

恩 nguen　额蛾恶（善～）鹅 ngo　儿 eulh/rulh　耳二尔 eulh

F

法罚 fa　夫府复父福富腹浮 fou　佛 fo　非飞费肥肺翡 fei　番饭
fan　凤（～凰）风 foung　奉 fong　粉（铅～）分坟 fen　方放妨房 fang

G

革 ke/ko　阁 ko　噶 ko/ka　稿高 kao　姑古鼓故骨 kou　改 kai
瓜寡挂 koua　锅果过国 kouo　桂 koui　鬼贵 kouei　钩沟 keou　敢肝

杆（栏~）乾（~湿）kan　馆冠惯关观管 koan　根 ken　更 keng　弓公贡工 koung　光 koang

H

哈 ha　黑 he　蒿好壕 hao　户虎呼狐壶琥瑚 hou　乎 hu/hou　花哗画 hoa　或火河和 ho　货 houo　亥海 hai　猴喉 heou　蛤（~蟆）hia　厚 heou　回（~~人）hoei　悔 haeei　罕寒 han　昏 houn　蝗黄 hoang　凰 houng　红虹 houng

J

几己饥急吉鸡 ki　节 kie　菊举居 ku　聚 kiu　间见肩 kien　甲家价假 kia　轿教 kiao　锦襟金近今巾津尽 kin　绢 kiuen　九臼旧韭救 kieou　姜江 kiang　经京镜径竞 king　君 kiun　军 kun　街 kiai　阶 kie　角 kio/kiao

箭贱减 tsien　酒 tsieou　酱将 tsiang　精睛井静 tsing

即 tsi/ki　积疾 ki /tsi　晶 tsing/king　进 kin/tsing　俊 kiun/tsun

K

科克渴客 ko　堪 kan　苦哭库 kou　口 keou　坤 koun　孔（~雀）koung　葵盔 kouei　宽 koan　开 kai　矿 koung　夸 koua

L

勒 lo/le　刺 tsee　郎廊 lang　列猎 lie　蓝懒栏 lan　劳老 lao　鲁路炉露 lou　林麟霖邻 lin　柳榴留六 lieou　绿 lu　梨李力吏里篱礼 ly　莲帘怜 lien　龙笼（灯~）loung　蜡（~烛）辣 la　绫领岭令凌 ling　罗（绫~）乐（快~）lo　酪 lo/ lao　两 liang　雷泪 lei　来 lai　肋 le　楼 leou

M

默 mo　母 ou/mou　妈马麻蟆 ma　木牧睦苜 mou　牡（~丹）meou/mou　米密蜜 mi　蛮满慢 man　抹 mo　灭 mie　敏 min　鸣明命 ming　卯 mou/mao　毛帽猫 mao　买卖麦 mai　磨墨 mo　绵（~绸）面 mien　门 men　玛 ma　忙 mang　民 min　梦 mong　眉 mei

N

纳 na　奴怒 nou　恁 jin　乜 me　奈乃 nai　南难 nan　脑瑙 nao
那 na　浓农 noung　内 nei　泥你逆 ni　女 niu　年 nien　牛 nieou　能
neng　咛 ning　鸟 niao

P

珀（琥~）pe　迫 pe/pou　僕 fou　钯 pa　撇 pie/pe/pi　拍 pe　痞
批 pi　葡（~萄）pou　盘潘 pan　贫 pin　瓶平萍 ping　辔 pei /pe　蓬朋
pong　盆 pen　篇 pien

Q

棋旗器欺麒气 ki　茄 kie　琴勤 kin　犬 kiuen　铅欠 kien　曲 kiu
去 ku

乞起七齐妻 tsi　姐 tsie　雀（孔~）樵桥 tsiao　球秋 tsieou　亲 tsin
全泉 tsuen　蔷枪强墙 tsiang　钱前千迁浅 tsien　青轻晴清请 tsing　钦
tsing/tsin

劝拳 tsiuen/kuen

R

日热 ge　肉 ieou　蕊 ioui　惹 je　褥辱如 jou　染然 jan　若弱 jo
荣 joung　稔人仁 jin　认 gen　入 jou

S

撒 sa　思 see/se　丝私巳四寺 see　塞 sai　酥苏 sou　速 sou/su
嫂 sao　孙 soun　锁 so　虽随遂 soui　桑 sang　松 soung　笋 soun　伞
三 san　酸 soan　僧 seng

沙杀 cha　石食诗史十拾是实失施事侍蚀市世湿时使师士狮 che
赊赦舍捨舌蛇麝 che　色 che　少烧 chao　深申神身 chen　圣 cheng
鼠书叔束树 chou　熟 chou/ cheou　山衫珊善闪陕扇 chan　朔搠
chouo　声笙升生（~熟）cheng　水谁睡 choui　上伤商赏 chang　双
choang　霜 chouang　手守受兽 cheou　寿 chou　瘦 cheou /seou　顺

choun

T

塔他 ta 忒 te 推 toui 驼 to 脱 touo 团 toan 贪潭叹 tan 土徒秃兔 tou 贴铁 tie 鞳 tchan（"鞳"音"贴"，无名氏注音错误） 糖汤 tang 吞 tun 挺霆听 ting 梯蹄體替 ty 桃萄讨 tao 田甜天添 tien 调（~和）tiao 铜同 toung 太台 tai 头 teou

W

无五午鹉兀物雾 ou 稳文蚊温 ouen 渥握 ou 幹 kan 洼瓦 oua 我 ouo/ ngo/ ou 歪外 ouai 湾碗万完玩晚 ouan 往望 ouang 甕 ouong（刘书作"瓮"，音同） 味未胃薇为 ouei

X

希喜戏 hi 下夏 hia 孝晓 hiao 闲贤 hien 喧 hiuen 雪血靴 hiue 学 hio 薰 hiun 训 hiun 兄胸 hioung 杏兴行（~书）刑 hing 序虚戌许须 hiu 逊 hiun

西洗细锡 si 些谢 sie 袖 sieou 新心信 sin 鲜线仙 sien 醒性 sing 箱厢相想项象（大~）siang 小 siaao 笑 siao 寻 tsiun 省（~悟）cheng/sing

形星 sing/ hing 咸 sien/ hien 席 hi /si 香（~炉）siang /hiang 蓿 hiu/sou 选 hiuen/siuen

Y

鸭呀 ya 一以衣驿蚁异易医役义议意 y 疑 yi 迂鱼渔雨与玉愚 yu 隅 ngueou/yu 芋 yu/hiu 月 yue 药乐（音~）yo 夜野叶 ye 右有游由油酉 yeou 鹞 yao 尹阴银寅引饮 yn 因 in 音 in/yn 云运 yun 言盐檐眼砚烟咽（~喉）燕（~子）雁 yen 鸳圆园远缘（~故）怨 yuen 孕 jun 蝇莺鹦 yng 影 ying 用永 young 羊阳鸯 yang

Z

杂 tsa 灾 tsai 则 tse/ tsee/tsa 择 tchai 贼 tsei 子紫字自 tsee

簪昝 tsan 咱 tsan/ tsen 祖足阻 tsou 嘴醉罪 tsoui 枣早 tsao 左 tsouo 昨 tso 奏 tseou 总 tsoung 怎 tseng 窄 tse/tchai

知 tche/tchi 指智至志直侄只止纸枝 tche 扎鲊诈 tcha 主注煮珠烛住柱猪竹筋逐 tchou 桌浊 tchouo 卓 tcho/tchouo 者这 tche 遮 tchi 折 tchai 展 tchan 张 tchang 爪 tchao/tchoua 中锺重 tchoung 锥 tchoui 毡 tchen/ tan 珍真枕 tchen 篆（～字）专砖 tchoan 转 tchouan 整政 tcheng 争 tcheng /tseng 庄 tchoang

二、无名氏拉丁字母对应汉语声母及韵母的情况

（一）无名氏用拉丁字母对应汉语的声母情况

表示声母的拉丁字母符号及其所代表的汉语声母音值如下（不计重复共 23 个声母，方括号里是汉语声母的国际音标）：

p——[p p‘], m——[m], f——[f]

t——[t t‘], n——[n], l——[l]

tch——[tʂ tʂ‘], ch——[ʂ], g、j——[ʐ]

ts——[ts ts‘], s——[s]

tsi——[tɕ tɕ‘], s——[ɕ]

ki——[tɕ tɕ‘], hi——[ɕ], ng——[ŋ]

k——[k k‘], h——[x]

（用元音符号作零声母音节的首音素）——[ø]

说明：

1. 无名氏拉丁字母没有送气符号对应汉语塞音、塞擦音送气声母，以不送气声母对应汉语的送气与不送气两种声母。

2. 零声母字的注音基本情况是：古影疑开口一二等字用 ng 两个字母作首音素，古疑影喻诸母开口二三四等字用 y/i 作首音素，微疑影喻合口字用 ou 作首音素，疑影喻诸母合口三等字用 yu 作首音素，"儿、耳、二、尔"等字没有声母，其拼音是 eulh。

（二）无名氏用拉丁字母对应汉语韵母的大致情况

表示韵母的拉丁字母符号及其所代表的汉语韵母的音值如下表（方括号里是汉语声母的国际音标，圆括号里是无名氏的拉丁字母）：

表 1　无名氏汉字音韵母表

开口呼	齐齿呼	合口呼	撮口呼
	[i]（y/i/ee）	[u]（ou/o）	[y]（u/iu/iou/yo）
[ɿ ʅ]（i/e）			
[a]（a/o）	[ia]（ia）	[ua]（oua/oa）	
[o]（o/e）	[io]（io）	[uo]（ouo/o）	
[e]（e/o）	[ie]（ie/e）		[yɛ]（iue）
[ɚ]（eulh/ulh）			
[ai]（ai/e）	[iai]（iai）	[uai]（ouai）	
[ei]（ei）		[uei]（ouei/oui/oei）	
[au]（ao）	[iau]（iao/iaao）		
[ou]（eou/ou）	[iu]（ieou）		
[an]（an）	[iɛn]（ien）^①	[uan]（oan/ouan）	[yan]（iuen）
[ən]（en/uen）	[in]（in）	[uən]（oun/ouen）	[yn]（iun/un）
[aŋ]（ang/ong）	[iaŋ]（iang）	[uaŋ]（ouang/oang/oung）	
[əŋ]（eng）	[iŋ]（ing）	[uəŋ]（ouong），[uŋ]（ong）	[yŋ]（young/ ioung）

说明：

1. 无名氏用 i/y 标注开口二三四等字的韵母 [i] 或韵头 [-i-]，还用 ee 标注汉语的 [i] 韵母。

2. 无名氏用 iu/u/iou 标注非零声母合口三四等字的韵母或韵头（例

---

① 按：零声母 [ian]/[yan]，无名氏注音分别是 ien/iuen；零声母 [yŋ]，无名氏注音是 young。

外字"吞恩速呼逊"），零声母此类字音节首两位音素用 yu/you 标注。

3. 无名氏用 ou 标注合口字的韵母 [u] 或介音 [-u-]。这些合口字有的来自中古合口一二等韵，有的来自中古三四等合口韵，还有的来自中古开口韵。中古开口字被无名氏归入合口的有：中古一等歌韵字"我驼多左"、侯韵字"母牡"，二等江韵字"双"、阳韵字"庄"、肴韵字"爪"、二等觉韵字"渥握桌卓浊朔搠"，三等尤韵字"富寿"、三等阳韵字"霜"、三等缉韵字"入"等。

中古三等合口韵字被无名氏标注 ou 的具体情况如下：（1）知照组三四等合口韵字标注 ou（仙韵既标注 ou，又标注 o），日母鱼韵"如"、烛韵"辱褥"被标注为 ou。（2）微母字都被标注为 ou，云母庚三韵合口字"荣"、阳韵合口字"往"、微韵"胃"、支韵合口"为"都被标注为 ou；非组东三"风凤"、屋三"福腹"、虞韵字"父夫府"，以及明母东三韵字"梦"、屋三韵字"苜睦牧"、宵韵字"猫"，並母脂韵合口字"葡"，都标注 ou。（3）见母微韵"贵鬼"、见母齐韵合口字"桂"、群母脂韵合口"葵"，见母东三韵"弓"，这些字的介音标注为 ou。（4）娘母锺韵字"浓"，来母东三韵"龙"标注 ou。（5）精母脂韵合口"醉"、止韵合口"嘴"、烛韵"足"，清母脂韵合口"翠"、心母谆韵字"笋"、脂韵合口字"虽"、屋三韵字"蓿"，邪母锺韵"松"、支韵合口"随"、脂韵合口"遂"，被标注为 ou。

4. 无名氏不标注以上三种介音标记的字，都是开口字。这些开口字中有中古开口字，也有中古合口字。合口字来自非组字、来母灰韵字"雷泪"。开口字包含：（1）古一、二等开口字。（2）古知照组、精组支思韵字以及变入支思韵的入声韵开口字，知照组祭、麻三、尤、清、侵、仙、真、宵、阳、盐韵及入声韵的开口字，古帮组三等字。（3）"儿"类字。

大体上看，无名氏汉字音显示出开齐合撮四呼的格局：开口呼无介音，齐齿呼字都有 i[-i-]，合口呼字都有 ou[-u-]，撮口呼字都有 u/

iu[-y-]。

第二节　无名氏汉字音声母问题讨论

一、日母字的注音

《回回馆杂字》日母字共 22 个，日母在诸韵摄中的分布及其注音情况如下：通摄"肉"[ieou]、"辱"[jou]、"褥"[jou]。止摄"儿"[eulh]/[rulh]、"耳"[eulh]、"尔"[eulh]、"二"[eulh]、"蕊"[ioui]。遇摄"如"[jou]，臻摄"人"[jin]、"仁"[jin]、"认"[gen]、"日 [ge]"。山摄"然"[jan]、"热"[ge]。宕摄"弱"[jo]、"若"[jo]、"惹"[je]。深摄"恁"[jin]、"稔"[jin]、"入"[jou]、咸摄"染"[jan]。

止摄开口三等日母字"儿、耳、二、尔"无名氏的拼音为 eulh。"儿"注为 [eulh] 的同时又注为 [rulh]，其他三个字的注音显示其音节的起首位置上已经没有辅音了，这说明无名氏所据的汉语方音中"儿"类字已经变成零声母。

支思韵知照组、精组字无名氏的注音如下：知母"知智"注音为 tchi，澄母"墀"注音为 tche，崇母"狮事士"注音为 che，生母"使师史"注音为 che，章母"只纸指枝止志至"注音为 tche，书母"翅"注音为 tche，书母"诗施"注音为 che，禅母"侍是时市"注音为 che。精母"子紫"注音为 tsee，清母"次此"注音为 tsee，从母"自"注音为 tsee，心母"私思丝"注音为 see，邪母"辞词"注音为 tsee，邪母"巳寺"注音为 see。

对比支思韵其他声母字的注音，"儿"类字的韵母很显然与其他声母支思韵字的读音不同：没有声母，其韵母部分用了 e、u、l、h 几个音素才能勉强拼出其音。既然"儿"类韵的韵母不同于其他支思韵，那么无名氏所依据的汉语方言中应当有 [ɚ] 韵母。

唐作藩《普通话语音史话》对 [ɚ] 音的产生进行了解释："'儿'类字音由 ʐ、ʅ 演变为 ɚ，是由于卷舌声母 ʐ 和卷舌韵母 ʅ 发音近似，互相影响，声母 ʐ 的辅音性质弱化与韵母 ʅ 结合，元音变为混元音 ə 带一个卷舌尾音 ɻ（或作 r）。所以 ɚ（或作 ər）确实具有复韵母的性质。"（唐作藩 2018：103）无名氏用 e、u、l、h 几个音素拼切 [ɚ] 韵母，正可以说明 [ɚ] 具有复韵母的特点。

徐孝《重订司马温公等韵图经》（1606）已将"儿"类字置于止摄第三开口篇影母之下，而"日"等其他日母字则列在"稔"母下。1610年来华的法国耶稣会传教士金尼阁所著《西儒耳目资》，用罗马字母记录了当时的汉语语音，他用"ul"描述"儿"类字音，即用 u 和 l 两个字母连读表示 [ɚ] 韵。明末方以智（1611~1671）《切韵声原》指出："儿在支韵，独字无和，姑以人谁切，附入支韵。"[①]"独字无和"正是 [ɚ] 韵的特点。

其他韵摄日母字的拼音中，通摄"肉"读成了 [ieou]，止摄"蕊"读成了 [ioui]，声母没有标辅音，也没有用 [y] 标识，只将 i 放在音节最前端的位置。无名氏注音显示，这两个字是开音节，没有辅音；同时也显示出，在听感上，"肉、蕊"之类的字辅音更接近于半元音 [j]，因而被标注成了 [i]。现代汉语方言中就有"壤阳""容勇""然盐""日倚椅异"等的对立（朱晓农 2006：132）。臻摄"日"、山摄"热"都读成了 [ge]，臻摄"认"读成了 [gen]，其声母都被表标作 [g]。其他日母字的声母则都标为 [j]。

宁继福《中原音韵表稿》将日母支思韵"儿"类字声母的音值拟作 [ʐ]，将支思韵以外的日母字声母音值拟作 [r]。他说："中古日母字在《中原音韵》里实际上已经分化为两类，支脂之三韵开口'儿耳二'等

[①]《切韵声原》收于方以智《通雅》卷五十内。《通雅》成书于 1639 年。

入支思韵，与'之齿师'等字为伍，韵母是 i，声母当为卷舌闪音 ɽ。"
（宁继福 1985：215）中古日母字无名氏注音时，有不标辅音声母的，
有标作 [r] 声母的，有标作 [j] 和 [g] 声母的。这些现象反映出了中古日
母音值的变化情况。

拉丁字母中没有与汉语日母对应的辅音，只能取语音相似的 [j] 或
[g] 来替代。非支思韵日母字，声母的音值是 [z]。例外字是"肉、蕊"。
将"肉、蕊"读成零声母是方音现象。

无名氏汉字音"儿"类字的古声母已经消失，变作 [ɚ] 韵了。但
"儿"注为 [eulh] 或 [rulh]，说明汉语方言中还有将"儿"声母读作 [ʈ]
音的情况。拉丁字母 [r] 是颤舌音，与汉语的 [ʈ] 相近，故将"儿"读成
[rulh]。

二、见晓组及精组细音字的注音

巴黎本无名氏见晓组细音的拼音模式为 ki- 对应 [ki-][k'i-]、hi- 对
应 [xi-]，精组细音的拼音模式为：tsi- 对应 [tsi-][ts'i-]、si- 对应 [si-]。
例如："九酒""见箭""经精""姜将"分别对立；"棋齐""茄姜""琴
亲""铅钱"分别对立；"希西""孝笑""闲仙""训寻""兴性"分别对立。

有个别字，既念 ki- 的音，又念 tsi- 的音。字例如下：即 tsi/ki、积
疾 ki /tsi、晶 tsing/king、进 kin/tsing、俊 kiun/tsun；劝拳 tsiuen/kuen；
形星 sing/ hing、咸 sien/ hien、席 hi /si、香（～炉）siang /hiang、蓿 hiu/
sou、选 hiuen/siuen。

还有个别字的声母，混同了 ki- 与 tsi- 的音，字例如下：从母"聚"
注音为 kiu，精母字"津"注音为 kin，溪母字"起"注音为 tsi，"轻"
注音为 tsing，"钦"注音为 tsing 或 tsin；群母字"桥"注音为 tsiao，"球"
注音为 tsieou，匣母字"项"注音为 siang。

具体例证详见下表。

表 2　特殊注音字分析表

序号	汉字	中古音地位	无名氏注音	序号	汉字	中古音地位	无名氏注音
1	减	见咸开二上咸	tsien	19	节	精屑开四入山	kie
2	轻	溪清开三平梗	tsing	20	即	精职开三入曾	tsi/ki
3	劝	溪元合三去山	tsiuen/kuen	21	津	精真开三平臻	kin
4	钦	溪侵开三平深	tsin/tsing	22	尽	精真开三上臻	kin
5	乞	溪迄开三入臻	tsi	23	进	精真开三去臻	tsing/ kin
6	起	溪之开三上止	tsi	24	俊	精谆合三去臻	tsun/kiun
7	强	群阳开三平宕	tsiang	25	聚	从虞合三去遇	kiu
8	墙	群阳开三平宕	tsiang	26	疾	从质开三入臻	tsi/ki
9	球	群尤开三平流	tsieou	27	选	心仙合三上山	siue/hiuen
10	拳	群仙合三平流	tsiuen/kuen	28	血	心薛合三入山	hiue
11	桥	群宵开三平效	tsiao	29	蓿	心屋合三入通	sou/ hiu
12	香	晓阳开三平宕	hiang/siang	30	须	心虞合三平遇	hiu
13	戏	晓支开三去止	hi/tsi	31	逊	心魂合一去臻	hiun
14	形	匣青开四平梗	hing/sing	32	戌	心术合一入臻	hiu
15	咸	匣咸开二平咸	sien/hien	33	星	心青开四平梗	sing/hing
16	项	匣江开二上江	siang	34	序	邪鱼合三上遇	hiu
17	晶	精清开三平梗	tsing/king	35	席	邪昔开三入梗	si/hi
18	积	精支开三去止	tsi/ki				

　　上表反映出无名氏所据的方言中，有将 ki- 组字念作 tsi- 组字或者将 tsi- 组字念作 k- 组字的现象，或者一字有两种读法的现象。tsi- 和 ki- 混同，说明无名氏所依据的汉语方言中舌面前音 [tɕ tɕ' ɕ] 已经产生，尖团不分。

　　中古见晓组、精组声母在现代汉语普通话中的音变现象是声母分化，分化的条件是韵母的洪细：见、溪、群、晓、匣诸母的洪音字仍然保持舌根音的读法，即 [k k' x]；细音字变成舌面前音，即 [tɕ tɕ' ɕ]；精、清、从、心、邪诸母字的洪音仍然保持舌尖前音的读法，即 [ts ts' s]，细音字和见晓组细音字合流，也变成了舌面前音 [tɕ tɕ' ɕ]。

无名氏用 k、h 对应汉语的 [k k' x]，用 ts、s 对应汉语的 [ts ts' s]，两组辅音的发音部位、发音方法有别，音色划然有别，不当有混淆；但是无名氏却有混同二者的情况存在，这只能说明彼时汉语舌面前音 [tɕ tɕ' ɕ] 已经产生了，并且尖团合流。拉丁字母中没有能够与汉语 [tɕ tɕ' ɕ] 对应上的辅音，故巴黎无名氏或用与之相近的 ki-、hi- 对应，或用与之相近的 tsi-、si- 来对应。同时我们从细音字的注音情况也可以看出舌面前音 [tɕ tɕ' ɕ] 的来源。

三、微疑影喻诸母字的注音

中古微、疑、影、喻诸母字无名氏的注音比较复杂。大体上可以分为三类：一类是用 ou 作为音节的起首音素，一类是以 ng 作为音节的起首音素，一类是以 y 作为音节的起首音素。下面分别讨论。

（一）用 ou 作为起首音素的汉字

这类有中古微、疑、影、云、以诸母字，详见下表。

表 3　用 ou 作首辅音的汉字

序号	汉字	中古音韵地位	无名氏注音	序号	汉字	中古音韵地位	无名氏注音
1	薇	微微合三平止	ouei	6	无	微虞合三平遇	ou
2	未	微微合三去止	ouei	7	雾	微虞合三去遇	ou
3	味	微微合三去止	ouei	8	鹉	微虞合三上遇	ou
4	文	微文合三平臻	ouen	9	物	微物合三入臻	ou
5	蚊	微文合三平臻	ouen	10	万	微元合三去山	ouan

续表

序号	汉字	中古音韵地位	无名氏注音	序号	汉字	中古音韵地位	无名氏注音
11	晚	微元合三上山	ouan	23	湾	影删合二平山	ouan
12	望	微阳合三去宕	ouang	24	碗	影桓合一上山	ouan
13	我	疑歌开一上果	ou/ ouo	25	温	影魂合一平臻	ouen
14	五	疑模合一上遇	ou	26	稳	影魂合一上臻	ouen
15	午	疑模合一上遇	ou	27	瓮	影东合一去通	ouong
16	兀	疑没合一入臻	ou	28	往	云阳合三上宕	ouang
17	瓦	疑麻合二上假	oua	29	为	云支合三平止	ouei
18	外	疑泰合一去蟹	ouai	30	胃	云微合三去止	ouei
19	玩	疑桓合一平山	ouan	31	歪	晓佳合二平蟹	ouai
20	渥	影觉开二入江	ou	32	完	匣桓合一平山	ouan
21	握	影觉开二入江	ou	33	母	明侯开一上流	ou
22	洼	影佳合二平蟹	oua				

此表除了"我、握、渥"这三个字是开口字，其他都是来自微、以、影、云、晓诸母的合口字。这些字无名氏都用 ou 作为其音节首位音素的标记，说明这些字的声母是相同的，从语音演变上看，微疑影云合口字已经合流，还有个别晓匣母合口字加入到这个行列。这些字都是零声母合口字。另外，"母"无名氏注音有 ou/mou 两种。其中 ou 当是误注。

无名氏注音汉字中，微母字共 12 个，一律用 ou 作为音节之首位音素。说明微母字已经变成了零声母，并与来自疑影喻诸母的合口字一起，并入零声母合口字的行列中。

（二）用 y 作为首辅音的汉字

表 4　用 y 作首辅音的汉字

序号	汉字	中古音韵地位	无名氏注音	序号	汉字	中古音韵地位	无名氏注音
1	蚁	疑支开三平止	y	21	意	影之开三平止	y
2	议	疑支开三去止	y	22	矮	影佳开二上蟹	yai
3	疑	疑之开三平止	yi	23	鸭	影狎开二入咸	ya
4	呀	疑麻开二平假	ya	24	咽（~喉）	影先开四平山	yen
5	言	疑元开三平山	yen	25	烟	影先开四平山	yen
6	眼	疑山开二上山	yen	26	燕（~子）	影先开四去山	yen
7	雁	疑删开二去山	yen	27	阴	影侵开三平深	yn
8	砚	疑先开四去山	yen	28	音	影侵开三平深	yn
9	银	疑真开三平臻	yn	29	饮	影侵开三上深	yn
10	乐(音~)	疑觉开二入江	yo	30	迂	影虞合三平遇	yu
11	玉	疑烛合三入通	yu	31	怨	影元合三去山	yuen
12	鱼	疑鱼合三平遇	yu	32	鸳	影元合三平山	yuen
13	渔	疑鱼合三平遇	yu	33	鸯	影阳开三平宕	yang
14	隅	疑虞合三平遇	yu	34	莺	影耕开二平梗	yng
15	愚	疑虞合三平遇	yu	35	鹦	影耕开二平梗	yng
16	月	疑月合三入山	yue	36	影	影庚开三上梗	ying
17	一	影质开三入臻	y	37	用	影锺合三去通	young
18	衣	影微开三平止	y	38	有	云尤开三上流	yeou
19	医	影之开三平止	y	39	右	云尤开三去流	yeou
20	义	影支开三平止	y	40	芋	云虞合三平遇	yu

续表

序号	汉字	中古音韵地位	无名氏注音	序号	汉字	中古音韵地位	无名氏注音
41	雨	云虞合三上遇	yu	57	药	以药开三入宕	yo
42	圆	云仙合三平山	yuen	58	羊	以阳开三平宕	yang
43	园	云元合三平山	yuen	59	阳	以阳开三平宕	yang
44	远	云元合三上山	yuen	60	檐	以盐开三平咸	yen
45	云	云文合三平臻	yun	61	盐	以盐开三平咸	yen
46	运	云文合三去臻	yun	62	由	以尤开三平流	yeou
47	永	云庚合三上梗	young	63	油	以尤开三平流	yeou
48	役	以昔合三入梗	y	64	游	以尤开三平流	yeou
49	驿	以昔开三入梗	y	65	酉	以尤开三上流	yeou
50	异	以之开三去止	y	66	寅	以真开三平臻	yn
51	以	以之开三上止	y	67	引	以真开三上臻	yn
52	易	以支开三去止	y	68	尹	以谆合三上臻	yn
53	野	以麻开三上假	ye	69	蝇	以蒸开三平曾	yng
54	夜	以麻开三去假	ye	70	与	以鱼合三上遇	yu
55	叶	以叶开三入咸	ye	71	缘(~故)	以仙合三上山	yuen
56	鹞	以宵开三去效	yao				

用 y 作音节首位音素的汉字有来自疑母、影母、云母、以母二三四等韵的字，其中有开口字，也有合口字，反映了零声母字中齐齿呼字、撮口呼字的面貌。

（三）用 ng 作为声母的汉字

无名氏用 ng 标注汉字辅音共 15 次，所标音的汉字都是疑母、影母开口一二等字，例外字是"隅"（合口三等字）、"俺"（开口三等字）。具体注音情况如下表。

表 5　用 ng 作首辅音的汉字

序号	汉字	中古音地位	无名氏注音	序号	汉字	中古音地位	无名氏注音
1	鹅	疑歌开一平果	ngo	9	爱	影咍开一去蟹	ngai
2	蛾	疑歌开一平果	ngo	10	恶(善~)	影铎开一入宕	ngo
3	我	疑歌开一上果	ngo	11	安	影寒开一平山	ngan
4	隅	疑虞合三平遇	ngueou	12	鹌	影狎开二入咸	ngan
5	岸	疑寒开一去山	ngan	13	俺	影盐开三平咸	ngan
6	昂	疑唐开一平宕	ngang①	14	暗	影覃开一去咸	ngan
7	额	疑陌开二入梗	ngo	15	恩	影痕开一平臻	nguen
8	阿	影歌开一平果	nga				

　　此表反映了疑影开口一二等字合流问题，无名氏用 ng 作这些字的首音素。从上文 ou 作零声母合口字的首音素、y 作零声母齐齿呼字的首音素、yu/you 作零声母撮口呼字的首音素这几个特点来看，无名氏汉字音开齐合撮四呼已经产生。从语音材料看疑影母开口一二等字已经合流，无名氏用 ng 作为其首音素。此处 ng 并不是古疑母 [ŋ]，而是古疑影母合流之后共同演变产生出的新辅音。这一情况在金尼阁《西儒耳目资》（1626）、许惠《等韵学》（1878）中都有描绘，反映了现实语言中开口呼字的读法（耿振生 1998：147）。现代汉语北方方言这方面的表现具体在济南、西安、武汉、成都话中，疑影母开口呼字有读 [ŋ] 声母的情况，而疑影母字的齐齿呼、合口呼、撮口呼一律变成了零声母。影疑母开口呼字读 [ŋ]，赵学玲《汉语方言影疑母字声母的分合类型》指出："这种类型在冀鲁官话、中原官话、兰银官话、西南官话和晋语大部分地区都有分布。东北官话区内也有不少方言点读 ŋ 声母。"

　　从上文"无名氏汉字音韵母表"来看，无名氏汉字音四呼俱全。

---

① 昂，无名氏注音有作 gang 者，疑抄录错误。

　　无名氏注音汉字中，微母字共 12 个[①]，都用 ou 作音节首位的音素。疑母字共 35 个，有 8 例用 ou 作音节首位音素，有 7 例用 ng 作音节首位音素，有 16 例用 y 作音节首位音素，有 3 例用 n 作音节首位音素，有 1 例直接以 a 作为音节首位音素[②]。影母字共 40 个，用 ou 作音节首位音素的有 9 个，用 ng 作音节首位音素的有 8 个，用 y 作为音节首位音素的有 21 个，有 2 个影母字注为 in[③]。以母字共 26 个，以 y 作为音节首位标记的有 24 例，另有 2 例是：铅 kien，孕 jun。云母字共 15 个，其中用 y 作音节首位音素的 10 个，以 ou 作音节首位音素的 3 个，标作其他声母的是：荣 joung，芋 hiu。

　　疑母字总体变化情况是：开口一二等字与影母合流，合流后共同演变产生出来新的辅音 [ŋ]，用 ng 标识；开口二三四等字变成了零声母齐齿呼字，用 y 标识；合口一二等字变成了零声母合口字，用 ou 标识；合口三四等字变成了零声母撮口呼字，用 yu/you 标识。中古疑母消失。

　　综上所述，在无名氏的方音中，微母消失，疑母消失。零声母字收字范围扩大，韵母呈现出开齐合撮四呼格局，疑影一二等开口字合流后滋生出一个新的辅音 [ŋ]（例外字是"隅"）。

第三节　无名氏汉字音韵母问题讨论

　　上文在讨论日母问题时，我们也看到无名氏汉字音产生了 [ɚ] 韵。在讨论微、疑、影、喻诸母字的语音变化时，我们也看到，无名氏汉字音韵母开、齐、合、撮已经形成。这一节里将继续讨论以下问题：入声韵消失、[-m] 尾韵消失、[y] 韵及 [-y-] 介音问题、牙喉音开口二等

---

① 统计字数时，有不同注音的汉字重复计算。下同。

② "昂"注音有 ang/nong/gang 三种，gang 音疑误。

③ "音"有两种注音，yn/in；"因"注音为 in。

字 [-i-] 介音的问题。

一、居鱼韵零声母字的拼音

《中原音韵》（1324）鱼模韵的细音韵母是 [iu]，其他韵部合口细音韵母的介音也是 [-iu-]。《韵略易通》（1442）把《中原音韵》的鱼模韵分成了居鱼和呼模两个韵部，居鱼部就是合口细音的一类韵，这标志着 [y] 韵母已经产生了。嘉靖年间（1522~1566）直隶人王荔《正音捃言》也把鱼模韵分成"居" [y]、"孤" [u] 两部。《等韵图经》（1602）止摄开口字来自《广韵》支脂之齐诸韵开口，合口字来自鱼虞韵的"鱼、举、居"之类的合口字，还有几个古入声字。将《中原音韵》鱼模韵细音字归到止摄，与支脂之齐诸韵开口字互为开合，标志着这些鱼虞韵细音变成了与 [i] 相配的合口细音，即前高圆唇元音 [y]。樊腾凤（1601~1664）《五方元音》将《中原音韵》鱼模韵洪音归入"虎"韵部，细音归入"地"韵部。

从我们分析整理的无名氏拉丁字母所代表的汉语韵母音值表看，彼时汉语四呼已经形成，[y] 韵已经产生，[-y-] 介音也已经产生，而且彼时 [tɕ tɕʻ ɕ] 已经产生。下面是无名氏 [y] 韵母字及有 [-y-] 介音字的注音情况。

表 6　[y]/[-y-] 字的拼音

序号	汉字	中古音地位	无名氏注音	序号	汉字	中古音地位	无名氏注音
1	迂	影虞合三平遇	yu	7	渔	疑鱼合三平遇	yu
2	芋	云虞合三平遇	yu	8	与	以鱼合三平遇	yu
3	雨	云虞合三上遇	yu	9	鸳	影元合三平山	yuen
4	愚	疑虞合三上遇	yu	10	园	云元合三平山	yuen
5	隅	疑虞合三平遇	yu/ngueou	11	远	云元合三上山	yuen
6	鱼	疑鱼合三平遇	yu	12	怨	影元合三去山	yuen

续表

序号	汉字	中古音地位	无名氏注音	序号	汉字	中古音地位	无名氏注音
13	缘	以仙合三平山	yuen	18	永	云庚合三上梗	young
14	圆	云仙合三平山	yuen	19	用	以锺合三去通	young
15	云	云文合三平臻	yun	20	玉	疑烛合三入通	yu
16	运	云文合三去臻	yun	21	月	疑月合三入山	yue
17	尹	以谆合三上臻	yn	22	役	以昔合三入梗	y

前文已经述及，无名氏用 iu/u/iou 标注非零声母合口三四等字的韵母或韵头，零声母此类字音节首两位音素用 yu/you 标注。《广韵》合口三四等疑、影、喻诸母字，无名氏用 yu/you 来描述其声母（即零声母）及其后的 [-y-] 介音（例外字：隅、尹、役），可见用 yu/you 来标注的是一个相当于汉语 [y] 的音。无名氏所据方言中 [y] 韵产生，[-y-] 韵头产生。

二、喉牙音二等开口字的拼音

中古喉牙音二等开口字在现代汉语普通话中，滋生出了 [-i-] 介音。考察法国无名氏关于中古喉牙音二等开口字的注音，发现这些字都有一个 [-i-] 介音（此类零声母字的首音节用 y 标识）。无名氏的注音如下表。

表 7　喉牙音二等开口字的拼音

序号	汉字	中古音地位	无名氏注音	序号	汉字	中古音地位	无名氏注音
1	江	见江开二平江	kiang	5	乐(音~)	疑觉开二入江	yo
2	项	匣江开二去江	siang	6	街	见佳开二平蟹	kiai
3	角	见觉开二入江	kio/kiao	7	阶	见皆开二平蟹	kie
4	学	匣觉开二入江	hio	8	矮	影佳开二上蟹	yai

续表

序号	汉字	中古音地位	无名氏注音	序号	汉字	中古音地位	无名氏注音
9	间	见山开二平山	kien	19	下	匣麻开二去假	hia
10	闲	匣山开二平山	hien	20	呀	疑麻开二平假	ya
11	雁	疑删开二去山	yen	21	杏	匣庚开二上梗	hing
12	眼	疑山开二上山	yen	22	行	匣庚开二平梗	hing
13	教	见肴开二平效	kiao	23	莺	影耕开二平梗	yng
14	孝	晓肴开二去效	hiao	24	鹦	影耕开二平梗	yng
15	家	见麻开二平假	kia	25	咸	匣咸开二平咸	sien/hien
16	价	见麻开二去假	kia	26	减	见咸开二上咸	kien
17	假	见麻开二上假	kia	27	甲	见狎开二入咸	kia
18	夏	匣麻开二去假	hia	28	鸭	影狎开二入咸	ya

说明：江宕摄的二等字"江"与三等字"姜"同注音为kiang；蟹摄二等字"街、阶"分别注音为街kiai、kie；山摄二等字"间"与四等字"肩、见"同注音为kien，二等字"闲"与三等字"贤"同注音为hien；效摄二等肴韵字"教"与三等宵韵字"较"同注音为kiao，此音又与江摄入声韵字"角"的注音相同；二等肴韵字"孝"与四等萧韵字"晓"同注音为hiao。假摄二等韵字"家、假、价"同注音为kia，"夏、下"同注音为hia。梗摄庚韵二等字"杏、行"与四等青韵字"刑"以及曾摄三等蒸韵字"兴"同注音为hing；耕韵字"莺、鹦"与曾摄三等蒸韵字"蝇"同注音为yng。咸摄二等入声狎韵字"甲"与蟹摄二等开口韵字"家、假、价"同注音为kia，"鸭"与麻韵二等字"呀"同注音为ya。

在无名氏的注音中，二等喉牙音开口字都有[-i-]介音，说明此时《广韵》二等喉牙音开口字滋生出了[-i-]介音，于是这些字才有了与同摄三、四等喉牙音开口字合流的条件。无名氏的注音比较晚近，其时江宕合流、梗曾合流，故"江、姜"同音、"莺鹦"与"蝇"同音，都反映了二等喉牙音开口字滋生出了 [-i-] 介音之后的合流音变现象。

三、其他

梗、曾、通、江、宕诸摄舒韵声字注音有 167 种，无名氏用 [ŋ g] 两个音素同时对应其韵尾的有 166 种，用 [n] 对应的 1 例，这个例外字是"孕"；臻、山二摄舒声韵字注音 174 种，无名氏用 [n] 音素对应其韵尾的有 173 种，用 [ŋ g] 两个音素同时对应的 1 例，这个例外字是"进"；深、咸二摄舒声韵字注音 50 种，无名氏用 [n] 音素对应其韵尾的有 47 种，用 [ŋ g] 两个音素同时对应的有 3 例。这 3 个例外注音字是"怎、沉、钦"。

以上信息显示，无名氏汉字音 [-m] 尾消失，[-n -ŋ] 尾基本不混。

入声韵方面，巴黎本《回回馆杂字》共有 164 个入声字，无名氏一律注为开音节。具体注音情况是：通摄入声字 28 个，其韵母的注音有 [ou ieou eou u iu]。江摄入声字 11 个，其韵母的注音有 [ao iao o io ouo ou]。臻摄入声字 19 个，其韵母的注音有 [i e ou iu o y]。山摄入声字 29 个，其韵母的注音有 [a e ie o ouo iue ue ai] [1]。宕摄入声字 11 个，其韵母的注音有 [o ao iao]。梗摄入声字 24 个，其韵母的注音有 [e i y o ai ou]。曾摄入声字 22 个，其韵母的注音有 [e ee o ouo i y a ei]。深摄入声字 5 个，其韵母的注音有 [e i ou]。咸摄入声字 15 个，其韵母的注音有 [a ia e ie] [2]。

以上信息显示，无名氏入声韵消失。

---

[1] 剌，错误注为 [tsee]（剌）；"斡"，错误注为 [kan]（斡幹）。

[2] 毡，错误注为 [tchan]。

第三节　无名氏汉字音语音特点

一、声母方面

有 23 个声母，即：

p p' m f

t t' n l

k k' x ŋ

tɕ tɕ' ɕ

ts ts' s

tʂ tʂ' ʂ ʐ

Ø

无名氏汉字音声母的特点是：浊音清化，微母消失，疑母消失，知庄章合流，泥来不混，[tɕ tɕ' ɕ] 产生，尖团合流，疑影喻合流，零声母扩大。日母字"儿、耳、二、尔"变成了零声母字，疑影一二等开口字合流后滋生出一个新的辅音 [ŋ]（只拼开口字）。无名氏所据的汉语方音浊音清化、入声韵消失、知照合流、泥来不混，由此首先可以判断他所据的方言是比较晚近的北方方言；微母消失，又表现出北京音的特点。

二、韵母方面

无名氏汉字音韵母的特点是：入声韵消失，[-m] 尾韵消失、前后鼻音不混。有 [ɚ] 韵，二等喉牙音开口字滋生出了 [-i-] 介音，有 [y] 韵，有 [-y-] 介音，韵母有开齐合撮的格局。

三、余论

前文述及刘迎胜教授指出，伯希和曾经提到，法国传教士钱德明（P. Jean Josephus Marie Amiot，1718~1793，又名王若瑟）曾对《回回馆来文》作过法译，在巴黎本《回回馆杂字》上作注的这位法国学者，应当也是这位无名氏（刘迎胜 2008：6~7）。

关于巴黎本《回回馆杂字》及无名氏注音，有匿名学者指出：巴黎本《回回馆杂字》实际上是位于越南的法国远东学院（Ecole Francaise d'Extrême-Orient）的旧藏，在 20 世纪中叶随其他"译语"一起转到了法国国家图书馆。该书上的标音是与伯希和同时代的一位学者所作，其所依据的是 20 世纪 20 年代的北方官话。

参考文献

一、典籍

北京图书馆古籍出版编辑组《北京图书馆古籍珍本丛刊》第 6 册《经部·回回馆杂字》《经部·回回馆译语》，书目文献出版社，1990 年

［宋］陈彭年《宋本广韵》，中国书店，1982 年

［朝鲜］崔世珍《四声通解》，韩国大提阁，1985 年

［宋］丁度《集韵》，中国书店，1983 年

［元］范梈撰，鲁华峰评注《木天禁语》，中华书局，2014 年

［明］方以智《通雅》，中国书店，1990 年

［波斯］拉施特著，余大钧、周建奇译《史集》，商务印书馆，2017 年

［元］孔齐撰，庄葳、郭群一校点《至正直记》，上海古籍出版社，2012 年

［明］李东阳等撰，申时行等修，赵用贤等纂《大明会典》卷 109，《续修四库全书》本

［清］钱曾《读书敏求记》，清雍正四年赵孟升松雪斋写刻本

［朝鲜］申叔舟《洪武正韵译训》，韩国高丽大学校出版部，1973 年

［明］沈宠绥《度曲须知》，《中国古典戏曲论著集成》五，中国戏剧出版社，1982 年

［明］陶宗仪《书史会要》，浙江出版联合集团、浙江人民美术出版社，2012 年

［明］王鸣鹤《登坛必究卷二十二·译言》，明万历刻本；又见《中国兵书集成》第 20~24 册，解放军出版社、辽沈书社，1990 年

［晋］王叔和《脉经》，《丛书集成初编》第 1400~1401 册，中华书局，1995 年

［伊朗］志费尼著，J.A. 波伊勒英译，何高济汉译《世界征服者史》，商务印书馆，

2018 年

［元］周德清《中原音韵》，中国书店，2018 年

二、著作

白寿彝、陈得芝《中国通史》（修订本）第八卷，上海人民出版社，1997 年

白寿彝、王毓铨《中国通史》（修订本）第九卷，上海人民出版社，1999 年

布日古德《〈华夷译语〉（甲种本）音译汉字研究》，中国社会科学出版社，2012 年

曹树基《中国移民史·明时期》，福建人民出版社，1997 年

陈　辉《论早期东亚与欧洲的语言接触》，中国社会科学出版社，2007 年

———《从泰西、海东文献看明清官话之嬗变：以语音为主》，中国社会科学出版

　社，2015 年

储泰松《佛典语言研究论集》，安徽师范大学出版社，2014 年

丁　锋《琉汉对音与明代官话音研究》，中国社会科学出版社，1995 年

董建交《近代官话音韵演变研究》，商务印书馆，2020 年

方孝岳《汉语语音史概要》，商务印书馆，1979 年

冯　蒸《汉语音韵学论文集》，首都师范大学出版社，1997 年

［日］服部四郎《元朝秘史的蒙古记音汉字研究》，龙文书局，1946 年

［瑞典］高本汉《中国音韵学研究》（1915~1926），李方桂、赵元任等译，商务印

　书馆，2003 年

耿振生《明清等韵学通论》，语文出版社，1992 年

———《近代官话语音研究》，语文出版社，2007 年

龚煌城《汉藏语研究论文集》，北京大学出版社，2004 年

胡明扬《胡明扬语言学论文集》，商务印书馆，2011 年

胡振华、胡军《回回馆译语》，中央民族大学东干学研究所（内部资料），2005 年

［日］花登正宏《古今韵会举要研究》，汲古书院，1997 年

蒋冀骋《阿汉对音与元代汉语语音》，中华书局，2013 年

———《近代汉语音韵研究》（修订本），商务印书馆，2021 年

［哈萨克斯坦］克拉拉·哈菲佐娃著，杨恕、王尚达译《十四～十九世纪中国在中
　央亚细亚的外交》，兰州大学出版社，2002 年

李范文《宋代西北方音》，中国社会科学出版社，1994 年

李立成《元代汉语音系的比较研究》，外文出版社，2002 年

李　荣《切韵音系》，科学出版社，1956 年；李荣著、黄笑山校订，商务印书馆，
　2020 年

李思敬《汉语 [ɚ] 音史研究》，商务印书馆，1986 年

李无未《音韵文献与音韵学史》，吉林文史出版社，2005 年

———《汉语音韵学通论》，高等教育出版社，2006 年

李新魁《〈中原音韵〉音系研究》，中州书画社，1983 年

———《汉语音韵学》，北京出版社，1986 年

———《李新魁自选集》，大象出版社，1999 年

李　湘《波斯语基础教程》（Ⅰ），北京大学出版社，1991 年

刘士嘉、赵小玲《波斯语基础教程》，新华出版社，2017 年

刘广和《音韵比较研究》，中国广播电视出版社，2002 年

刘迎胜《〈回回馆杂字〉与〈回回馆译语〉研究》，中国人民大学出版社，2008 年

———《小儿锦研究》，兰州大学出版社，2013 年

———《丝绸之路·海上丝绸之路》，江苏人民出版社，2015 年

林　焘《林焘语言学论文集》，商务印书馆，2001 年

林焘、耿振生《音韵学概要》，商务印书馆，2004 年

林焘、王理嘉著，王韫佳、王理嘉增订《语音学教程》（增订版），北京大学出版
　社，2013 年

陆志韦《陆志韦近代汉语音韵论集》，商务印书馆，1988 年

罗常培《唐五代西北方音》，历史语言研究所，1933 年

———《罗常培语言学论文集》，商务印书馆，2004 年

罗常培、蔡美彪《八思巴字与元代汉语》（增订本），中国社会科学出版社，2004 年

罗常培、王均《普通语音学纲要》（修订本），商务印书馆，2004 年

马君花《通鉴音注语音研究》，花木兰文化出版社，2016 年

麦　耘《音韵与方言研究》，广东人民出版社，1995 年

聂鸿音、孙伯君《中国多文字时代的历史文献研究》，社会科学文献出版社，
　　2010 年

宁继福《中原音韵表稿》，吉林文史出版社，1985 年

宁忌浮《古今韵会举要及相关韵书》，中华书局，1997 年

——《洪武正韵研究》，上海辞书出版社，2003 年

——《汉语韵书史》，上海人民出版社，2009 年

邵荣芬《切韵研究》，中国社会科学出版社，1982 年；中华书局 2008 年（校订本）

——《汉语语音史讲话》，天津人民出版社，1979 年；中华书局 2010 年（校正本）

施向东《音史寻幽——施向东自选集》，南开大学出版社，2009 年

时　光《〈伊利汗中国科技珍宝书〉校注》，北京大学出版社，2016 年

宋　岘《回回药方考释》，中华书局，2000 年

［瑞士］索绪尔《普通语言学教程》（1916），商务印书馆，1980 年

唐作藩《汉语语音史教程》（第二版），北京大学出版社，2017 年

——《普通话语音史话》，商务印书馆，2018 年

王　力《汉语语音史》（1985），商务印书馆，2018 年

——《汉语史稿》（1980），中华书局，2005 年

王一丹《波斯拉施特〈史集·中国史〉研究与文本翻译》，昆仑出版社，2007 年

汪维辉《朝鲜时代汉语教科书丛刊》（三），中华书局，2005 年

徐通锵《历史语言学》，商务印书馆，1991 年

［美］薛凤生著，鲁国尧、侍建国译《中原音韵音位系统》，北京语言学院出版社，
　　1990 年

杨耐思《中原音韵音系》，中国社会科学出版社，1981 年

——《近代汉语音论》（增补本），商务印书馆，2012 年

叶蜚声、徐通锵著，王洪君、李娟修订《语言学纲要》（修订版），北京大学出版
　　社，2014 年

叶宝奎《明清官话音系》，厦门大学出版社，2001 年

俞　敏《俞敏语言学论文集》，商务印书馆，1999 年

［日］远藤光晓《元代音研究——〈脉诀〉ペルシセ语訳による》，汲古书院，
　　2016 年

张晓曼《〈四声通解〉研究》，齐鲁书社，2005 年

张玉来《韵略汇通音系研究》，山东教育出版社，1995 年

———《韵略易通研究》，天津古籍出版社，1999 年

赵林凤《汪荣宝评传》，南京大学出版社，2012 年

赵荫棠《中原音韵研究》，商务印书馆，1956 年

郑张尚芳《郑张尚芳语言学论文集》，中华书局，2012 年

朱晓农《音韵研究》，商务印书馆，2006 年

［日］竹越孝、远藤光晓《元明汉语文献目录》，中西书局，2016 年

三、论文

阿·伊布拉黑麦《回族"消经"文字体系研究》，《民族语文》，1992 年第 1 期。

［日］本田实信著，胡军译《关于〈回回馆译语〉》（1963），《回回馆译语》，中央
　　民族大学东干学研究所（内部资料），2005 年

布日古德《〈华夷译语〉（甲种本）音译汉字基础音系研究》，《民族语文》，2012
　　年第 6 期

陈涵韬《陈寅恪在历史考据中之对音勘同法使用》，《无锡教育学院学报》，1999 年
　　第 1 期

成耀帅《〈回回馆杂字〉入声韵字对音研究》，《南阳师范学院学报》，2017 年第
　　10 期

储泰松《梵汉对音概说》，《古汉语研究》，1995 年第 4 期

———《梵汉对音与中古音研究》，《古汉语研究》，1998 年第 1 期

———《梵汉对音与上古音研究——兼评后汉三国梵汉对音研究》，《南京师范大
　　学学报》（社会科学版），1999 年第 1 期

崔宰宇《〈汉清文鉴〉简论》,《民族语文》, 1997 年第 5 期

邓　强《唐五代西北方音见系开口二等演变考》,《敦煌研究》, 2017 年第 6 期

邓兴锋《明代官话基础方言新论》,《南京社会科学》, 1992 年第 5 期

丁　锋《日汉对音汉语音韵研究的理论和方法》,《汉语史学报》第 5 辑, 2005 年

冯　蒸《"华夷译语"调查记》,《文物》, 1981 年第 2 期

———《〈圆音正考〉及其相关诸问题》,《古汉语研究论文集》(二), 北京出版社
　　1984 年

———《论汉语音韵学的发展方向》,《湖南师范大学社会科学学报》, 1988 年第 2 期

———《汉语音韵研究方法论》,《语言教学与研究》, 1989 年第 3 期

———《汉语中古音的日母可能是一个鼻擦音》,《汉字文化》, 1994 年第 3 期

[苏联]钢和泰《论对十世纪汉字音译梵赞的重新构拟》,《燕京学报》, 1935 年第
　　17 期

[苏联]钢和泰著, 胡适译《音译梵书与中国古音》,《国学季刊》, 1923 年第 1 期

[日]高田时雄著, 钟翀译《于阗文书中的汉语语汇》,《敦煌·民族·语言》, 中
　　华书局, 2005 年

耿振生《论近代书面音系研究方法》,《古汉语研究》, 1993 年第 4 期

———《再谈近代官话的"标准音"》,《古汉语研究》, 2007 年第 1 期

顾满林《汉文佛典音译词的节译形式与全译形式》,《汉语史研究集刊》, 四川大学
　　出版社, 2006 年

———《东汉佛经音译词的同词异形现象》,《汉语史研究集刊》, 四川大学出版社,
　　2005 年

[日]更科慎一《甲种本〈华夷译语〉音译汉字基础方言问题》,《佐藤进教授六十
　　岁诞辰纪年论集》, 好文出版, 2007 年

———《论四夷馆〈华夷译语〉音译汉字汉语音系》,《南开语言学刊》, 2018 年第
　　1 期

郭虹宇《重读玄奘译论"五种不翻"——论宗教类、文化类外来词语的翻译策略》,
　　《天津外国语学院学报》, 2009 年第 4 期

韩中义《小经文献与语言学相关问题初探》,《西北民族研究》,2007 年第 1 期

——《民间文献〈中阿双解字典〉研究》,《西北民族论丛》,2015 年第 2 期

胡明扬《〈老乞大谚解〉和〈朴通事谚解〉中所见的汉语、朝鲜语对音》,《中国语文》,1963 年第 3 期;又见《胡明扬语言学论文集》,商务印书馆,2011 年

——《〈老乞大谚解〉和〈朴通事谚解〉中所见的〈通考〉对音》,《语言论集》第 1 辑,中国人民大学出版社,1980 年;又见《胡明扬语言学论文集》,商务印书馆,2011 年

黄宗鉴《〈华夷译语〉的蒙古语词首 h》,《民族语文》,1993 年第 4 期

〔日〕花登正宏《蒙古字韵札语》,《中国语学》,1979 年第 226 号

季羡林《浮屠与佛》,《历史语言研究所集刊》第 20 本上册,1948 年

——《论梵文 ṭ ḍ 的音译》,《国立北京大学五十周年论文集》文学院第五种,1948 年

姜信沆《朝鲜初期韩国汉字音（高丽译音）资料》,《历史语言研究所集刊》第 59 本第 1 分,1988 年

蒋冀骋《〈回回药方〉的成书年代及其对音材料所反映的语音特点》,《励耘学刊》（语言卷）,2009 年 1 月

——《〈回回药方〉阿汉对音说略》,《古汉语研究》,2011 年第 4 期

金基石《朝鲜对音文献中的入声字及其归派》,《语文研究》,1999 年第 4 期

——《尖团音问题与朝鲜文献的对音》,《中国语文》,2001 年第 2 期

——《汉语 y 韵母与朝鲜文献的对音》,《民族语文》,2007 年第 1 期

〔韩〕金薰镐《从利玛窦、金尼阁的汉语拼音看明代晚期的官话音系》,《语言研究》,1994 年增刊

——《论现代汉语标准音的形成——从宋代到清代》,《语苑撷英》2,中国大百科全书出版社,2007 年

金有景《论日母——兼论五音、七音及娘母》,《罗常培纪念文集》,商务印书馆,1984 年

〔日〕津吉孝雄《关于回回馆译语》,《东洋史研究》,第 2 卷第 2 号,1936 年

黎新第《近百年来元代汉语共同语语音研究述略》,《重庆师范大学学报》(哲学社会科学版),2005 年第 1 期

———《近百年来明代汉语共同语语音研究述略》,《重庆师范大学学报》(哲学社会科学版),2005 年第 5 期

———《从研究材料看百年来中国近代汉语语音研究》,《重庆师院学报》(哲学社会科学版),2002 年第 3 期

李国华《从两个韵图的对比中看明清时期的语音发展变化》,《云南民族学院学报》(哲学社会科学版),1984 年第 4 期

李建强《从于阗文对音材料看中古汉语西北音日母的发展——兼论于阗文献下加小勾的功能》,《汉语史学报》第 19 辑,2018 年

李　瑞《〈史集·中国史〉中波汉对音 [-m] 韵尾研究》,《汉字文化》,2017 年第 16 期

李新魁《关于〈中原音韵〉音系的基础和"入派三声"的性质》,《中国语文》,1963 年第 4 期

———《论近代汉语照系声母的音值》,《学术研究》,1979 年 6 月

———《论近代汉语共同语的标准音》,《语文研究》,1980 年第 1 期

———《近代汉语介音的发展》,《音韵学研究》(第 1 辑),中华书局,1984 年

———《汉语共同语的形成和发展》(上下),《语文建设》,1987 年第 5、6 期

———《再论〈中原音韵〉的"入派三声"》,《中原音韵新论》,北京大学出版社,1991 年

林庆勋《试论〈日本馆译语〉韵母的对音》,《声韵论丛》第 4 辑,台湾学生书局,1992 年

林　焘《日母音值考》,《燕京学报》,1995 年第 1 期

刘广和《梵汉对音学科述略》,《励耘语言学刊》,2017 年第 2 期

———《南朝梁语声母系统初探》,《音韵论丛》,齐鲁书社,2004 年

———《南朝宋齐译经对音的汉语音系初探》,《西域历史语言研究集刊》(第 8 辑),科学出版社,2015 年

刘广和、储泰松、张福平《音韵学梵汉对音学科的形成和发展》,《博览群书》,
　2017 年第 4 期

刘红军、孙伯君《存世"华夷译语"及其研究》,《民族研究》,2008 年第 2 期

刘祥清《音译的历史、现状及其评价》,《中国科技翻译》,2008 年第 2 期

刘晓南《从〈四声通解〉今俗音看明代前期官话入声》,《近代官话语音研究》,语
　文出版社,2007 年

刘勋宁《再论汉语北方话的分区》,《中国语文》,1995 年第 6 期

刘迎胜《明代中国官办波斯语语言教学教材源流研究》,《南京大学学报》(哲学人
　文社会科学版),1991 年第 3 期

——《唐元时代中国的伊朗语文与波斯语言教育》,《新疆大学学报》(人文社会
　科学版),1991 年第 1 期

——《与汉文平行的另一种汉语书面语小儿锦——论民间传统书面语言问题》,
　《西北民族大学学报》(哲学社会科学版),2013 年第 6 期

刘　昫《不空译〈心经〉梵汉对音及相关问题研究》,《古汉语研究》,2017 年第
　1 期

[苏联]龙果夫《八思巴字和古官话》,《苏联科学院通报》,1930 年;唐虞译,《八
　思巴字与元代汉语》(增订本),中国社会科学出版社,2004 年

——《古官话的波斯译音》,《苏联科学院通报》,1931 年;[美]沈钟伟译注,《历
　史语言学研究》第 8 辑,商务印书馆,2014 年

鲁国尧《宋代辛弃疾等山东词人用韵考》,《南京大学学报》(哲学社会科学版),
　1979 年第 2 期

——《明代官话及其基础方言问题——读〈利玛窦中国札记〉》,《南京大学学报》
　(哲学社会科学版),1985 年第 2 期

罗常培《耶稣会士在音韵学上的贡献》,《历史语言研究所集刊》第一本第三分,
　1930 年

——《中原音韵声类考》,《历史语言研究所集刊》第 2 本第 4 分,1932 年

——《论龙果夫的〈八思巴字和古官话〉》,《中国语文》,1959 年第 12 期

罗常培、吕叔湘《现代汉语规范问题》,《语言研究》,1956 年第 1 期

[美]罗杰瑞著,[美]梅祖麟译《关于官话方言早期发展的一些想法》,《方言》,
　2004 年第 4 期

马君花《〈资治通鉴音注〉音系性质的研究》,《图书馆理论与实践》,2010 年第
　7 期

——《回族小儿锦拼音及其相关问题研究》,《北方民族大学学报》(哲学社会科
　学版),2017 年第 5 期

——《小儿锦拼音外来词使用状况研究》,《北方民族大学学报》(哲学社会科学
　版),2018 年第 5 期

——《回回馆杂字波汉对音方法及其存在的问题》,《北方民族大学学报》(哲学
　社会科学版),2023 年第 2 期

马树钧《河州话的语音特点》,《西北民族学院学报》(哲学社会科学版),1988 年
　第 4 期

麦　耘《论近代汉语 -m 韵尾消变的时限》,《古汉语研究》,1991 年第 4 期

——《〈正音撮要〉中尖团音的分合》,《古汉语研究》,2000 年第 1 期

——《从中古后期—近代语音和官客赣湘方言看知照组》,《南开语言学刊》,
　2010 年第 1 期

[日]满田新造《中原音と南京》,《中国音韵史论考》,武藏野书院,1964 年

聂鸿音《番汉对音简论》,《固原师专学报》,1992 年第 2 期

——《番汉对音和上古汉语》,《民族语文》,2003 年第 2 期

齐　冲《汉语音译词汇中省音现象的分析》,《汉语史学报》,2002 年第 2 期

[美]沈钟伟《波斯文〈脉诀〉中的汉语音韵》,《汉语和汉藏语前沿研究——丁邦
　新先生八秩寿庆论文集》,社会科学文献出版社,2018 年

——《汉波斯音译与元代汉语口语》(上、下),《辞书研究》,2020 年第 2、3 期

施向东《玄奘译著中的梵汉对音和唐初中原方音》,《语言研究》,1983 年第 1 期

——《再谈梵汉对音与"借词音系学"的几个问题》,《西域历史语言研究集刊》
　(第八辑),2015 年

侍建国《官话语音的地域层次及其历史因素》,《历史语言研究所集刊论文类编·语言文字编·音韵卷》(四),中华书局,2009 年

孙建元《〈四声通解〉俗音、今俗音的性质》,《广西师范大学学报》(哲学社会科学版),1989 年第 1 期

孙伯君《〈女真译语〉中的遇摄三等字》,《民族语文》,2001 年第 4 期

———《胡汉对音和古代北方汉语》,《语言研究》,2005 年第 1 期

———《西夏译经的梵汉对音与汉语西北方音》,《语言研究》,2007 年第 1 期

孙立新、傅来兮《陕西方言语音特征与规律研究》,《咸阳师范学院学报》,2019 年第 3 期

孙卓瑶《中国古代医药文献对外传播及其影响》,《医学与哲学》,2015 年第 1 期

[日] 藤堂明保《ki- tsi- の混同は 18 世纪に始まる》,《中国语学》94 号,1960 年

———《官话の成立过程から见た西儒耳目资》,《东方学》第 5 辑,1952 年;《藤堂明保中国语学论集》,汲古书店,1987 年

[日] 田坂兴道《〈回回馆译语〉语释》,《东洋学报》第 30 卷第 1、2、4 号,1943 年

———《〈回回馆译语〉及其国际性》,《东洋史研究》第 8 卷第 1 号,1943 年

———《〈回回馆译语〉语释补正》,《东洋学报》第 33 卷第 3 号,1951 年

万献初《近古百种韵书 -m 韵尾消变的历时进程》,《励耘学刊》(语言卷),2012 年第 2 期

———《撮口呼形成、发展与应用的历时进程》,《励耘学刊》(语言卷),2011 年第 1 期

汪荣宝《歌戈鱼虞模古读考》,《国学季刊》第 1 卷第 2 期,1923 年

王　力《现代汉语语音分析中的几个问题》,《中国语文》,1979 年第 4 期

[日] 尾崎雄二郎《大英博物馆蒙古字韵札记》,《人文》第 8 集,1962 年

乌云高娃《14~18 世纪东亚大陆的"译学"机构》,《黑龙江民族丛刊》,2003 年第 3 期

———《日本学者对明"四夷馆"及〈华夷译语〉的研究状况》,《中国史研究动态》,

2002 年第 6 期

项梦冰《客家话古日母字的今读——兼论切韵日母的音值及北方方言日母的音变历程》,《广西师范大学学报》, 2006 年第 1 期

许宝华、潘悟云《不规则音变的潜语音条件——兼论见系和精组声母从非腭音到腭音的演变》,《语言研究》, 1985 年第 1 期

许良越《梵汉对音法的提出及其在音韵研究中的影响》,《西南民族大学学报》(人文社科版), 2009 年第 1 期

徐通锵、叶蜚声《译音对勘与汉语的音韵研究——"五四"时期汉语音韵研究方法的转折》,《北京大学学报》(哲学社会科学版), 1980 年第 3 期

[日] 岩田宪幸《清代后期的官话音及相关问题》(稿), 汉语言学国际学术讨论会(武汉) 论文, 1991 年

[美] 杨福绵《罗坚明、利玛窦〈葡汉辞典〉所记录的明代官话》,《中国语言学报》第 5 期, 商务印书馆, 1995 年

杨耐思《八思巴字对音——读龙果夫〈八思巴字与古官话〉后》,《中国语文》, 1959 年第 12 期

——《元代八思巴文的汉语拼音》,《文字改革》, 1963 年第 3 期

杨锡彭《从汉语汉字的特点看音译词的特点》,《语言研究》, 2007 年第 5 期

杨亦鸣、王为民《〈圆音正考〉与〈音韵逢源〉所记尖团音分合之比较研究》,《中国语文》, 2003 年第 2 期

尉迟治平《对音还原法发凡》,《南阳师范学院学报》, 2002 年第 1 期

——《老乞大、朴通事谚解汉字音的语音基础》,《语言研究》, 1990 年第 1 期

余大钧《拉施特和他主编的历史巨著〈史集〉》,《民族研究》, 1983 年第 6 期

俞　敏《北京音系的成长和它受的周围的影响》,《方言》, 1984 年第 4 期

[日] 远藤光晓《〈翻译老乞大朴通事〉里的汉语声调》,《语言学论丛》第 13 辑, 商务印书馆, 1984 年

——《王叔和〈脉诀〉ペルシセ语訳に反映した 14 世纪初中国音》,《中国音韵学论集》, 白帝社, 2001 年

———《元代音研究概况》,《中文学术前沿》, 2014 年第 1 期

［美］约瑟夫·亚伯拉罕·莱维著, 徐越译《从历史语言学的视角看利玛窦的〈葡汉字典〉》,《国际汉学》, 2018 年第 3 期

曾晓渝《试论〈西儒耳目资〉的语音基础及明代官话的标准音》,《西南师范大学学报》(人文社会科学版), 1991 年第 1 期

张晓曼《韩国朝鲜时期的汉语研究》,《语言教学与研究》, 2005 年第 6 期

张卫东《试论近代南方官话的形成及其地位》,《深圳大学学报》(人文社会科学版), 1998 年第 3 期

张玉来《朝鲜时期所传习的明代汉语官话的语音性质》,《语言研究》, 2005 年第 2 期

———《论近代汉语官话韵书音系的复杂性》,《山东师大学报》(社会科学版), 1998 年第 1 期

———《近代汉语共同语的构成特点及其发展》,《古汉语研究》, 2000 年第 2 期

———《近代汉语官话语音研究焦点问题》,《近代官话语音研究》, 语文出版社, 2007 年

张竹梅《试论明代前期南京话的语言地位》,《近代官话语音研究》, 语文出版社, 2007 年

赵学玲《汉语方言影疑母字声母的分合类型》,《语言研究》, 2007 年第 4 期

赵元任《论翻译中信、达、雅的信的幅度》,《历史语言研究所集刊》, 1969 年第 39 期上册; 又见《赵元任语言学论文集》, 商务印书馆, 2002 年

郑锦全《明清韵书字母的介音与北音颚化源流的探讨》,《语言学研究》, 1986 年第 1 期

郑　伟《探索不同材料所反映的汉语以母字的音变》,《语言研究》, 2011 年第 4 期

郑张尚芳《〈蒙古字韵〉所代表的音系及八思巴字一些转写问题》,《李新魁教授纪念文集》, 中华书局, 1998 年; 又见《郑张尚芳语言学论文集》(上册), 中华书局, 2012 年

———《从〈切韵〉音系到〈蒙古字韵〉音系的演变的对应规则》,《中国语文研究》,

2002 年第 1 期；又见《郑张尚芳语言学论文集》（上册），中华书局，2012 年

———《中国古代的"普通话"》,《党政干部文摘》, 2007 年第 2 期

郑再发《汉语音韵史的分期问题》,《历史语言研究所集刊》, 1966 年第 36 本下

［日］中村雅之《〈华夷译语（甲种本）〉音译汉字基础方言》, KOTONOHA 第 53
　号, 2007 年

———《官话与北京语》, KOTONOHA 第 54 号, 2007 年

周永军《〈回回馆译语〉〈回回馆杂字〉对音及校释》,《民族语文》, 2022 年第
　5 期

朱声琦《近古声母的腭化问题》,《徐州师院学报》（哲学社会科学版）, 1986 年第
　1 期

朱晓农《腭近音的日化——官话音中尚未结束的 [juŋ] → [ʐuŋ] 音变》,《汉语史学报》
　第 3 辑, 2003 年

———《关于普通话"日"母的音值》,《中国语文通讯》, 1982 年第 3 期；又见《音
　韵研究》, 商务印书馆, 2006 年

朱星一《从〈翻译老乞大·朴通事〉左侧音看近代汉语入声》,《古汉语研究》,
　2000 年第 2 期

竺家宁《12 世纪至 19 世纪汉语声母的演化规律与方向：论零声母的扩大与演化》,
　《励耘学刊》（语言卷）, 2005 年第 2 期

———《近代音史上的舌尖韵母》,《近代音论集》, 台湾学生书局, 1994 年

［日］佐佐木猛《读〈古今韵会举要研究〉》,《集刊东洋学》90, 2003 年

四、学位论文

成耀帅《〈回回馆杂字〉波汉对音与明代汉语语音研究》, 北方民族大学硕士论文,
　2018 年

亢　婷《中古日母字在现代汉语方言的语音演变研究》, 陕西师范大学硕士论文,
　2013 年

李　瑞《〈史集·中国史〉专有名词对音研究》, 北方民族大学硕士论文, 2018 年

林杏容《明代通事研究》，暨南大学硕士论文，2006 年

柳　春《甘肃临夏方言回腔语音格局》，西北民族大学博士论文，2010 年

祁宏涛《〈高昌馆杂字〉研究》，中央民族大学博士论文，2013 年

杨征祥《元代标准韵书音韵系统研究》，台湾成功大学博士论文，2006 年

张俊华《〈四声通解〉所记俗音音系研究》，苏州大学硕士论文，2010 年

后 记

拙作是在国家社科基金一般项目"明代波汉对音与小儿锦语音比较研究"（14BYY100）结项成果的基础上修改扩充而成的。拙作的出版得到了国家社科基金的资助，得到了北方民族大学文学与新闻传播学院的支持和资助。

2012年，导师冯蒸先生指点我说，小儿锦可以做一些事情。那时我对于小儿锦还一无所知。一个偶然的机会见到了李范文先生，我就向他老人家请教，李先生也非常肯定地说，小儿锦可以做。于是我开始关注小儿锦这项语音材料，这时候发现刘迎胜教授、韩中义教授等前辈已经做了很多工作。

后来的这些年，我在艰难地做着这个自己并不熟悉的材料，学习和研究的范围也都超出了原先的预想。承蒙冯蒸先生的启发、指导及帮助，承蒙浙江大学中西书院刘迎胜教授无私惠赠电子版文稿及其他研究材料，我的研究工作走了很多捷径。

拙作写作过程中，得到了宁夏大学刘世俊教授、河北大学张安生教授、宁夏大学蔡永贵教授、宁夏大学段玉泉研究员的大力支持和热情鼓励，得到了国家图书馆蔡成普副研究馆员的无私帮助。拙作得以完成，是他们长期关爱和鼓励的结果。

因为这种种缘分，在拙作出版之际，我要向这些可亲可敬的师友表达我衷心的感谢和敬意！向热情推荐拙作的师友们表示由衷的感谢和敬意！

拙作付梓之际，心里的忐忑却是越来越多：担心自己文献学的功底不足而贻笑大方，担心自学的一些理论知识没有正确领会而说错话。如今勉为其难地把这本小书奉献给读者，希望得到更多的指点。书中的疏漏和失误之处在所难免，祈请方家批评指正。

马君花

2022年5月于银川